저 자

임미숙
박지혜
남궁정원
권유희
김미숙
박연진
기숙경
조민정
신은채
김숙정

풍선달인과 함께-

신나는 요술 풍선 만들기

Balloon Art Master

나도풍선왕 저자소개

｜임 미 숙
풍선아트 작가 · 기획 · 총괄
파티랑뷰티랑 대표

｜박 지 혜
풍선아트 작가
파티앤벌룬코리아천안지사 대표

경험과 마음으로 전하는,
풍선아트『나도풍선왕』

풍선아트와 함께한 지 어느덧 30년에 가까운 시간이 흘렀습니다.
현장에서 아이들과 어른들을 만나며 풍선이 단순한 장식을 넘어
사람의 마음을 열고 웃음을 전하는 도구가 될 수 있음을
오랜 시간 직접 경험해 왔습니다.

그동안『풍선이야기』,『풍선실용공예』,『풍선이야기-그 두 번째』등
풍선아트 전문 도서를 집필하며 현장에서 쌓은 노하우를 기록으로 남겨왔습니다.
이번 신나는 요술풍선 만들기『나도풍선왕』에서는
기획·총괄이자 공저자로 참여해 풍선아트에 대한 열정을 가진 후배 강사님들과
함께 성장하는 길을 선택했습니다.

이 책이 풍선아트를 처음 시작하시는 분들께는
든든한 길잡이가 되고,
현장에서 활동하시는 분들께는
다시 한 번 용기와 즐거움을 전하는 계기가 되기를 바랍니다.

"아이의 닫힌 세상을 깨운 풍선 한 조각,
그 울림이 이끈 필연의 길"

저와 풍선의 인연은 1998년으로 거슬러 올라갑니다. 당시 특수교사로 근무하던 제게 풍선은 그저 아이들과 소통하기 위한 작은 교구 중 하나였습니다.
하지만 그 작은 풍선이 한 아이의 인생과 저의 삶을 완전히 바꾸어 놓는 결정적 계기가 되었습니다.

호흡법 훈련을 위해 청각장애를 가진 아이에게 풍선을 불게 했던 어느 날이었습니다. 아이의 손에서 풍선이 '팡' 하고 터지는 순간, 소리를 전혀 듣지 못한다고 생각했던 아이가 그 진동과 소리에 깜짝 놀라 반응하는 모습을 보았습니다. 그 찰나의 반응은 제게 거대한 떨림으로 다가왔습니다. 즉시 부모님과 상담을 진행했고, 정밀검사 끝에 아이는 적절한 치료를 받아 세상의 소리를 되찾을 수 있게 되었습니다.

그때 깨달았습니다. 풍선 안에 담긴 것은 단순한 공기가 아니라 누군가에게는 '희망'이고, 누군가에게는 '세상과의 연결고리'가 될 수 있다는 사실을 말입니다. 이 강렬한 경험은 저를 단순한 교육자에서 풍선 전문가의 길로 이끌었습니다. 풍선이 가진 무한한 가능성을 확신했기에, 저는 지난 20여 년간 풍선 사업에 매진하며 수많은 공간에 마법 같은 순간을 연출해 왔습니다.

이번 [나도풍선왕] 프로젝트에 참여하며, 1998년 그 교실에서 느꼈던 초심과 열정을 다시금 떠올립니다. 풍선을 통해 기적을 보았던 그날의 감동을 잊지 않고, 이제는 숙련된 전문가의 손길로 더 많은 사람에게 기쁨과 치유, 그리고 꿈을 선물하고 싶습니다. 제 진심이 담긴 이 기록들이 풍선을 사랑하는 모든 이들에게 따뜻한 영감이 되기를 소망합니다. 다시 한 번 용기와 즐거움을 전하는 계기가 되기를 바랍니다.

주요 경력
· 국제평생교육연구협회 회장
· 파티랑뷰티랑 대표
· 세계 최초로 풍선실용공예 코사지 개발
· 풍선아트 전문강사 · 자격과정 및 강사양성
· 소상공인 국비교육강사『풍선아트』『플라워&Balloon』『꽃 풍선』
· 이룸학교 풍선아트 강사 / 나도 파티플래너 강사
· DIY토탈공예 & 실버놀이지도사 전문강사 / · 조향 & 퍼스널컬러 전문강사
· 지역축제 · 행사 · 체험부스 풍선아트 현장 운영
· CBA(Certified Balloon Artist) 자격 취득 / · 시카고 IBAC참가(2002 시카고)
· KOREA BALLOON 「대형 구조물 대상 다수
· 방송 다수 출현(KBS 무한지대큐 외)

저서
· 풍선이야기(2003) / · 풍선실용공예(2005) /
· 풍선이야기 그-두번째 (2008)/ · 나도풍선왕 공저 (2026)

주요 경력
· 국제평생교육연구협회 고문/충남 천안 서북지부장
· CBA (Certifed balloon Artist)자격취득
· 시카고 IBAC참가
· 풍선아트1급 전문강사
· 페이스페인팅 전문강사
· 학교, 기관단체 풍선아트 교육전문강사(순천향대, 나사렛대, 건양대, 선문대 평생교육원)
· 학교 CA 방과후 강사 - EBS 방귀대장뿡뿡이 출연
· CBN 방송 출연-생활의 멋과 맛
· 영화 셋트 장식-거울속으로
· 착하꾸풍선손잡이 제작 및 특허

저서
· 풍선아트(공저) / 페이스페인팅(공저)
· 나도풍선왕 (2026 공저)

| 남궁정원

풍선아트 작가
파티조아 대표

풍선을 처음만난 날부터 오늘까지 24년!
풍선은 단순한 재료가 아니라 사람들을 웃게 하고 감동하게 하고 공간에 온기를
불어 넣어주는 작은 기적 이였습니다.

평범한 주부가 둘째를 낳고 외로움과 우울증을 이겨내기 위해 동사무소의 프로
그램에 신청하고 아이를 유모차에 태우고 강아지, 칼, 꽃을 만들어 주겠다는 작은
시작이 이렇게 직업이 되기까지 늘 힘이 되어준 가족들에게 감사드리고 힘들고
지칠 때 늘 힘이 되어주고 용기를 준 제자들에게도 감사드립니다.

24년의 경험은 흘러 보내기엔 너무도 소중했고 이 교재를 통해 누군가는 첫 풍
선이 되고 두려움보다는 용기를 갖게 하며 또 누군가는 오래된 꿈에 바람을 불어
넣는 계기가 되게 하고 기술을 넘어 왜 이 일을 시작했는지를 다시 떠올리게 하는
계기가 되기를 진심으로 바랍니다.

기회를 만들어 주신 임미숙 선생님께 감사드리며 함께한 9人의 선생님들께도
감사드립니다.

주요 경력
· 국제평생교육연구협회부회장&성남1지부장
· 대한민국여성능력개발협회부회장&성남1지부장
· 한국감성캘리그라피협회부회장&성남1지부장
· 초·중·고등학교, 기관단체, 기업강사
· 풍선아트, 페이스페인팅, 캘리그라피, 토탈공예, 아로마캔들, 천연비누, 아동미술, 노리아트,
  예쁜글씨 POP, 실버인지놀이지도사
· 감성시쓰기강사

저서
· 그대를 닮은봄(2022) / · 참좋다(2025)(개인시집)
· 사랑으로 꾸는 꿈, 꿈꾸는 사이다 / · 감성을 마시는 시간 16詩(동인시집)
· 누구나 할 수 있는 페이스페인팅(2005공저)
· 나도풍선왕(2026공저)

| 권유희

풍선아트 작가
레이디벅스 아트센터 대표

풍선은 마치 저를 위해 존재하는 것이 아닐까 싶을 만큼,
풍선을 시작한 이후 많은 분들의 사랑과 "잘한다"는 따뜻한 칭찬 속에서
어느덧 20년이 넘는 시간을 보내왔습니다.

풍선은 저에게 선물 같은 존재입니다.
풍선 덕분에 직업도, 삶의 방향도 달라졌지만 무엇보다 더 행복하고 더 즐거운
시간 속을 살아가고 있다는 사실은 분명합니다.
풍선을 통해 어제도, 오늘도, 그리고 앞으로도 수많은 사람들을 만나게 되겠지만
그분들과 기쁨을 나누고 즐거움을 주고받을 수 있다는 것만으로도
저는 늘 새삼스러운 놀라움과 감사함을 느낍니다.

풍선 하나로 미소가 피어나고, 그 미소를 통해 서로의 마음이 이어지는 순간을
만들 수 있다는 점이 스스로에게 참으로 자랑스럽습니다.
『나도풍선왕』을 통해 앞으로 더 많은 분들을 만날 수 있을 것이라 생각하니
벌써부터 마음이 설렙니다.

풍선으로 행복해지는 세상을
여러분도 함께 경험해 보셨으면 좋겠습니다.

주요 경력
· 국제평생교육연구협회 거제지부장
· 국제평생교육연구협회 풍선아트 분과장
· 한국감성캘리그라피협회 거제시지부장
· 치원1급정교사 / · 보육시설장자격보유 / · 풍선아트1급
· 자이언트플라워 / · 샌드아트 / · 캘리그라피 / · 커팅플로터
· 토탈공예(자격증반, 취미반, 전문강사 양성)
· 학교,기관 단체수업출강, 기업,학교등 - 풍선과 자이언트플라워
【무대와포토존연출, 다양한체험부스운영 등】

저서
· 나도풍선왕(2026공저)

나도풍선왕 저자소개

| 김미숙

풍선아트 작가
하늘풍선대표

풍선은 풍선을 통해 사람들에게 즐거움과
웃음을 전할수 있는점이 매력적입니다.
누구나 쉽게 따라해볼 수 있는 자료를 만들고 싶어서
풍선책을 만들게 되었습니다.
풍선을 만들고 나서 다른사람의 웃음을 보는 순간
노력의 보람과 성취감을 크게 느낄수 있었습니다.

풍선책이 나오기까지 혼자의 힘으로는 절대 해낼수 없는 여정이였습니다.
촬영과 디자인, 구성 하나 하나에 정성을 다해준 분들, 바쁜 일정속에서도
긍정적인 에너지를 불어 넣어준 지부장님들께 감사를 전합니다.

풍선아트를 통해 사람들에게 웃음을 전하고
새로운 경험을 선물하는 순간마다 큰 보람을 느낍니다.
이 책을 통해 풍선을 처음 만지며 느낄 설렘과 한작품을 완성했을 때 찾아오는
성취감이 여러분의 일상에 작은 행복이 되길 진심으로 바랍니다

주요 경력
· 국제평생교육연구협회 은평지부장
· 하늘풍선 대표
· 풍선아트지도사 1급
· 풍선실용공예 어레인지 1급
· DIY 토탈공예지도사 1급
· 라탄공예지도사 2급

저서
· 나도풍선왕 공저 (2026)

| 박연진

풍선아트 작가
파티랑부티랑 대표 과천점

어린이집 교사로 근무하던 시절,
행사장에서 받아본 요술풍선을 아이들이 무척 좋아하는 모습을 보며
아이들과의 놀이 수업에 활용해 보고 싶다는 생각으로
풍선을 배우기 시작했습니다.

요술풍선으로 꽃과 강아지 같은 동물들을 만들며 역할극 놀이를 하고,
교회에서는 성경 이야기를 풍선으로 표현해 보며
아이들과 더욱 즐겁고 의미 있는 시간을 보낼 수 있었습니다.
풍선은 아이들의 웃음을 자연스럽게 이끌어내고,
이야기와 놀이를 이어주는 소중한 매개체가 되었습니다.

이번 알기 쉬운 풍선아트『나도풍선왕』에 공저자로 함께 참여하며,
현장에서 활용해 온 풍선아트의 경험과 이야기를 더 많은 분들과 나눌 수
있어 뜻깊게 생각합니다. 이 책이 아이들과 함께하는 수업 현장에서
작은 도움이 되기를 바랍니다.

주요 경력
· 국제평생교육연구협회 경기 과천1 지부장
· 파티랑부티랑 대표 과천점
· 풍선아트지도사 1급 / · Balloon Artist 1급 전문강사
· DIY토탈공예 1급 전문강사
· 플라워&Balloon아티스트 1급
· 조향&퍼스널컬러 전문강사
· 에코리폼공예 1급 / · 아동미술지도사
· 어린이색체전문지도사
· 실버인지놀이지도사 1급
· 과천시청소년수련과 풍선아트강사
· 과천시청소년수련관 DIY토탈공예강사
· 과천소망교회 노인대학 토탈공예 강사

저서
· 나도풍선왕 공저 (2026)

▎기 숙 경

풍선아트 작가
스마일버룬아트 대표

서로 다른 삶의 조각들이 모여 하나의 이야기가 되어 가는 과정은
늘 따뜻하고 큰 힘이 됩니다. 오랜 시간 풍선아트를 하며 쌓아온 마음과 경험들이
한 권의 책으로 완성되는 이 순간에 깊은 감동과 감사함을 느낍니다.

작은 풍선 하나하나에 담았던 정성과 시간이
『나도풍선왕』이라는 책 속에 고스란히 스며든 것 같아 이 시간이
더욱 의미 있고 소중하게 느껴집니다.
서로 다른 생각과 손길이 모여 하나의 작품을 완성해 가는 과정 속에서
함께한다는 것의 소중함과 기쁨을 다시 한 번 깊이 느끼게 되었습니다.

풍선아트와 글을 통해
작은 노력 하나하나가 누군가에게 따뜻한 힘이 될 수 있다는 사실에
큰 보람을 느낍니다.
이번 『나도풍선왕』에 대한 기대가 누구보다 크며, 이 책이 많은 분들께
작은 행복과 위로로 전해지기를 진심으로 바랍니다.

주요 경력
· 국제평생교육연구협회 경기 파주지부장
· 풍선아트지도사 1급
· DIY토탈공예지도사 1급
· 전래놀이지도사 1급
· 노인심리상담사 1급
· 실버인지놀이지도사 1급
· 실버미술상담사 2급
· 원예심리상담사 1급
· 라탄공예지도사 2급
· 사회복지사 2급
· 간호조무사 / 요양보호사
· 파주시/고양시 치매안심센터 토탈공예강사
· 학교, 관공서, 지역축제, 취미반, 자격증반 수업 및 강의

저서
· 나도풍선왕 공저 (2026)

▎조 민 정

풍선아트 작가
사회적기업 올위더스(주) 대표이사

현장에서 수많은 풍선 장식을 하고, 또 많은 교육을 진행하며
풍선 하나로 자연스럽게 미소가 번지고 사람의 마음이 이어지는 순간을 자주 경험
해 왔습니다. 이번 풍선아트 책에 참여하자는 제안을 받았을 때, 설렘과 함께 '내가
현장에서 느낀 이 마음을 글로 잘 전할 수 있을까' 하는 책임감도 함께 들었습니다.

그동안 손으로만 표현해 오던 순간들을 문장으로 옮겨보며,
제 스스로의 시간을 다시 돌아보게 되었습니다.
함께한 분들의 시간과 진심이 더해지며 이 책은 혼자가 아닌,
함께 만들어진 기록이 되었고 그 과정 속에서 저 역시 다시 한 번 풍선아트의
따뜻한 힘을 느끼게 되었습니다.

이 책이 누군가에게는 처음 풍선을 만나는 설렘이 되고,
누군가에게는 다시 손을 움직여 보고 싶은 작은 용기가 되었으면 합니다.
풍선처럼 가볍게 시작되지만,
마음에는 오래도록 머무는 책이 되기를 바랍니다.

주요 경력
· 국제평생교육연구협회 하남 1지부장
· 사단법인 인공지능활용협회 이사
· 하남시사회적기업협의회 이사
· 풍선장식 1급
· 플라워앤벌룬 1급
· 커스텀벌룬자격
· 웹툰프로그램지도사 1급
· 아동미술지도사 1급
· 실버놀이지도사 1급
· 원예실용공예 1급
· 하남평생학습교육강사
· 관공서 및 기업체 풍선장식 다수진행
· 초,중,고 진로체험교육강사

저서
· 나도풍선왕 공저 (2026)

나도풍선왕 저자소개

▎신은채
풍선아트 작가
파티랑뷰티랑 대표 화성점

▎김숙정
풍선아트 작가
담:따 공방카페 대표

오랜 시간 마음속에 품어왔던 꿈이 이번 『나도풍선왕』을 통해 이루어진 것 같아 감회가 남다릅니다. 이 책을 통해 제 이야기가 독자 여러분께 조금이나마 도움이 되기를 바랍니다.

풍선아트를 시작하게 된 계기는 자원봉사센터에서 진행된 풍선아트 3급 자격증 수업이었습니다. 4주간의 교육을 이수하고 자격증을 취득한 후 봉사활동에 참여하며 아이들이 기뻐하는 모습을 보았고, 그 순간 저 역시 큰 행복을 느꼈습니다.

주변의 응원과 칭찬은 저에게 자신감을 심어주었고, 풍선아트를 더 깊이 배우고 싶다는 마음으로 이어졌습니다. 배우고, 실천하고, 현장을 경험하는 시간을 반복하다 보니 어느새 지금의 자리까지 오게 되었습니다. 그 과정에서 선배 선생님들을 만나 많은 조언과 배움을 얻을 수 있었던 것도 큰 힘이 되었습니다.

풍선 장식은 저에게 즐거움이자, 많은 사람들에게 행복을 전하는 일입니다.
이 일을 할 수 있음에 늘 뿌듯함과 감사함을 느낍니다.
앞으로도 초심을 잃지 않고 꾸준히 배우며 성장하는
벌룬 아티스트가 되도록 노력하겠습니다.

풍선을 처음 만났을 때 단순히 예쁘고 재미있는 활동이라고만 생각했습니다. 하지만 시간이 흐를수록 제게 '설렘'과 '사명감'을 안겨주는 특별한 도구가 되었습니다.

학교와 다양한 기관에서 아이들, 어르신, 가족들과 풍선을 나누며 웃음과 위로가 퍼져가는 순간들을 경험하면서 누군가의 마음을 열고 삶에 작은 용기를 불어넣는 일은 결코 거창하지 않아도 된다는 걸 느꼈습니다.

풍선에 공기를 넣어 불면서 터질수도 있는 작은 풍선이지만 그안에는 위로와 응원, 희망이 함께 담겨 있음을 경험하기도 하였습니다.

이번 [나도 풍선왕] 공저작업에 참여하면서 느낀점은 서툴지만 늘 최선을 다했던 초심의 마음으로 사람들 곁에서 웃음과 용기를 전하고 싶습니다.
또한, 이 책을 통해 누군가에게는 용기와 영감이 되어 풍선이 전하는 따뜻한 마음이 더 많은 현장으로 전해지기를 진심으로 바랍니다.

주요 경력
· 국제평생교육연구협회 경기 화성1 지부장
· 파티랑뷰티랑 대표 화성점
· 풍선아트지도자 1급
· 웃음코칭상담사 1급
· 레크리에이션 1급
· 노인건강지도자 1급
· 진로코칭상담다 1급
· DIY토탈공예 1급 전문강사 / · 마술심리교육사 2급
· 대한민국 재능문화예술대상 / · 사회공헌대상 / · 아시아파워브랜드대상
· 대합민국 재능문화예술대상 / · 화성시장 표창장 / · 전국풍선아대회 아치 대상
· 커피바리스타

저서
· 나도풍선왕 공저 (2026)

주요 경력
· 국제평생교육연구협회 경기 화성2지부장
· 사회복지사
· 풍선아트 1급전문강사
· 커피바리스타 강사
· 캘리그라피 강사
· 화성창의지성교육센터 강사
· 화성시 시민강사
· 학교, 기관 단체수업
· 컵과일, 수제청, 답례품 주문제작
· 이벤트풍선, 행사풍선, 주문제작

저서
· 나도풍선왕 공저 (2026)

추천사

30년이 넘는 시간 동안 풍선아트와 교육 현장에서 한 길을 걸어온 저자는, 풍선에 꿈과 희망을 담아내며 수많은 사람들에게 웃음과 감동을 전해 왔습니다. 『나도풍선왕』은 그 오랜 경험과 노하우를 바탕으로, 같은 길을 걸어온 10인의 풍선인들이 각자의 작품과 이야기를 함께 담아낸 의미 있는 기록입니다.

이 책을 통해 독자들은 풍선아트의 즐거움은 물론, 현장에서 쌓아온 다양한 경험과 노하우를 통해 누구나 풍선으로 행복을 만들고, 그 행복을 다시 나눌 수 있다는 가능성을 느끼게 될 것입니다.

『나도풍선왕』이 풍선아트를 사랑하는 많은 분들께 영감과 용기를 전하는 소중한 길잡이가 되기를 바랍니다.

셈퍼텍스 한국총판 주식회사 조이파티 대표 배성환

Sempertex 셈퍼텍스 컬러차트
COLOR CHART

Fashion 390 Clear-Transparente	Fashion 005 White-Blanco	Satin/Satín 405 White-Blanco	Satin/Satín 406 Pearl-Perla	Pastel Dusk 107 Cream-Crema	Silk 806 Oyster White-Blanco Nácar	Fashion 071 White Sand-Arena
Pastel Matte/Mate 620 Yellow-Amarillo	Neon/Neón 220 Yellow-Amarillo	Fashion 020 Yellow-Amarillo	Fashion 021 Honey Yellow-Amarillo Miel	Fashion 023 Mustard-Mostaza	Fashion 073 Latte	
Metallic/Metal 570 Gold-Dorado	Reflex 970 Gold-Dorado	Silk 870 Gold Dust-Dorado	Reflex 971 Champagne-Champaña	Pastel Matte/Mate 663 Melon-Melón	Metallic/Metal 568 Rose Gold-Dorado Rosa	Pastel Matte/Mate 660 Malibu Peach-Durazno Malibú
Fashion 060 Peach Blush-Durazno	Neon/Neón 261 Orange-Naranja	Fashion 061 Orange-Naranja	Fashion 061 Sunset Orange-Naranja Cobrizo	Fashion 074 Coffee-Café	Fashion 076 Chocolate	
Fashion 015 Red-Rojo	Fashion 016 Imperial Red-Rojo Imperial	Metallic/Metal 515 Red-Rojo	Reflex 915 Crystal Red-Cristal Rojo	Fashion 018 Merlot	Reflex 912 Fuchsia-Fucsia	Fashion 009 Pink-Rosado
Pastel Matte/Mate 609 Pink-Rosado	Pastel Dusk 110 Rose-Rosa	Fashion 010 Rosewood-Palo de Rosa	Fashion 059 Tropical Coral-Coral Tropical	Metallic/Metal 512 Fuchsia-Fucsia	Fashion 012 Fuchsia-Fucsia	
Fashion 014 Raspberry-Frambuesa	Neon/Neón 212 Fuchsia-Fucsia	Satin/Satín 409 Pink-Rosado	Silk 809 Pink Blossom-Rosa Primaveral	Reflex 909 Pink-Rosado	Reflex 968 Rose Gold-Dorado Rosa	Silk 850 Light Amethyst Amatista
Pastel Matte/Mate 650 Lilac-Lila	Fashion 050 Lilac-Lila	Pastel Dusk 150 Lavender-Lavanda	Satin/Satín 450 Lilac-Lila	Reflex 951 Violet-Violeta	Fashion 056 Purple Orchid-Orquídea Morada	
Fashion 051 Violet-Violeta	Fashion 044 Navy Blue-Azul Naval	Reflex 940 Blue-Azul	Fashion 035 Deep Teal-Turquesa Profundo	Metallic/Metal 540 Blue-Azul	Fashion 041 Royal Blue-Azul Rey	Silk 839 Arctic Blue Azul Ártico
Pastel Dusk 140 Blue-Azul	Neon/Neón 240 Blue-Azul	Fashion 040 Blue-Azul	Fashion 038 Caribbean Blue-Azul Caribe	Satin/Satín 440 Blue-Azul	Pastel Matte/Mate 640 Blue-Azul	
Fashion 037 Aquamarine-Aguamarina	Pastel Matte/Mate 630 Green-Verde	Satin/Satín 430 Green-Verde	Neon/Neón 230 Green-Verde	Fashion 031 Lime Green-Verde Lima	Fashion 030 Green-Verde	Metallic/Metal 530 Green-Verde
Fashion 029 Shamrock Green-Verde Trébol	Fashion 032 Forest Green-Verde Selva	Reflex 932 Verde Aurora-Aurora Green	Pastel Dusk 126 Green Tea-Té Verde	Fashion 027 Eucalyptus-Eucalipto	Reflex 931 Lime Green-Verde Lima	
Silk 826 Cool Mint-Verde Menta	Fashion 081 Grey-Gris	Satin/Satín 481 Silver-Plata	Silk 873 Cream Pearl-Perla Crema	Reflex 981 Silver-Plata	Metallic/Metal 580 Black-Negro	Fashion 080 Black-Negro

추천사

"풍선아트의 다양한 매력을 담아낸 『나도풍선왕』의 출간을 진심으로 축하드립니다.

이 책에는 20년 이상 현장을 지켜온 공저 10인의 시간과 시선이 고스란히 담겨 있습니다. 풍선 하나에 새로운 생명력을 불어넣어 온 그 경험이, 이 책을 통해 더 많은 분들께 자연스럽게 전해지기를 바랍니다. 풍선아트는 일상에 즐거움과 감동을 더해주는 특별한 예술입니다. 『나도풍선왕』이 업계 종사자뿐만 아니라 처음 풍선을 만나는 분들께도 부담 없이 다가가, 풍선을 만드는 기쁨이 자연스럽게 전해지기를 기대합니다.

또한 이 모든 이야기를 한 권의 책으로 정성스럽게 완성해 주신 제작진 여러분의 노고에도 깊은 감사의 마음을 전합니다. 이 책이 풍선 아트를 사랑하는 많은 분들의 손에서 오래도록 펼쳐지는 한 권이 되기를 바라며, 출간을 다시 한 번 진심으로 축하드립니다."

칼리산 한국총판 (주)새로핸즈 대표 이재홍

kalisan 칼리산 컬러차트
· colors of life ·

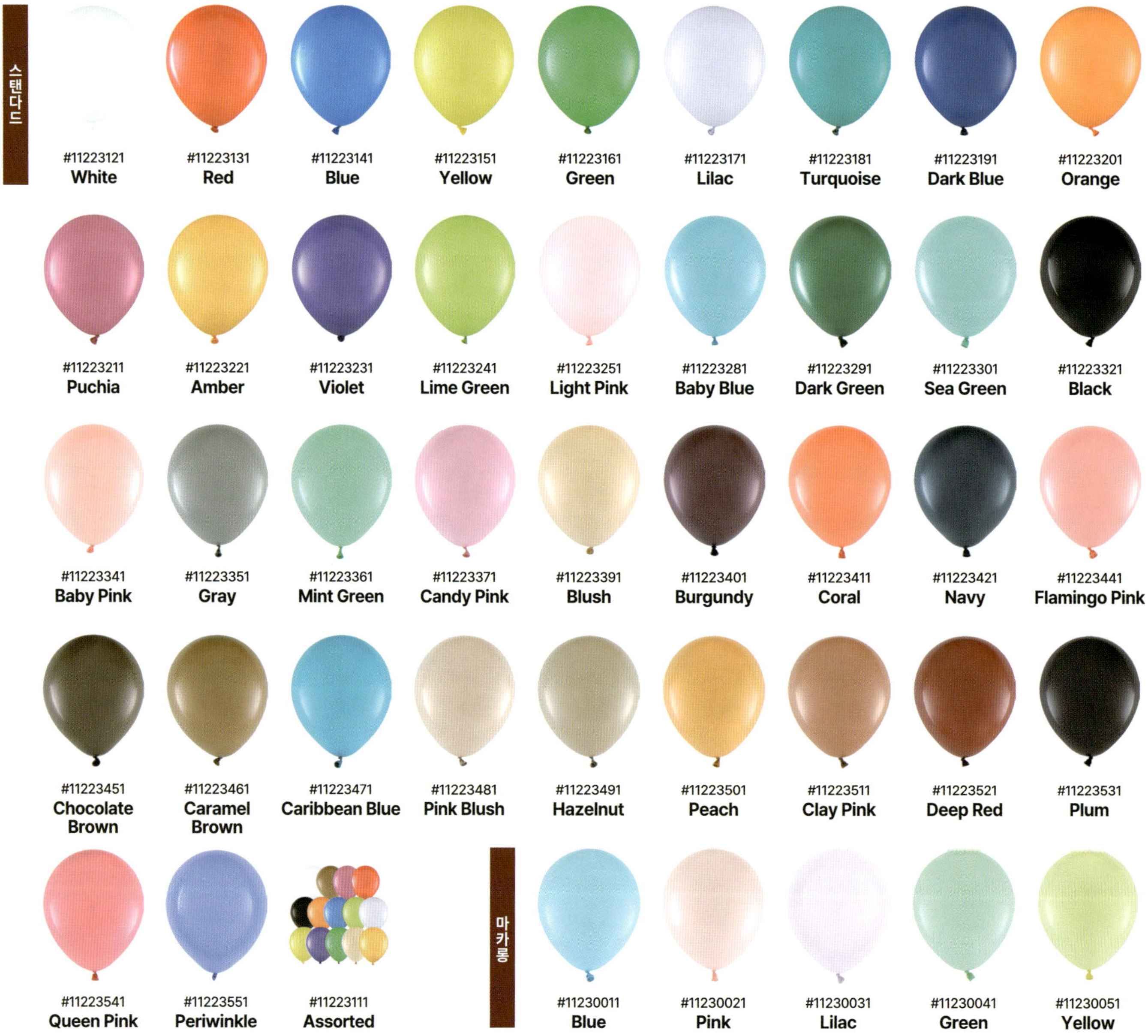

스탠다드

#11223121 White	#11223131 Red	#11223141 Blue	#11223151 Yellow	#11223161 Green	#11223171 Lilac	#11223181 Turquoise	#11223191 Dark Blue	#11223201 Orange
#11223211 Puchia	#11223221 Amber	#11223231 Violet	#11223241 Lime Green	#11223251 Light Pink	#11223281 Baby Blue	#11223291 Dark Green	#11223301 Sea Green	#11223321 Black
#11223341 Baby Pink	#11223351 Gray	#11223361 Mint Green	#11223371 Candy Pink	#11223391 Blush	#11223401 Burgundy	#11223411 Coral	#11223421 Navy	#11223441 Flamingo Pink
#11223451 Chocolate Brown	#11223461 Caramel Brown	#11223471 Caribbean Blue	#11223481 Pink Blush	#11223491 Hazelnut	#11223501 Peach	#11223511 Clay Pink	#11223521 Deep Red	#11223531 Plum
#11223541 Queen Pink	#11223551 Periwinkle	#11223111 Assorted						

마카롱

#11230011 Blue	#11230021 Pink	#11230031 Lilac	#11230041 Green	#11230051 Yellow

#11230061	#11230071	#11230081	#11230091	#11230101	#11230111	#11230121	#11230131	#11230001
Salmon	Baby Blue	Pale Yellow	Pale Green	Pale Pink	Pale Lilac	Pale Salmon	Pistachio	Assorted

펄

#11270022	#11270032	#11270042	#11270052	#11270062	#11270072	#11270082	#11270092	#11270102
Metallic Gold	Metallic Silver	Metallic Rose Gold	Pink	Sky Blue	Lemon	Green	Salmon	Lilac

미러

#11270502	#11250012	#11250022	#11250032	#11250042	#11250052	#11250062	#11250072
Ofake White	Gold	Silver	Pink	Violet	Blue	Green	Rose Gold

#11250082	#11250092	#11250102	#11250112	#11250132	#11250142	#11250152	#11250162	#11250002
Copper	Space Gray	Red	White Gold	Pink Gold	Chocolate	Navy	Burgundy	Assorted

레트로

#11280011	#11280021	#11280031	#11280041	#11280051	#11280061	#11280071	#11280081	#11280091
Rust Orange	Mustard	Deep Blue	Blue Grass	Storm	Sage	Winter Green	Eucalyptus	Olive

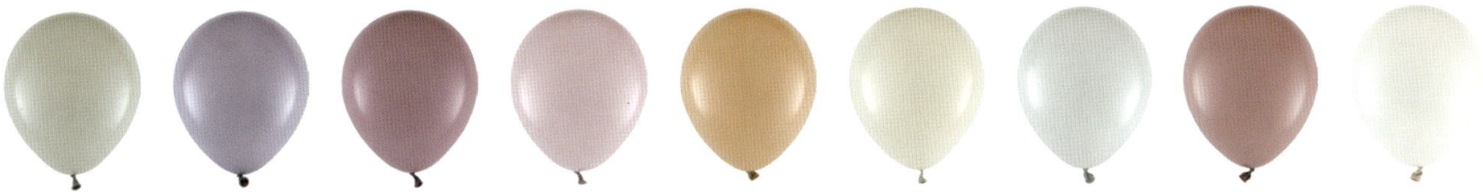

#11280101	#11280111	#11280121	#11280131	#11280141	#11280151	#11280161	#11280171	#11280181
Stone	Lavender	Wild Berry	Dusty Rose	Desert Sand	White Sand	Smoke	Rosewood	White

#11280191	#11280001
Denim	Assorted

아우라

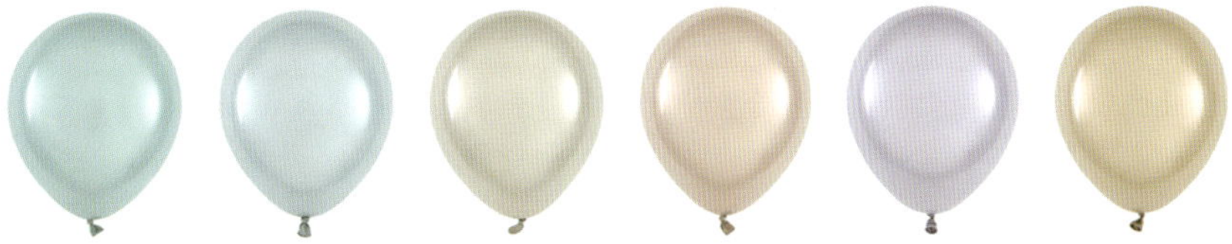

#11270822	#11270812	#11270832	#11270802	#11270842	#11270852
Ice Mint	Ice Blue	Ivory White	Beige Cream	Lavender Fog	Antique Gold

크리스탈

#11223331
Clear

풍선아트 세계에 오신 것을 환영합니다.

이 책은 한 사람의 작품집이 아닙니다.

풍선아트를 사랑하는 사람들이 각자의 자리에서 쌓아온 경험과 열정을 모아

함께 만든 기록입니다.

『나도풍선왕』에 참여한 공저자들은

국제평생교육연구협회 지부장으로서, 그리고 현장에서 아이들과 어른들을 만나며

풍선아트를 실천해 온 강사들입니다.

기술을 숨기지 않고, 노하우를 아끼지 않으며 "함께 성장하자"는 마음으로

기꺼이 이 책에 참여해 주셨습니다.

이 페이지에 담긴 작품 하나하나에는 각자의 노력과 고민,

그리고 풍선아트에 대한 진심이 고스란히 담겨 있습니다.

이 책을 펼치는 여러분이 공저자들의 이야기를 통해 풍선아트의 즐거움과 가능성을

느끼고, 또 다른 '나도 풍선왕'의 주인공이 되기를 바랍니다.

이 자리를 빌려,

같은 마음으로 준비하고 서로를 응원하며

이 책을 함께 완성해 주신 열 분의 공저자분들께 진심으로 감사의 마음을 전합니다.

풍선아트를 시작하고자 하는 분들에게

풍선아트를 시작하려는 분들께 몇 가지 당부 말씀을 드리고자 합니다.

1.좋은 재료를 선택하세요

처음 배우는 분들이 가장 많이 하는 말은 "풍선이 터질까 봐 무서워요."입니다.
이왕 배우신다면 좋은 품질의 풍선으로 시작하시길 권합니다.
좋은 재질의 풍선은 작업 중 터짐이 적고, 완성도 높은 작품을 만들 수 있습니다.

2.완성된 작품을 소중히 다루어주세요

만들어진 풍선을 방치하거나 터뜨리지 말고, 이웃이나 아이들과 나누며 기쁨을 함께하세요.
그 마음이 바로 풍선아트의 시작이자 예술가의 태도입니다.

3.풍선의 과학을 이해하세요

긴 풍선을 만들 때 약 5% 정도의 공기를 빼고 묶으면 풍선이 터지지 않고 모양 잡기가 훨씬 쉬워집니다.
이는 풍선 속 공기의 탄성 원리를 이해하는 기본이기도 합니다.

4.풍선은 환경친화적인 재료입니다

우리가 사용하는 풍선은 고무나무에서 추출한 천연 라텍스로, 환경에 무해하고 인체에도 안전합니다.
(의료용 장갑이나 고무풍선이 같은 원료로 만들어집니다.)

5.풍선의 종류

풍선의 굵기(사이즈)에 따라 160, 260, 350&360, 646&660 풍선 등으로 나뉘며,
라운드, 하트, 풍선 등 다양한 형태와 색상이 있습니다.
또한 행사장식, 선물, 축제 등 다양한 분야에서 필수적인 요소로 자리 잡고 있습니다.

6.벌룬아티스트란?

벌룬아티스트(Balloon Artist)는 풍선을 단순히 꾸미는 사람이 아닙니다.
풍선이라는 재료를 통해 공간을 디자인하고 감정을 표현하는 예술가입니다.
벌룬아티스트는 다양한 형태와 색상, 질감의 풍선을 활용하여 행사장, 파티, 공연, 전시 등 모든 공간을 예술적으로 연출하는 전문가입니다.
꽃, 동물, 캐릭터, 장식물 등 무한한 창작이 가능하며, 작은 손끝의 움직임으로 사람들에게 즐거움과 감동을 선물하는 직업입니다.
풍선아트는 아이들에게는 창의력과 표현력, 어르신들에게는 정서적 안정과 치매예방 효과를 주는 등 교육·치유·이벤트 분야 전반에 걸쳐 폭넓게 활용되고 있습니다.
벌룬아티스트는 단순한 기술자가 아니라, 사람의 마음을 풍선으로 표현하는 감성 디자이너이자 행복을 전하는 예술가입니다

풍선아트의 첫걸음

풍선 만들기의 기본방법

풍선아트는 특별한 기술보다 기본기가 중요합니다. 이 장에서는 처음 시작하는 분들도 쉽게 따라 할 수 있도록 풍선의 종류, 준비물, 기본 매듭과 트위스트까지 차근차근 설명합니다. 기본기를 잘 익히면 모자·소품·캐릭터 등 다양한 작품을 만들 수 있습니다.

1-1. 풍선의 종류
풍선아트에 사용하는 풍선은 모양과 굵기에 따라 다양합니다.

◉ 라운드 풍선(Round Balloon)
우리가 흔히 보는 동그란 풍선- 꽃, 장식, 오브제 만들 때 많이 사용

◉ 모델링 풍선(Modeling Balloon) : 길쭉한 풍선
길고 유연한 형태의 풍선으로, 동물. 캐릭터. 소품. 장식 등을 만드는 데 사용

-260풍선: 가장 많이 사용하는 기본 사이즈

-160풍선: 얇고 섬세한 표현용

-360/350풍선: 굵고 튼튼해 캐릭터 만들 때 사용됨

-646/660풍선: 특별한 대형 작품 제작 시 사용

> 모델링풍선의숫자표기는지름과길이를인치단위로나타낸것으로,
> 예를들어
> 260풍선은'지름2인치,길이60인치'라는의미입니다.
> 풍선아트에서는260풍선이가장기본표준사이즈로사용됩니다.

◉ 미러 · 리플렉스 · 펄 풍선
색감이 고급스러워 촬영용, 포토존 풍선에 적합

1-2. 준비물과 안전수칙
풍선 작업을 할 때는 기본 준비가 중요합니다.

◉ 준비물
손펌프(핸드펌프) / 전동펌프 ·가위· 칼 ·매직 또는 풍선 마카·
고정용 클립· 테이프,스티키닷, U글루

◉ 안전수칙
-260풍선에 공기를 과하게 넣으면 터지기 쉬우므로 작품에 따라
풍선 끝부분을 적당히 남겨둔다.

-풍선을 입으로 불지 않는다.

1-3. 풍선 기본 스킬

① 풍선에 공기 넣기 & 테일 남기기
풍선은 공기를 끝까지 넣지 않고 3~5cm 정도 남겨두어야 트위스트(꼬기)가 부드럽고 작품이 안정적입니다.

【공기넣기▶ 테일 남기기▶ 꼬기(트위스트) & 겹꼬기】

② 매듭 짓기(Knot)
-싱글 노트: 기본 매듭 260풍선, 긴 풍선 , 요술풍선, (풍선을 한번 묶는 기본 매듭)

-더블 노트: 단단하게 고정할 때 사용

③ 기본 겹꼬기(Basic Twist)
풍선아트의 기본을 만드는 핵심 기술입니다.

본 교재에서는 트위스트(Twist)를 "겹꼬기" 라는 용어로 표현한다.

-기본 겹고기 (기본 트위스트) : 원하는 위치에서 한 번 꼬기

-락 겹꼬기 (Lock Twist) : 두 개의 풍선을 연결하거나 고정할 때 (겹꼬기 두 개 -팔 연결할 때 사용됨)

-루프 겹꼬기 (Loop Twist) : 풍선을 고리 형태로 만든 뒤 겹꼬기로 고정하는 기법 (동그랗게 접어 고리(Loop)모양을 만든 뒤 접힌 부분을 고정)

1-4. 오래가는 풍선 만들기 팁
직사광선, 난방기 근처에 두지 않습니다.

공기을 너무 많이 넣으면 금방 터지므로 적당한 텐션으로 작업합니다.

기초 익히기

가. 260 풍선 만들기

일반적으로 풍선 만들기 하면 동물풍선 만들기, 요술풍선 만들기 또는 전문가들은 260풍선 만들기 등으로 부른다. 이러한 용어를 하나로 통일하는 의미로 풍선아트라 부르고자 한다.

나. 풍선의 구조

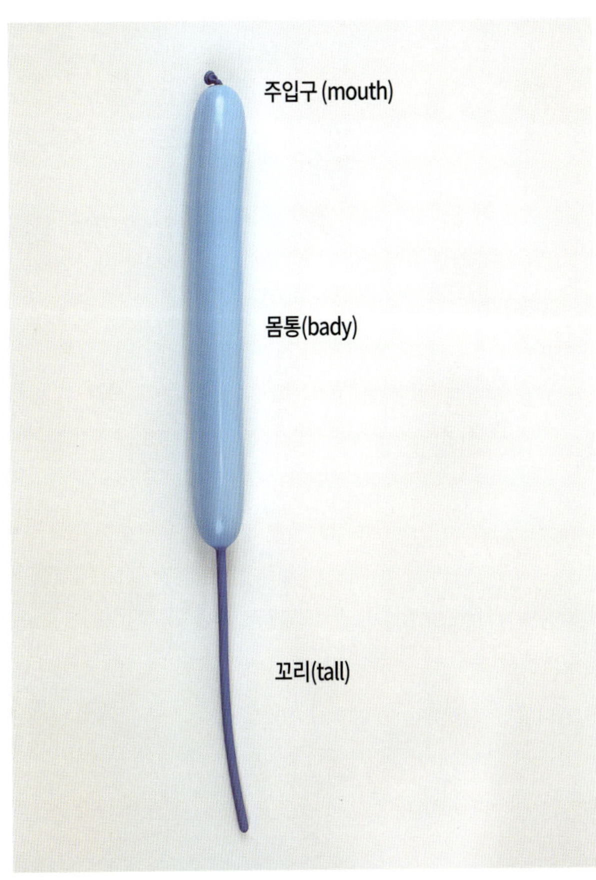

풍선의 구조를 살펴보면, 풍선에 공기를 넣었을 때를 기준으로 말하는 것으로 그 두께가 2인치 길이가 60인치로, 그래서 전문가들은 260풍선이라고 한다.

풍선을 크게 3부분으로 나누어보면

첫째, 공기를 넣는 주입구 부분

둘째, 공기가 들어가 있는 몸통부분

셋째, 꼬리부분으로 나눈다.

다. 풍선아트의 장비

풍선아트 즉, 풍선만드는 장비로서 풍선에 공기를 주입하는 간단한 장비로 즉, 손 펌프가 있다. 가격이 저렴하고 오래 쓸 수 있으므로 풍선을 다루고자 하는 사람은 누구나 하나쯤은 구입해서 사용하는 것이 좋다.

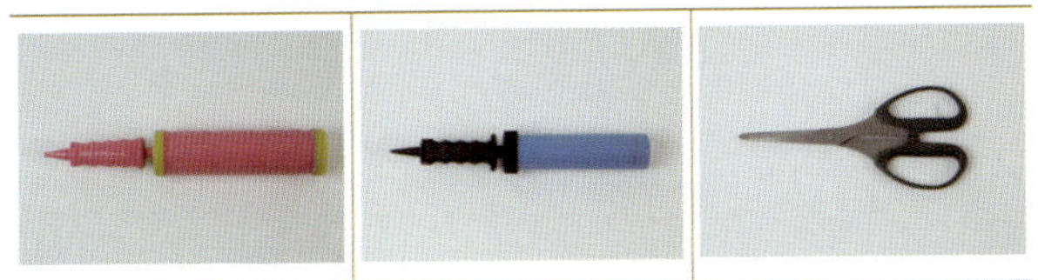

라. 작업 시 주의 사항

1. 260풍선 작업 시 영 . 유아들이 있으면 위험(삼키거나, 터질 때)
2. 온도에 민감하기 때문에 행사장소가 실내면 실내에서 야외면 야외에서 작업하여야한다 .
3. 260풍선은 마찰에 민감하기 때문에 지나치게 돌리거나 만지작거리지 않는다.

마. 풍선아트를 위한 기초기법 몇가지를 소개해보면

기초과정이 충실할 때 응용방법과 더 좋은 작품세계로 나아갈 수 있다.

1. 왼손의 역할은 풍선을 잡아주는 것 즉, 엄지 검지를 사용하여 누르며 잡는 역할, 오른손은 돌리는 역할과 꼬는 역할 등으로 구분된다.

   (풍선을 잡는 손은 개인에 따라 다를 수 있습니다. 본인에게 편한 손을 사용)

2. 풍선 아트 작업시 풍선 꼬기는 한 방향으로만 하여야한다. 한 방향으로 하지 않으면 작품을 만들 수 없다. 그것은 풍선이 풀리기 때문이다.

3. 만들기 풍선은 열에 약하고 수명이 짧으며 마찰에 민감하다.

4. 만들기 풍선은 안의 온도와 바깥의 온도차에 민감하므로 상당한 주의를 요한다. (10C 이상 차이가 나면 터질 확률이 높다.)

5. 만들고자 하는 모양에 따라 풍선 색상을 고른 후 원하는 size에 공기를 넣고 약간 공기를 뺀 후 묶어서 풍선 아트 작업에 들어간다.

260풍선을 위한 기초상식

공기넣기(Inflate)

요술풍선의 주입구를 펌프에 끼워준 후 손 펌프를 밀고 당겨주면 됩니다. (주위: 너무 느리게 주입하면 풍선 안에 있는 공기가 빠질 수있고 풍선이 울퉁불퉁 해질 수 있음을 주의요망)

요술풍선으로 원하는 모양을 만들기 위해서 공기를 넣고, 매듭을 묶어준다.
공기의 양이 적고 많음에 따라 작품의 성공과 실패로 이어지기 때문이다.
만들고자 하는 것에 따라 적절히 공기를 넣어야 한다.
일반적으로 공기를 넣은 상태에서 방울 꼬기가 하나씩 만들어 나갈 때 마다 약 1 ~ 1.5cm가 뒤로 이동한다고 계산 하면 된다.

1.풍선주입구를 손 펌프의 주입구에 1~2cm정도 끼워 넣는다.
2.원하는 만큼 손 펌프를 사용해 공기를 넣는다.

풍선 묶기(Tie)
느슨한 매듭 /조인매듭

공기를 약간 빼고 자신이 가장 편하고 쉬운 방법으로 묶으면 된다.
1.손 펌프로 공기를 넣은 후, 주입구를 잡아당긴다.
2.두 손가락을 한번 감아 돌려준다.
3.두 손가락 사이로 주입구를 빼내어 매듭을 만들어준다.

방울 꼬기 연습하기

풍선아트에 가장 많이 사용하는 기술로서 260풍선 만들기의 기초가 되는 기술이다.
방울 1개당 3~4회 정도 돌려준 뒤 세끼손가락과 약지 사이에 첫 번째 방울을 끼워준다.

*주위 : 모든 방울은 한 방향으로 꼬아주어야 풀어지지 않는다.

방울꼬기 구분

1. 큰 방울 : 5cm이상의 모든 방울을 말하며, 주로 동물의 몸통, 기린의 목 등에 사용하는 방울이다.
2. 5cm 방울 : 5cm 정도 크기의 방울을 말하는 것으로 주로 동물의 입, 귀, 다리 등 가장 보편적인 방울의 크기이다.
3. 3cm 방울 : 3cm 정도 크기의 방울 말하는 것으로 주로 동물의 목 등 기본적으로 많이 활용되는 방울의 크기이다.
4. 작은 방울 : 3cm 이하의 방울을 말하며 1cm, 1,5cm, 2cm 등 필요 용도에 따라 활용되며, 고난위 작품을 만드는 용도에 많이 활용되는 방울이다.

※수업하기 전에 워밍업

사진 : 싸이즈 풍선 cm 표시-큰방울 ...2cm방울 / 주먹으로 계산하는 방법

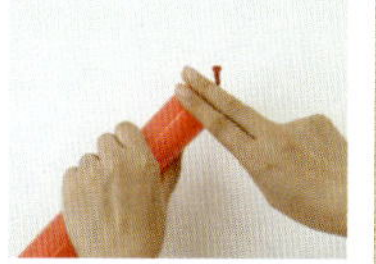

손가락 1개- 1cm방울	손가락2개-3cm방울	손가락3개-5cm방울

손가락4개-7cm방울	10~15cm방울 외에도 ~ 방울 싸이즈를 만들 수 있다.	

260풍선을 위한 기법소개

방울꼬기(Twist)

260풍선만들기에 가장 많이 사용되는 기술로 가장 기초가 되는 기법이라고 할 수 있다.

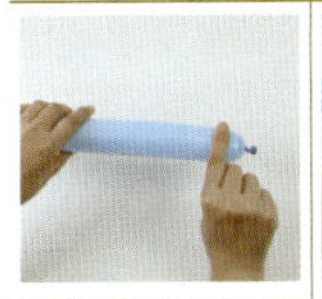 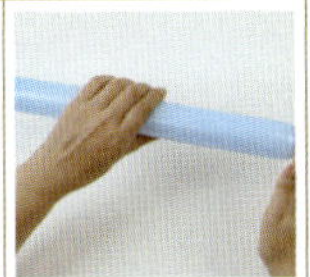  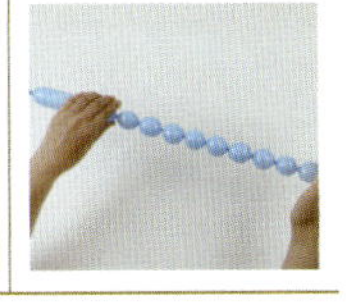

첫 방울을 새끼손가락에 끼운 후, 엄지와 검지로 다음 방울을 계속 만든다.

잠그기(Locking)

2개이상의 방울을 묶는 것, 겹꼬기를 제외한 모든 방울의 묶기를 말한다.
-2방울 묶기: 귀나 다리를 만들 때 사용
-3방울 이상 묶기: 작품을 만들고자 잠그기 하는 것

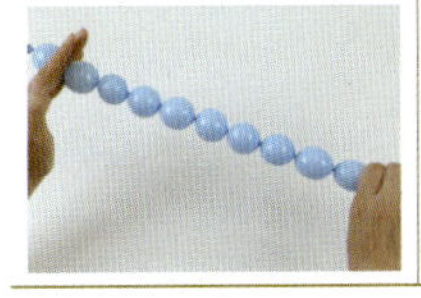  

접어꼬기(folding) ㄷ형 모양으로 방울 묶기:

1. 10cm정도의 방울을 만들어 180도로 접는다.
2. 접힌 방울을 3~4회정도 돌려서 고정 시킨다 (예: 꽃받침 칼, 꽃잎 외)

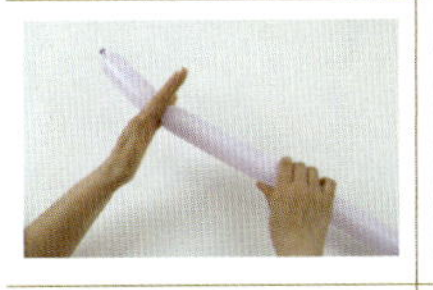  

겹 꼬기(Pinch Twist) 방울 1개를 잡아당겨서 꼬는 것

이미 만들어진 방울을 한번 더 꼬는 것으로 고급기법으로 분류되기도 한다. 한손으로 풍선 전체를 잡고, 다른 한손으로 작은 방울을 잡는다. 작은 방울을 바깥쪽으로 잡아당기면서 3~4회 정도 돌려 고정시킨다. 동물의 귀나, 고난도의 작품을 만드는데 사용하는 방법

밀어올리기(Push Air)

꽃술이나 푸들강아지의 꼬리를 만들기 위해서 주로 사용하는 기법이다. 공기를 원하는 곳(끝부분)으로 옮기는데 쓰이는 기술이다.

1. 꼬리부분 아래에 방울을 하나 만든다.
2. 한손으로 중간부분이 부풀어 오르지 못하게 살짝 감싸주고 공기를 밀어 이동시킨다.
3. 공기가 꼬리의 끝으로 올라가면서 완성

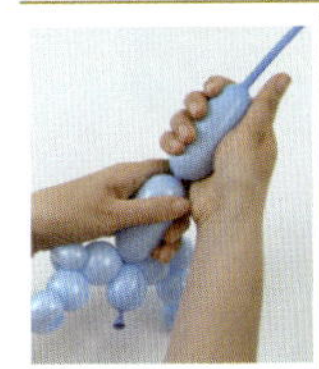   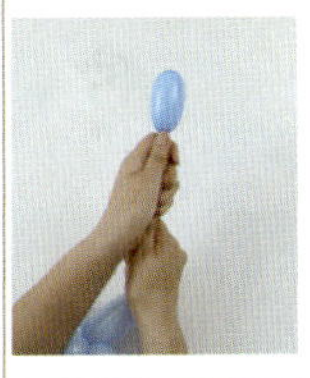

*초보자의 경우 연습이 필요한 기술

고리꼬기(Loofing)

고리모양이 된다고 해서 고리꼬기라고 하며, 주로 큰 원형을 만드는데 이용되는 기술로 원형꼬기라고도 부른다.
예: 인디언 머리띠, 왕관 등... 단순한 작업에 쓰이는 기법

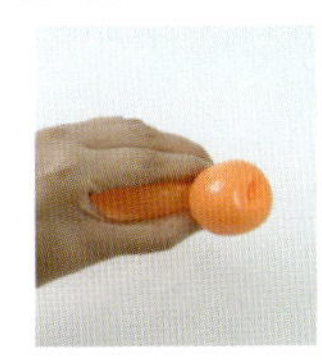 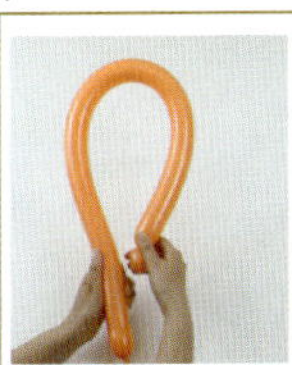 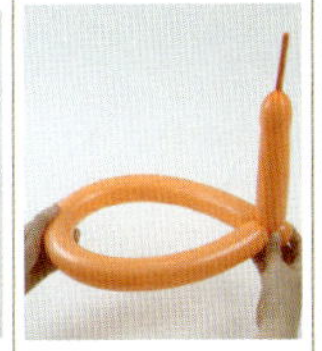 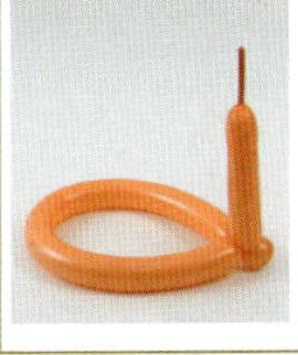

튤립 꼬기(Tulip Twist)

풍선의 묶은 매듭을 이용해 풍선 안쪽으로 밀어넣어 반대편에서 잡아 꼬는 방법이다.
사과를 만들때도 같은 방법을 사용하기 때문에 사과꼬기 라고도 한다.

1. 풍선의 매듭위에 검지를 올려놓는다.
2. 검지를 풍선안쪽으로 밀어넣는다.
3. 풍선을 잡고 있던 손으로 밀어넣은 검지의 풍선주입구 부분을 잡고 엄지와 다른손가락을 이용해 풍선을 밀면서 검지를 빼낸다.
4. 만든 방울을 3~4회 정도 돌려서 고정시킨다
   (참조: 아래 쪽 부분을 살짝 위로 올려주면 잘 빠지지 않는다.)

260 튜울립꼬기

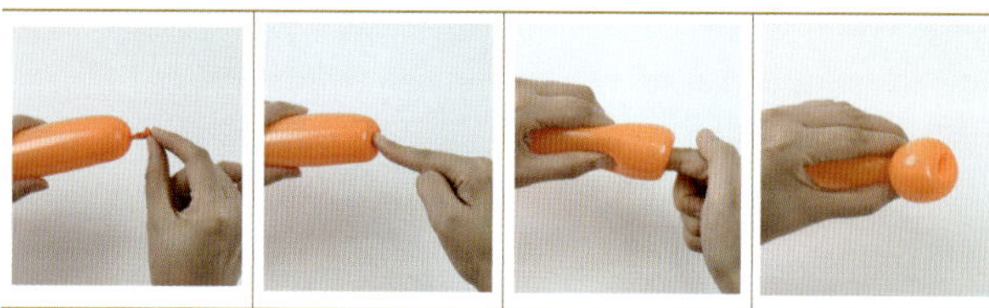

튜립꼬기응용기법

13cm 사과꼬기 & 튜울립꼬기

애플링크(Apple link)

튜립 꼬기 방울에 새로운 풍선을 연결해주는 기법.
사진과 같이 매듭이 늘어지게끔 묶어준다.. 매듭은 튜울립꼬기를 할 풍
선쪽에 가깝게 지어주며, 매듭 후 주입구등은 남겨주는 것이 좋습니다.
이후 튜울립꼬기와 같은 방법응용

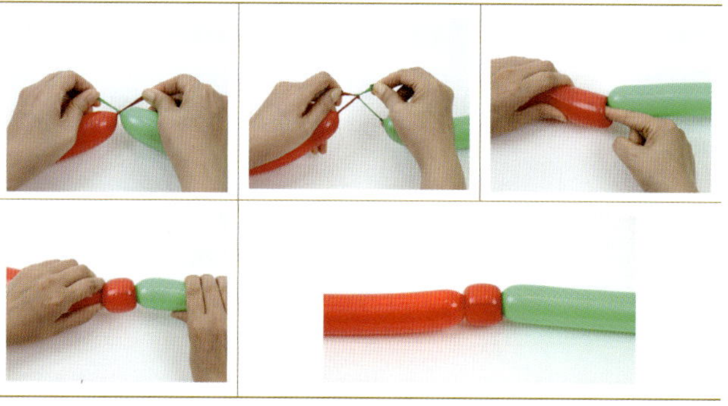

후크 트위스트(Hook Twist)

튜립꼬기의 변형 기법입니다.
검지손가락을 풍선안으로 깊게 넣어줍니다.
다은손으로 주입구를 잡아준 후 엄지와 중지로 풍선으 뒤로 밀어주면서
손가락을 빼줍니다.
방울을 꼬아준 후 풀리지 않도록 주입구를 방울 안쪽으로 넣어줍니다.
주입구를 안쪽으로 넣어주는 과정에서 자연스럽게 방울이 완만하게 펴
집니다.

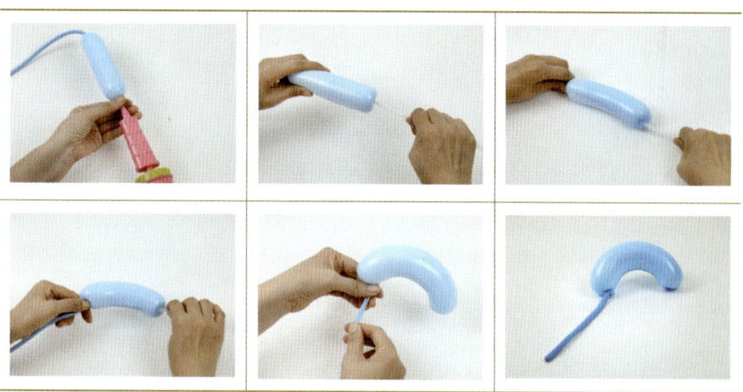

*주의: 형태를 유지할 수 있도록 도와주어야 한다는 단점이 있다.

터트리기(Pop Twist)

하나의 풍선을 두 개 이상으로 나눌 때 활용되는 방법이다.
겹꼬기와 겹꼬기 사이를 터트리게 되며 분리가 되는 기법
(예: 아더왕칼, 곰돌이 팔 외 만들 때 사용한다)

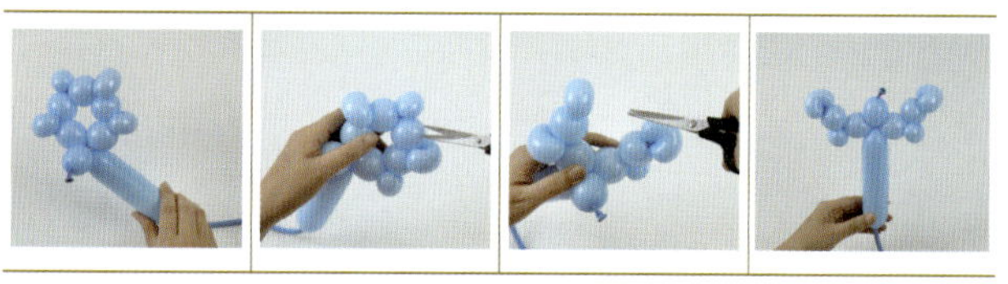

스파이럴(Spiral)

스프링 형태로 불어주는 기법
손펌프등에 풍선을 감아준 후 불어주면 됩니다.
스파이럴은 보통 2인1조의 형태로 작업이 이루어 집니다.

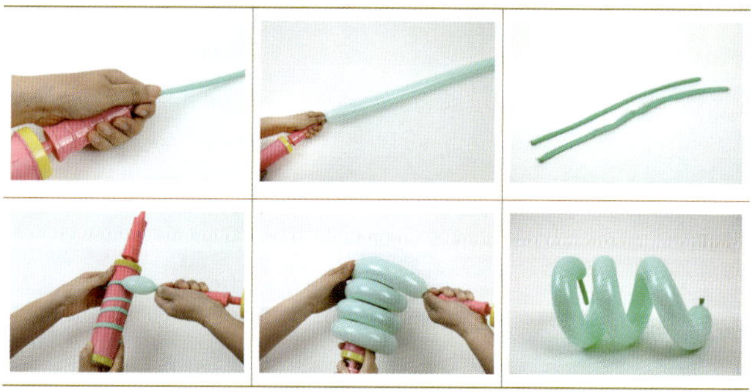

이미 한번 길게 불어준 풍선을 이용하면 좀 더 쉽게 불어 줄 수 있답니다.

꽈배기 꼬기(Ivy Twist)

새끼를 꼬듯이 두 개의 풍선을 서로 꼬아주는 방법이다.

머리땋기 기법 (Braiding)

3개의 풍선을 서로 2개 사이에 1개를 넣어가면서 머리를 땋듯이 꼬아주는 기법 (예: 하트 포토전 외 연출가능)

말아넣기 (3 Bubble Roll Through)

큰 방울 2개를 만들어 잠그기 한 후, 같은 크기의 방울 1개를 더 만들어 2방울 사이에 말아 넣어 고정시킨다.
(예: 참외 및 앵무새, 캐릭터 몸통부분 연출가능)

위빙기법 (Weaving)

짜다, 엮다 라는 뜻으로 풍선을 서로 엮어가면서 만드는 방법이다.
(예: 바구니 만들기, 와인 잔 만들기 , 드레스 만들기 ..연출가능)

알아두기

3.3.3 기법

333기법이란 주로 동물만들기에 적용되는 기법으로,
1. 3방울을 만들어 두방울을 잠궈주면 얼굴과 귀가 만들어지고
2. 다시 3방울을 만들어 2방울을 잠궈주면 몸통과 뒷다리가 만들어진다.
3. 나머지 부분은 저절로 남는 꼬리부분이다.

목 차

Balloon Art Master

1장
기초를 잡는 풍선아트

풍선아트의 시작, 기본 구조와 손 기술
(기본기법, 손풀기, 첫작품)

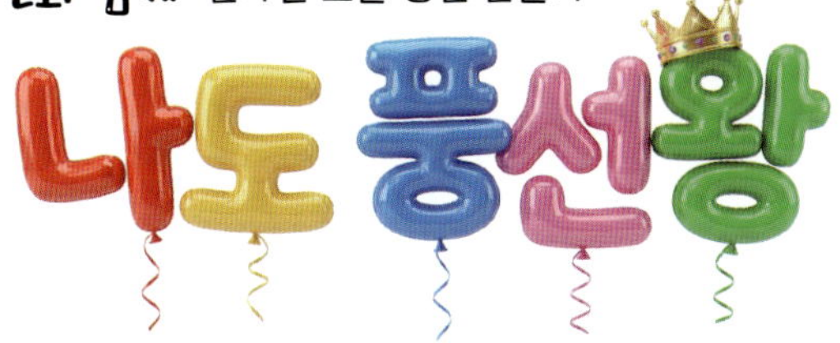

1장
기초를 잡는 풍선아트

1. 꽃 모자

2. 백조 모자

3. 알라딘 요술모자 만들기

4. 공룡모자

5. 토끼화관

6. 260 하나로 만드는 응용모자 (데이지모자 / 푸들강아지모자)

7. 원숭이 화관

1. 꽃 모자

1. 모자 만들기

 **준비할 재료**

꽃 모자 만들기
260 마카롱 그린 -1개 / 코랄-1개

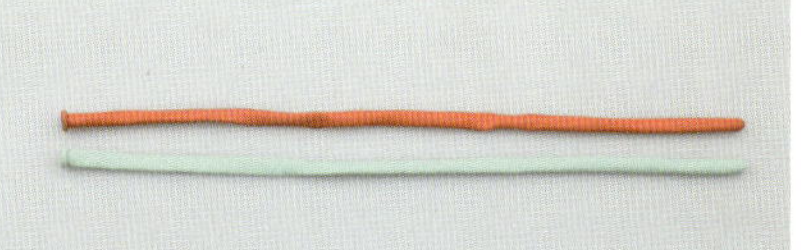

 **만드는방법**

꽃 모자 만들기
①② 풍선의 꼬리 부분을 7cm 남기고 공기를 넣는다.
③④ 4cm방울 튜울립꼬기를 만든다.
⑤⑥ 아이의 머리에 맞게 커다란 고리 꼬기를 한 뒤 잠그기한다.
⑦⑧⑨ 끝 부분 밀어 올리기 한다.

다알리아꽃 만들기
①② 260풍선을 5cm 남기고 불어 주입구와 같이 묶어준다.
③④⑤ 두방울을 만든 후 3등분을 나눈 뒤 Z모양이 되도록 한다.
⑥⑦⑧⑨ 사진과 같이 빨래짜듯이 한 바퀴만 돌려주면 예쁜 꽃이 만들어진다.⑩⑪ 끝 부분 밀어 올리기 한 방울에 다알리아꽃을 끼워준다.

꽃대 만들기

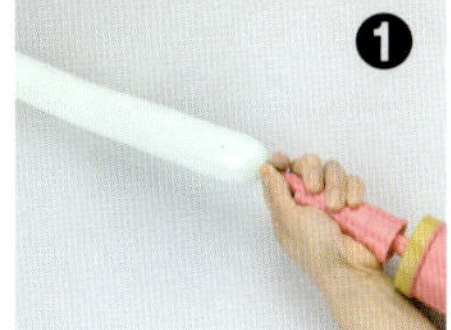 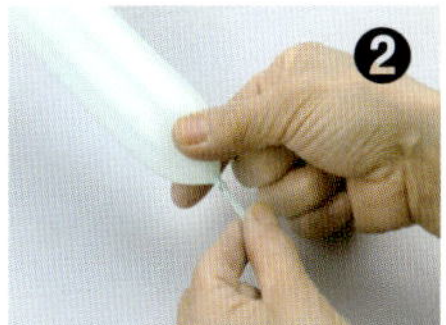 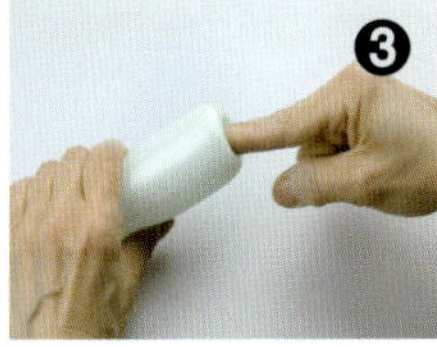 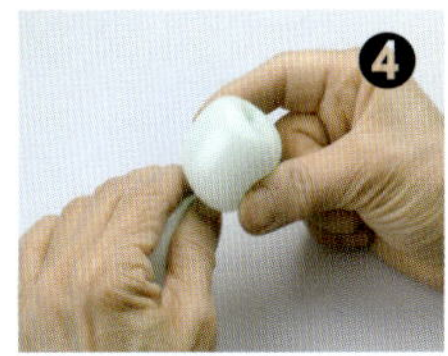 

다알리아꽃 만들기

  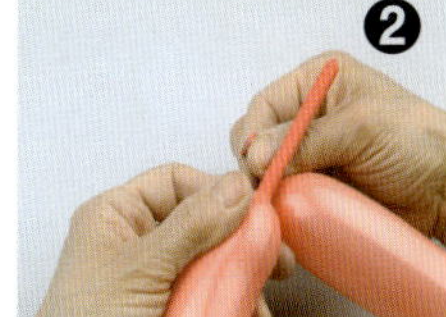  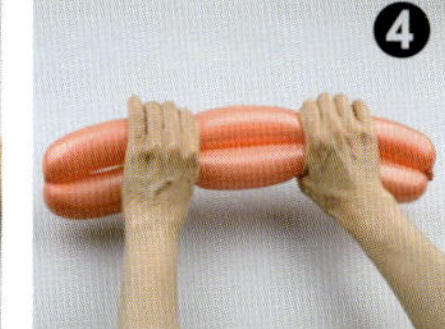 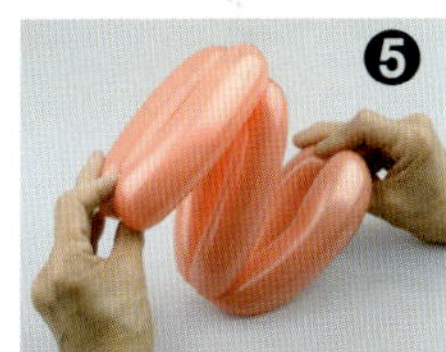

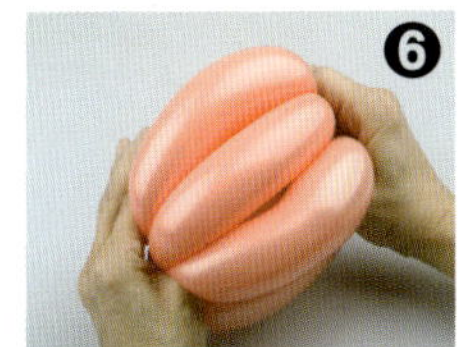  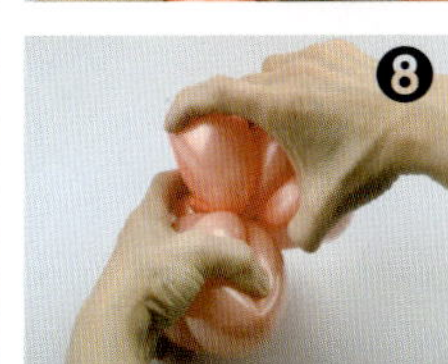   

 **생각해보기**

◎활짝 핀 다알리아꽃처럼, 오늘 내 기분은 어떤 색인가요?

◎오늘 사용한 풍선색상 적어보아요~

2. 백조 모자

 **준비할 재료**

260 라일락-1개 & 마카롱 라일락-1개

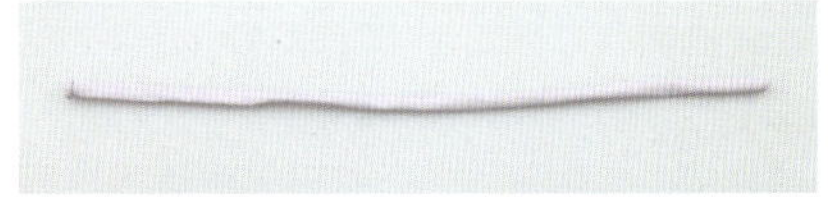

 **만드는방법**

① 꼬리 부분 5cm~7cm 남기고 공기를 넣은 후 약간의 공기를 살짝 빼고 묶어준다. ②③ 4cm 방울 주입구를 밀어 넣어 튤립 꼬기를 해준다. ④⑤ 머리둘레에 맞게 방울을 꼬아 잠그기 한다. ⑥ 사진과 같이 260 끝부분 1cm를 엄지와 검지를 같이 잡는다. ⑦⑧ 다른 손으로 목 선을 살짝 잡는 듯 눌러 주어 백조 볼이 통통하게 만든다. ⑨⑩ 백조모자가 완성되면 눈썹도 예쁘게 그려준다. (참조: 잡은 1cm 엄지, 검지에는 공기가 들어가지 않도록 꼭 잡고 있도록 한다.)

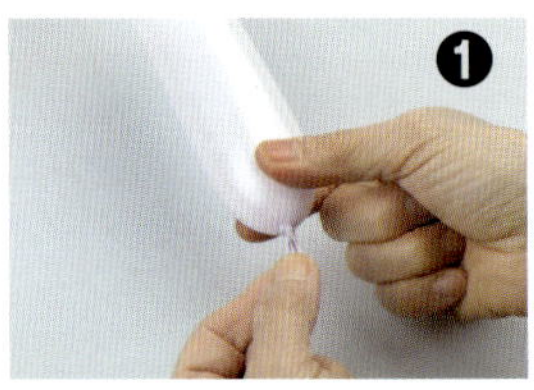 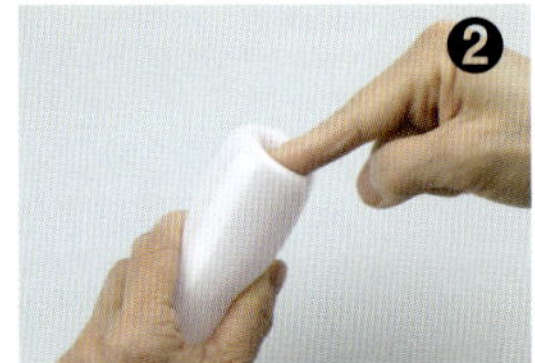   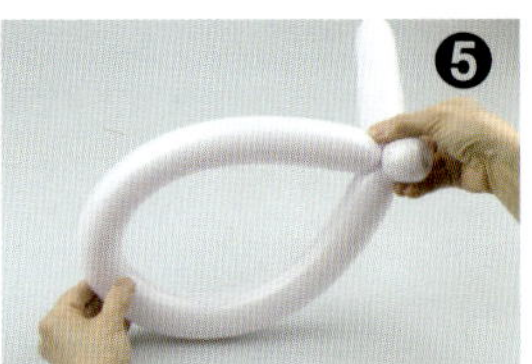

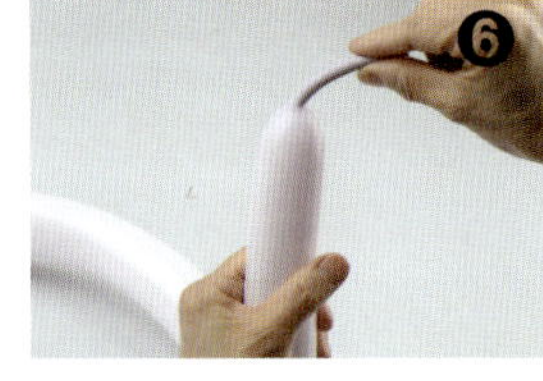 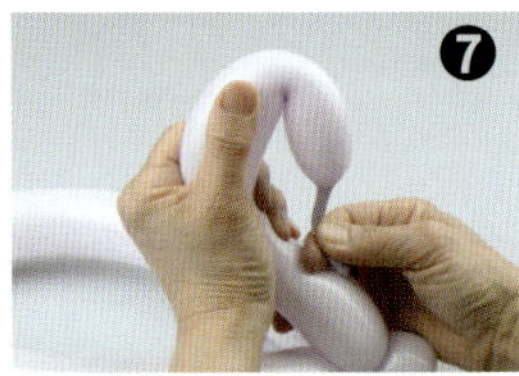 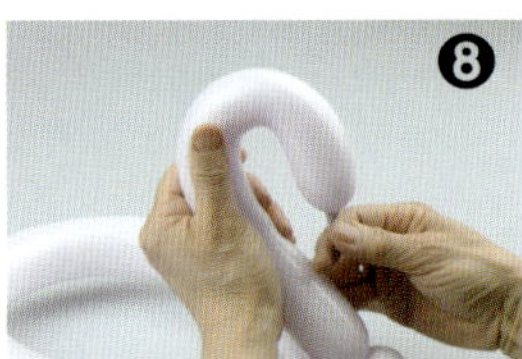 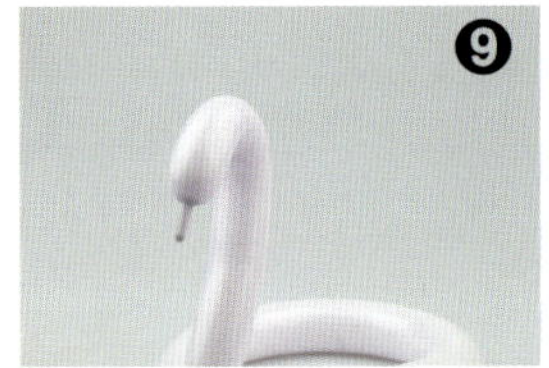 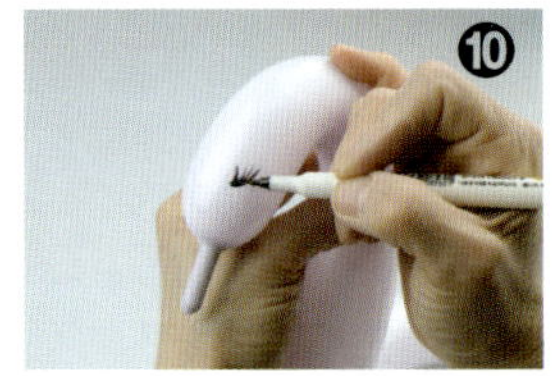

 **생각해보기**

◎백조는 어떤 성격의 동물일까요?

◎엄마 백조, 아기 백조 만들어보아요-

3. 알라딘 요술모자 만들기

 **준비할 재료**

260 미러블루-1개 & 미러레드-1개

 **만드는방법**

①② 색깔이 다른 2개의 풍선을 꼬리부분을 15cm 남기고 분다. ③④ 두개의 풍선주입구 부분이 3cm정도 남도록 함께 잡고 한꺼번에 꼬아 준다. ⑤⑥ 30cm정도 떨어진 곳을 두 개의 풍선을 잡고 한번 더 꼬아 잠궈준다. ⑦ 꼬리쪽 남은 방울을 180도 접어서 처음 꼬아준 부분에 함께 꼬아 잠근다. ⑧ 양쪽의 풍선 꼬리 부분에 밀어올리기 하여 모양을 만들어준다.

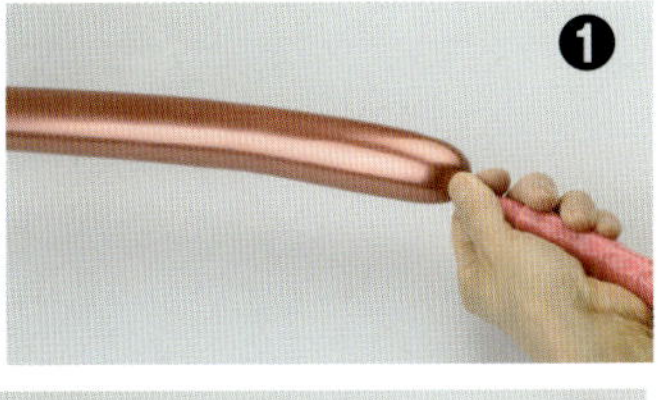

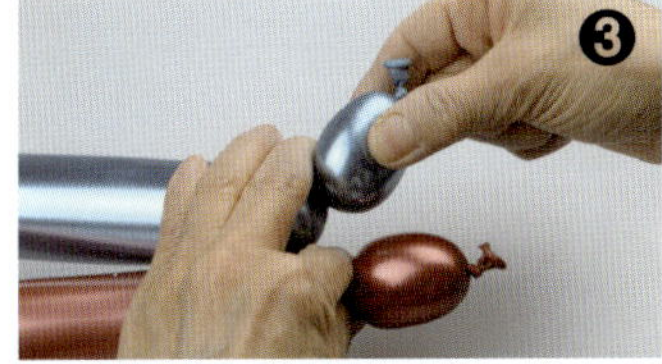
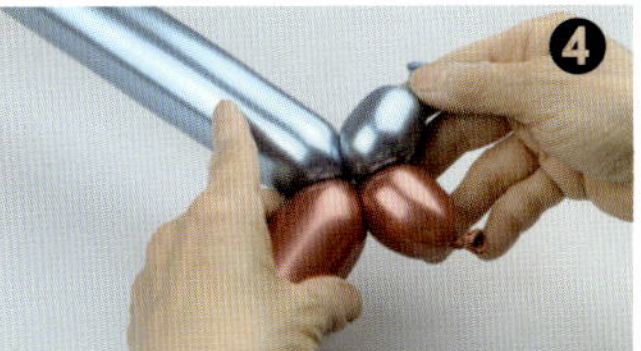
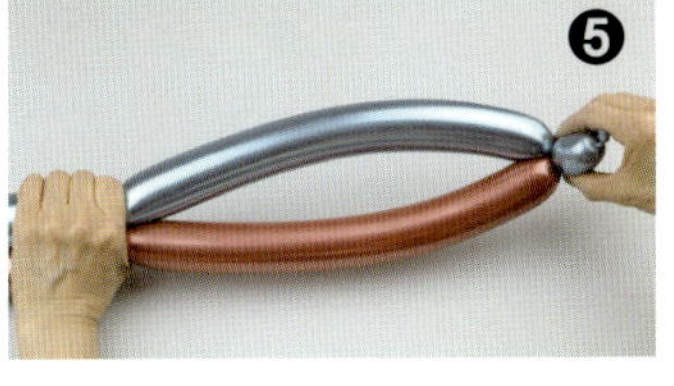

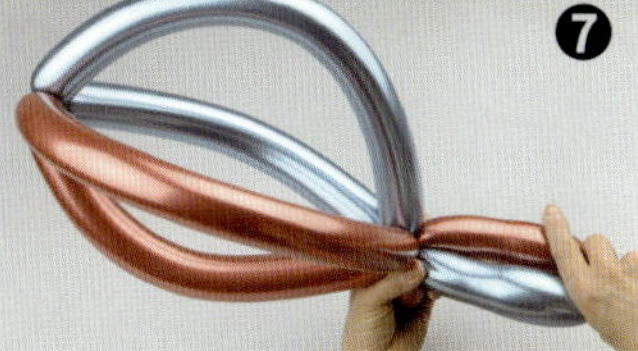
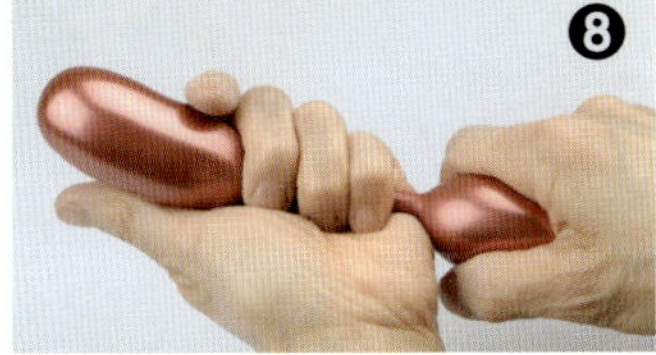

 **생각해보기**

4. 공룡모자

 **준비할 재료**
260 미러그린-2개

 **만드는방법**

①② 풍선 2개를 3cm(몸통), 7cm(등뼈)를 남기고 공기를 주입한다. ③④⑤ 3cm 남긴 풍선으로 얼굴 방울을 7cm 귀 방울 5cm 2개를 만들어 잠그기 해준다. ⑥ 꼬리부분에 3cm방울 만든 뒤 머리 크기에 맞게 고리꼬기를 해준다. ⑦ 7cm 남긴 풍선 주입구를 당겨 먼저 만든 3cm방울에 고정시킨 뒤 ⑧⑨⑩⑪⑫⑬⑭ 7cm -12cm(접어꼬기) -7cm -12cm(접어꼬기) -7cm-12cm(접어꼬기) -7cm 방울을 3번 반복해서 만든 뒤 나머지는 멋진 꼬리를 연출해준다.

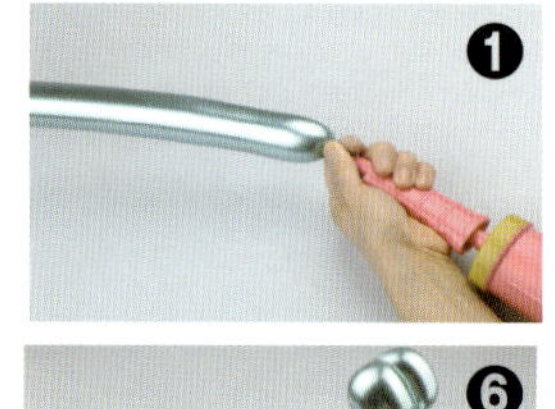
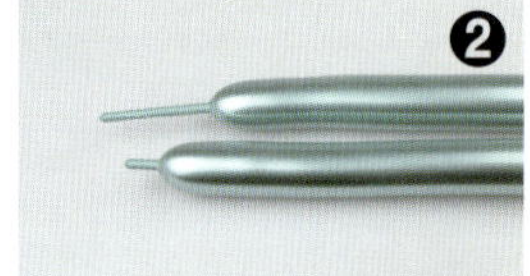

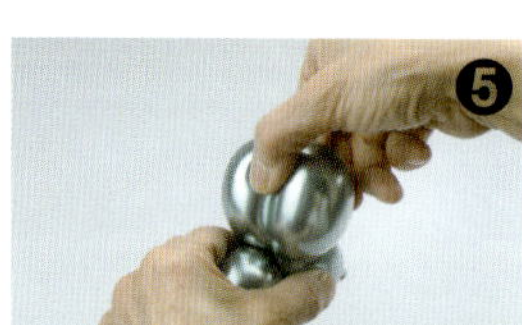

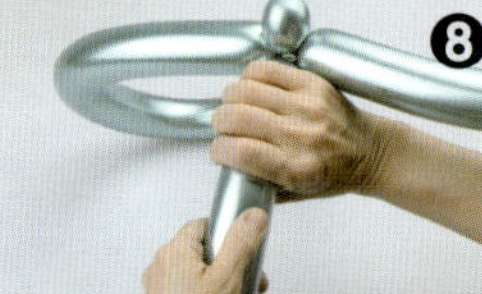
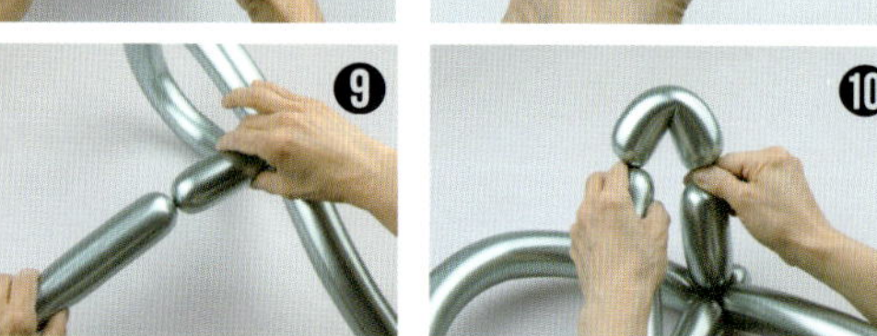

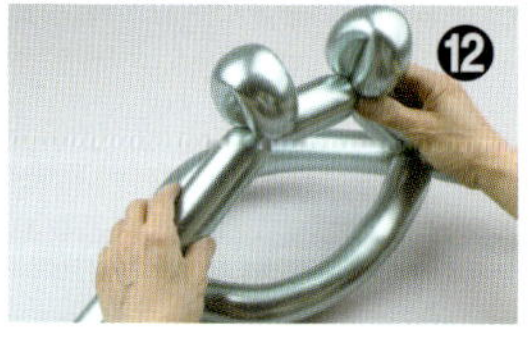

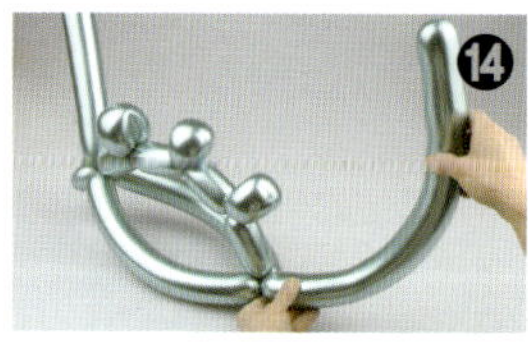

생각해보기

◎내가 만든 공룡은 어떤 이름의 공룡일까요?

◎공룡에 들어간 기법 3가지 적어보세요:

5. 토끼화관

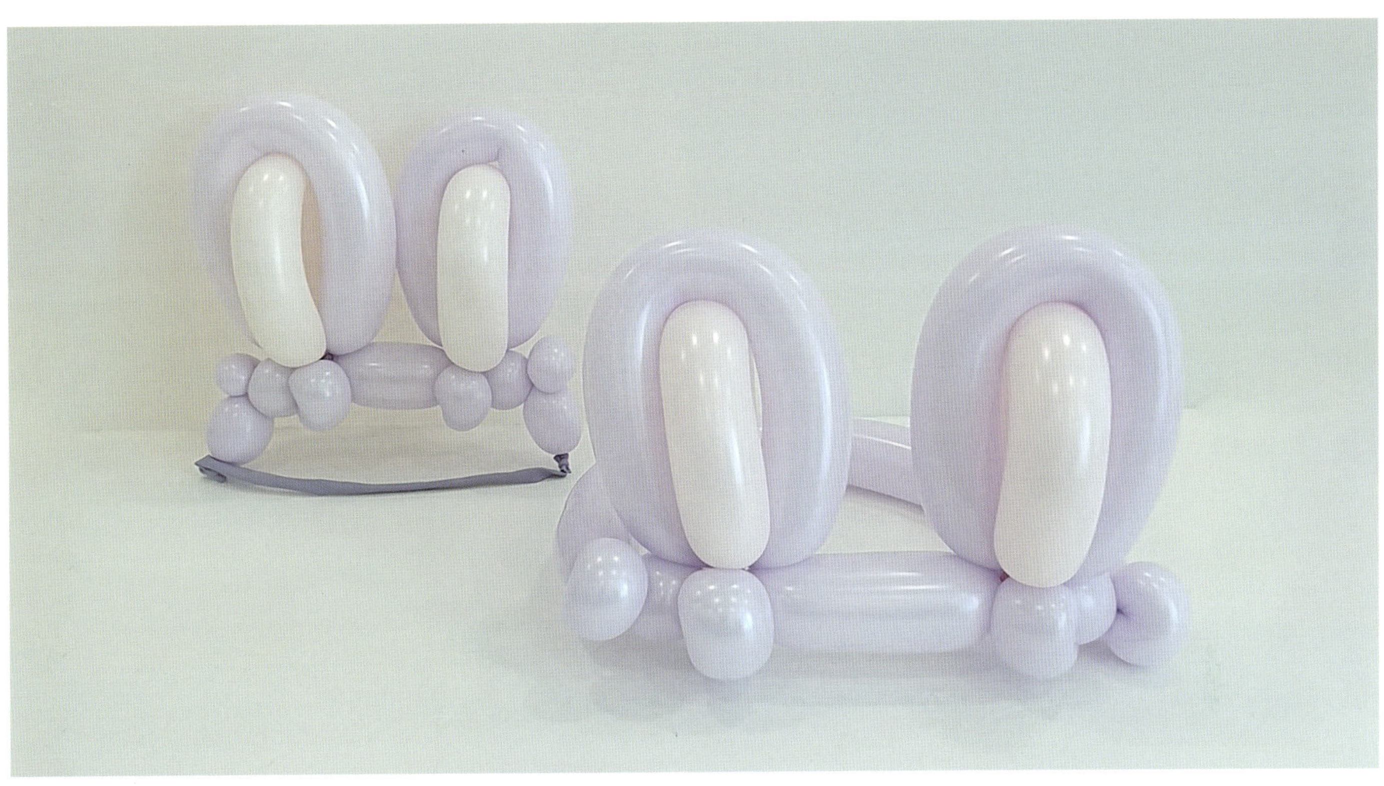

준비할 재료

260 라일락-4개,
마카롱페리핑크-1개

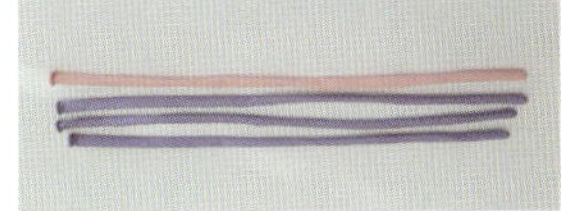

만드는방법

① 10cm, 15cm 남기고 풍선에 공기 주입 후 묶어준다. ②③ 3cm방울 하나를 만들고 3cm 겹꼬기 2개 해준다. ④⑤ 15cm방울을 만든 후 두 개의 3cm방울을 각각 겹꼬기 한 후 3cm방울을 하나나 더 만들어 준다. ⑥ 3cm방울을 겹꼬기 2개 한다. ⑦⑧⑨ 머리 싸이즈 만큼 방울을 만들고 3cm방울을 겹꼬기 한 후 ③의 3cm방울에 엮어준다. ⑩ 토끼 귀를 만들 풍선을 준비한다. ⑪ 두 개는 작게 두 개는 크게 풍선을 접어꼬기한다. ⑫⑬ 작은 풍선을 큰 풍선 접어꼬기 안에 넣어 귀 모양을 만들어 준다. ⑮ ⑨의 완성된 풍선에 ⑬의 풍선을 엮어주면 완성된다.

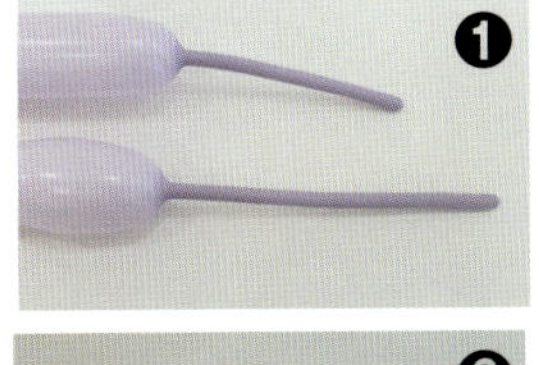   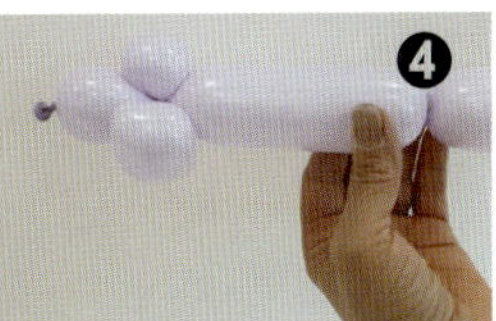 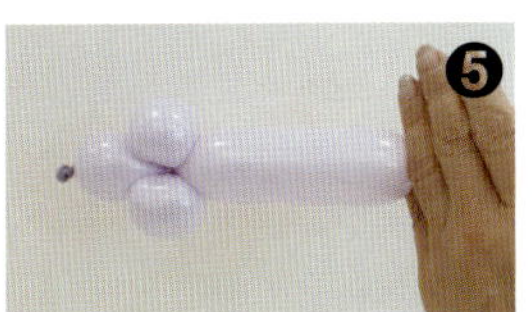

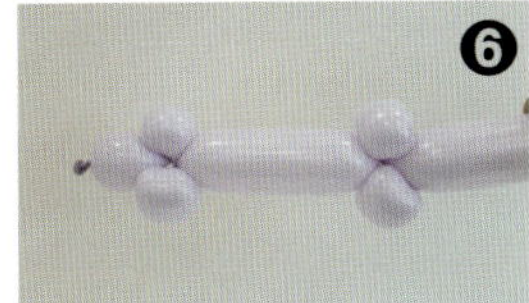 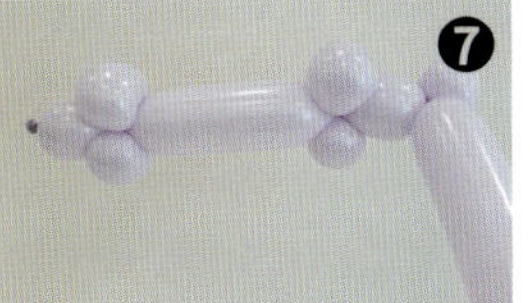  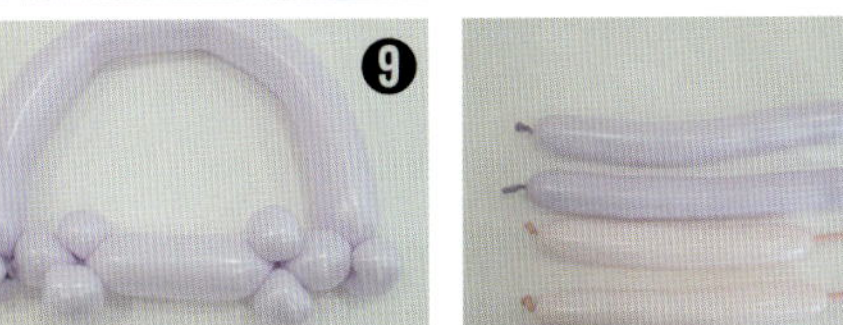

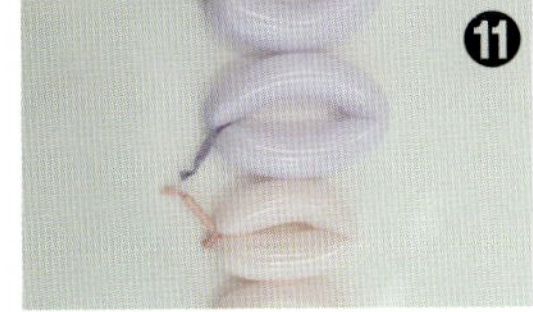 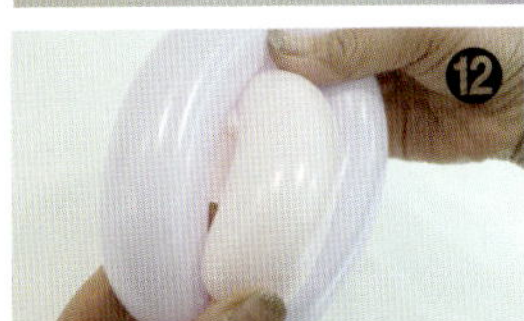 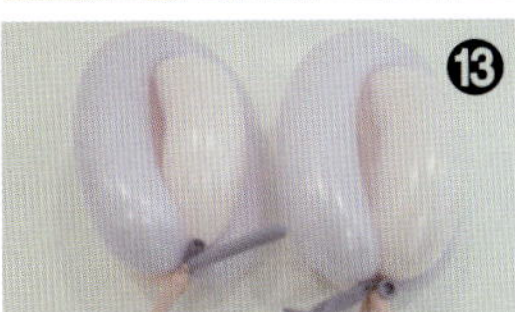 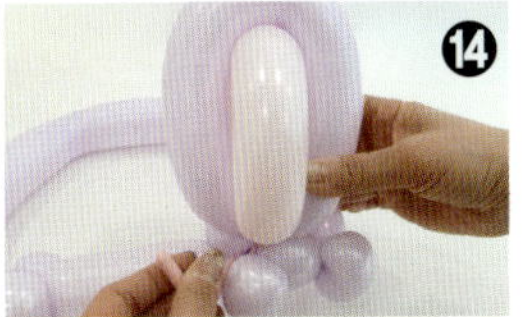 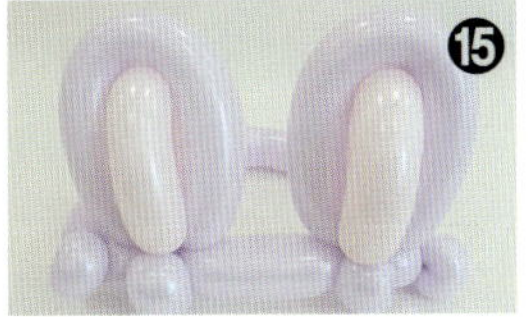

◎토끼는 귀엽고 발랄한 친구예요.

◎어떤 색상의 토끼 모자를 만들고 싶나요?

6. 260 하나로 만드는 응용모자 (데이지모자 / 푸들강아지모자)

데이지꽃 모자 만들기

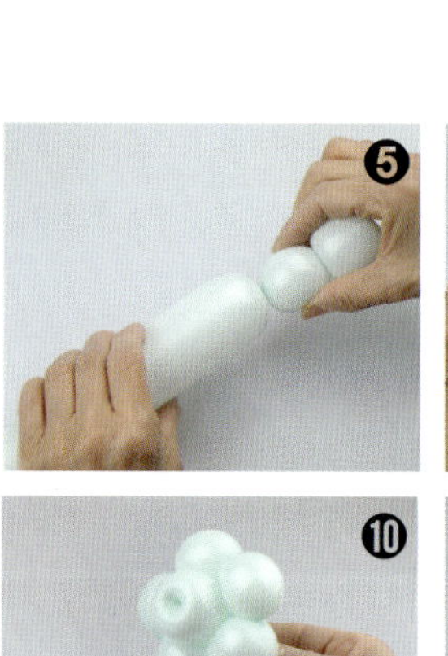

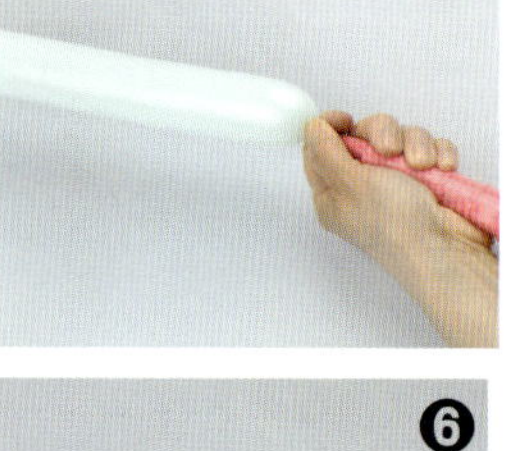

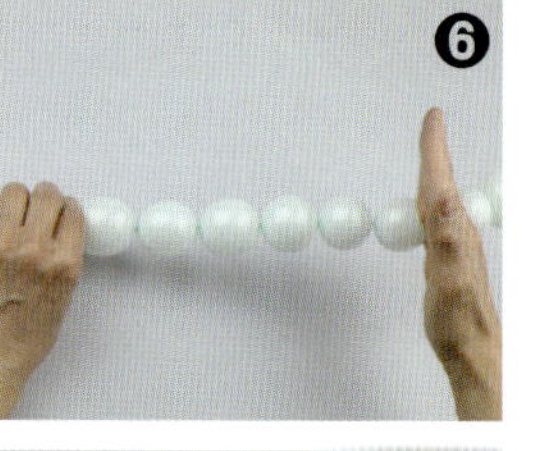

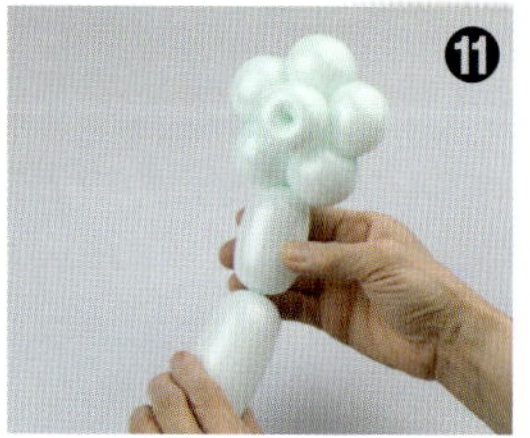

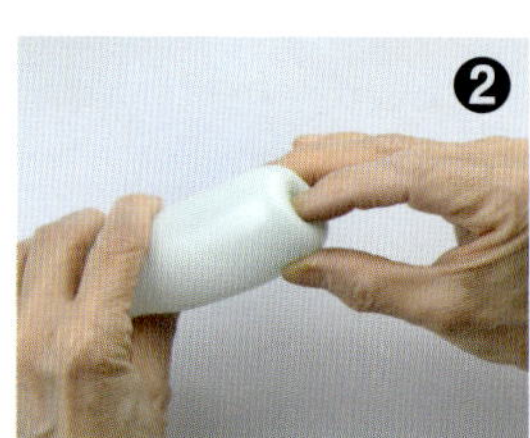

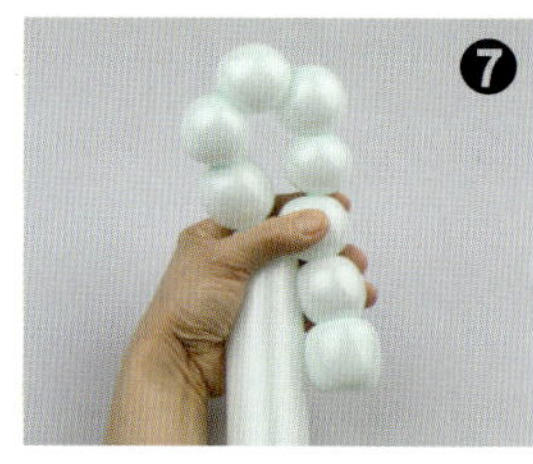

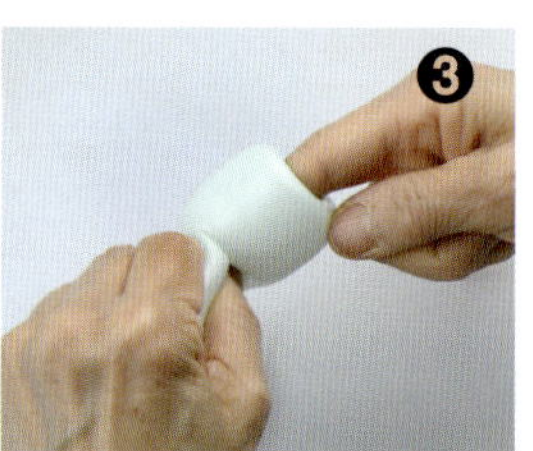

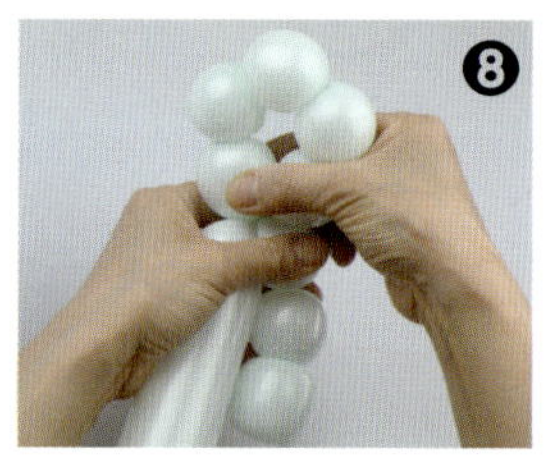

 **준비할 재료**

260 마카롱 그린-1개

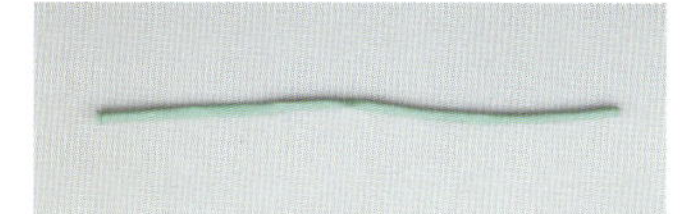

260 미러 블루-1개

 **만드는방법**

데이지모자

① 260풍선을 5cm를 남기고 공기를 넣은 후 약간의 공기를 빼고 묶어준다.
②③④ 주입구를 밀어 넣어 4cm 튤립 꼬기를 해준다.
⑦⑧ 3cm방울 7방울을 만들어 놓은 뒤⑤⑥ 5방울을 잠그기 한다.
⑨⑩ 만들어 놓은 튤립 꼬기를 5개 방울에 끼워준다.
⑪ 5cm방울 (꽃대) ,
⑫⑬ 고리 만든 뒤 3cm방울을 만들어 한 바퀴 돌려주면 화관이 된다.

푸들강아지모자

① 260풍선을 5cm를 남기고 공기를 넣은 후 약간의 공기를 빼고 묶어준다.
②③ 3cm방울 10cm 방울 접어꼬기 해준다.
④⑤ 10cm 접어꼬기 한 작은 고리에 3cm방울을 반만 넣는다.
⑥⑦⑧⑨⑩　3cm(얼굴)-10cm(머리)-cm(목)-3cm-1cm-1cm-3cm(앞발)-5cm(등)-만든 뒤 머리둘레 (고리꼬기)마추어 3cm방울과 함께 돌려준다.

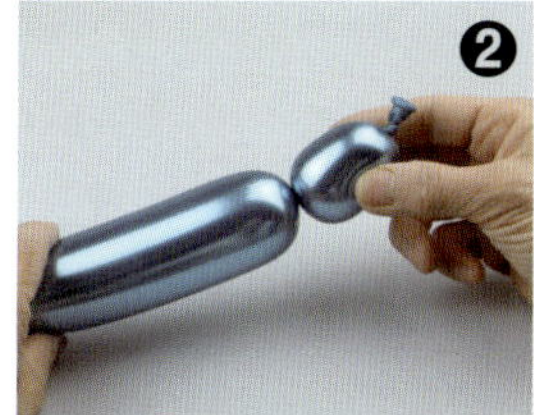

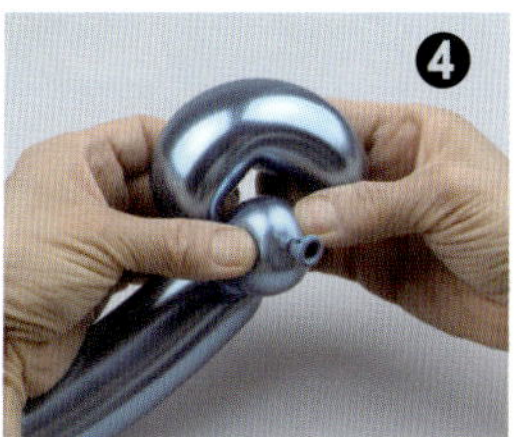

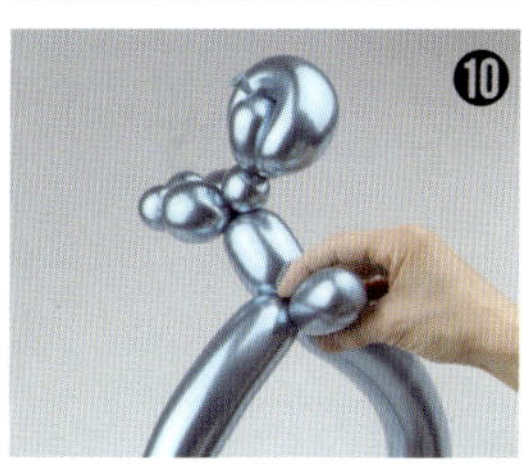

생각해보기

7. 원숭이 화관

 **준비할 재료**

260 옐로우-4개, 블랙-1개, 13cm화이트-1개

 **만드는방법**

① ② ③ ④ 5인치 화이트 풍선을 8cm 크기로 불고 260블랙 3cm방울크기로 불어 주입구를 묶어준 후 튤립꼬기를 해서 얼굴을 만들어 준다

⑤ 엠버 10cm, 10cm, 15cm 남기고 공기를 주입해 놓는다.(3개)

⑥ ⑦ 260풍선 하나를 ①에 엮어준 후 5cm방울을 만든 후

⑧ ⑨ 7cm, 3cm, 7cm, 3cm, 7cm 방울을 만들어 잠궈 준다.

⑪ ⑫ 3cm방울들은 겹꼬기를 하고 ④ 만들어 놓은 5인치 화이트풍선에 동그랗게 씌워준다.

⑬ ⑭ ⑮ 3cm방울을 만들고 15cm 접어꼬기를 한 후 마무리 한다.

⑯ ⑰ ⑱ ⑲ 260풍선을 15cm 방울을 만들고 새로운 풍선 하나를 3cm방울을 만들어 15cm방울에 엮어준다.

⑲ ⑳ ㉑ 3cm방울 풍선에 7cm방울 두 개를 만들고 3cm방울을 만든 후 겹꼬기 한다.

첫 번째 풍선 15cm방울을 3cm 겹꼬기 풍선에 엮어 준다.

㉒ ㉓ ㉔ 양쪽의 풍선을 길이를 맞추고 20cm방울을 만든 후 3cm방울을 만들어 양쪽에 겹꼬기를 한 후 ㉕ 머리에 쓸 수 있게 라운드를 만들어 준다.

㉖ ㉗ 미리 만들어 놓은 원숭이 얼굴을 7cm방울 사이에 끼워주면 완성후 눈 그림 그려주기

 **생각해보기**

◎ 원숭이는 장난꾸러기예요

◎ 표정을 바꾼다면 더 재미있어질까요?

1장
기초를 잡는 풍선아트

2. 기초기법으로 완성하는 동물 & 자연

1. 푸들강아지 (루프기법)

2. 라벤더 토끼 1

3. 곰돌이 푸우 (결합기법)

4. 요술풍선 나비

5. 나비 요술봉

6. 꽃필찌 1. 꽃필찌 2.

7. 무당벌레

8. 잠자리 (균형. 결합 기법)

1. 푸들강아지 (루프기법)

 ## 준비할 재료

260 사파이어블루

 ## 만드는방법

① 35cm 공기를 주입한다. ②③④⑤ 5m방울 10cm방울을 만들어 접어꼬기 한다. ⑥⑦ 접어꼬기 한 고리방울 사이로 5cm방울을 반쯤 끼워 머리를 만든다. ⑧ 2cm방울을 꼬아 목을 만들고 풀리지 않도록 손가락을 이용해 끼워주고 ⑨ 3cm-1cm-1cm-3cm 잠그기하면 앞다리와 ⑩ 발톱이 만들어지고 몸통 5cm방울 3cm-1cm-1cm-3cm방울을 4개를 ⑪ 잠그기하면 뒷다리와 발톱이 만들어진다. ⑫⑬⑭⑮ 꼬리부분의 방울을 밀어올리기를 하면 푸들의 꼬리 완성!!

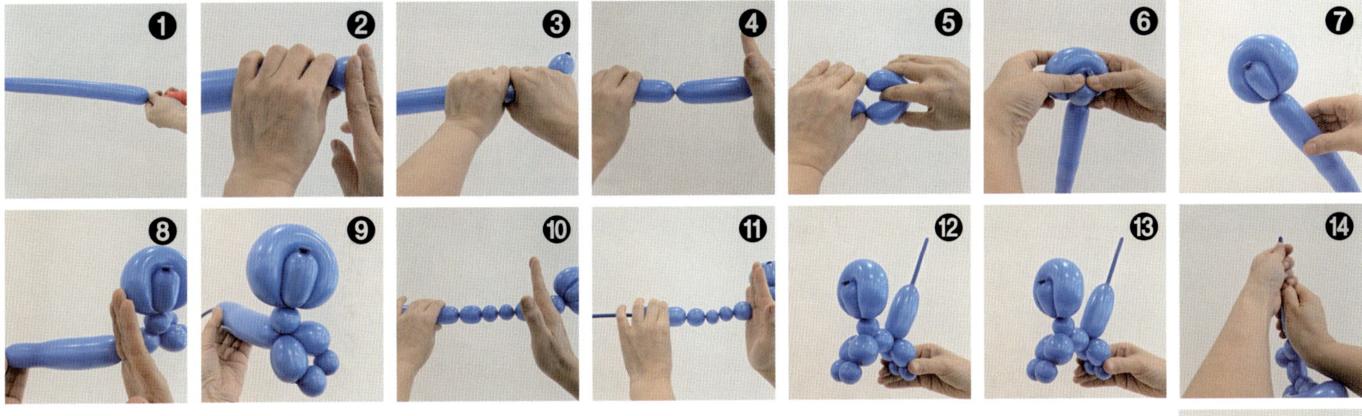

 ## 생각해보기

2. 라벤더 토끼 1

 ## 준비할 재료

260 라일락, 160 마카롱라일락, 160 미러 바이올렛

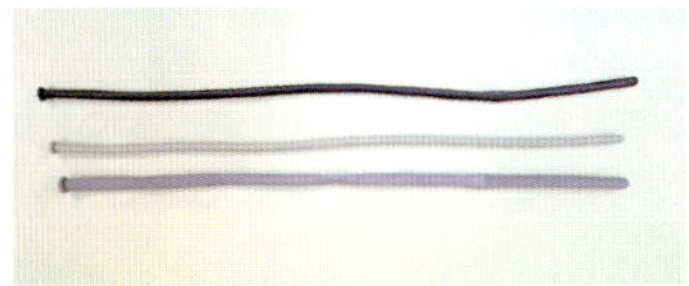

 ## 만드는방법

①②③ 260풍선에 15cm 남기고 공기를 넣고 묶어준다.

④⑤⑥⑦⑧⑨ 6cm방울1개, 3cm방울 2개, 10cm방울 2개를 꼬아 잠궈준 뒤 얼굴 6cm를 10cm 2개의 방울 안에 끼워준다.

⑩⑪⑫ 15cm방울 접어꼬기 해서 6cm얼굴에 끼워준다. (뒤모습 ⑬ / 앞모습 ⑭)

⑮ 목 3cm방울 10cm방울 2개

⑯⑰ 목과 몸통

⑱⑲⑳㉑ 3cm방울, 5cm방울 5cm방울, 3cm방울을 만들어 목에 고정시킨다.

▶나비넥타이 만들기 (160풍선)

①②③ 7cm 접어꼬기 –2개 2cm방울 겹꼬기로 나비넥타이를 고정하고 나머지풍선으로 목을 둘러 준다.

▶160 풍선 받침 기둥

①②③④ 160풍선으로 7cm 접어꼬기 3개를 만들어 토끼를 고정한다.

▶나비넥타이 만들기 (160풍선)

 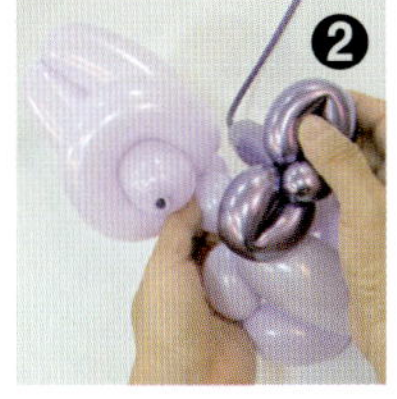 

▶160 풍선 받침 기둥 만들기

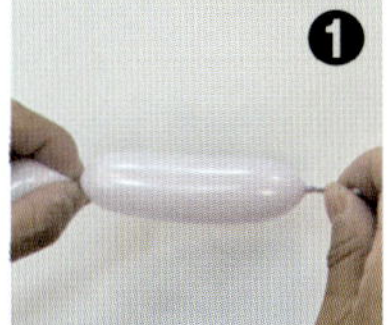   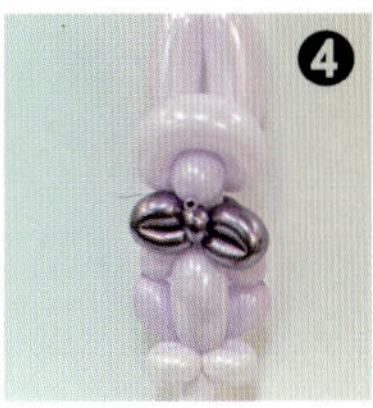

생각해보기

3. 곰돌이 푸우 (결합기법)

 준비할 재료

260 퀸핑크-1개, , 160 엘로우-1개, 160 마카롱핑크-1개

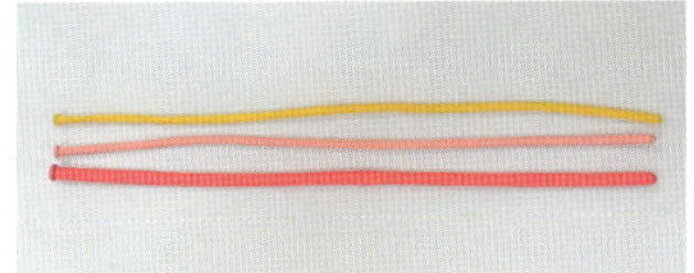

 만드는방법

①②③④⑤ 260풍선으로 7cm –5cm-3cm-5cm-3cm-5cm 방울을 만들어 준다.
⑦⑧⑨ 7cm방울에 감아준뒤 3cm 1개를 겹꼬기⑥를 한 뒤 7cm방울(얼굴) 반대방향으로
살짝 끼워준 뒤 나머지 3cm방울도 겹꼬기 해준다.
⑩⑪ 10cm방울 2개 만들어 목에 잠궈주고 3cm-5cm-5cm-3cm방울
⑬⑭⑮을 만들어 팔 다리를 만들어준다.

▶나비넥타이 만들기(160엘로우)
⑯⑰⑱⑲⑳㉑ 7cm 접어꼬기 –2개 2cm방울 겹꼬기로 나비넥타이를 고정하고 나머지풍선으로
목을 둘러 준다.

▶160 풍선 받침 기둥
㉒㉓ 160풍선으로 7cm 접어꼬기 3개를 만들어 토끼를 고정하고 포장하고 리본 묶기

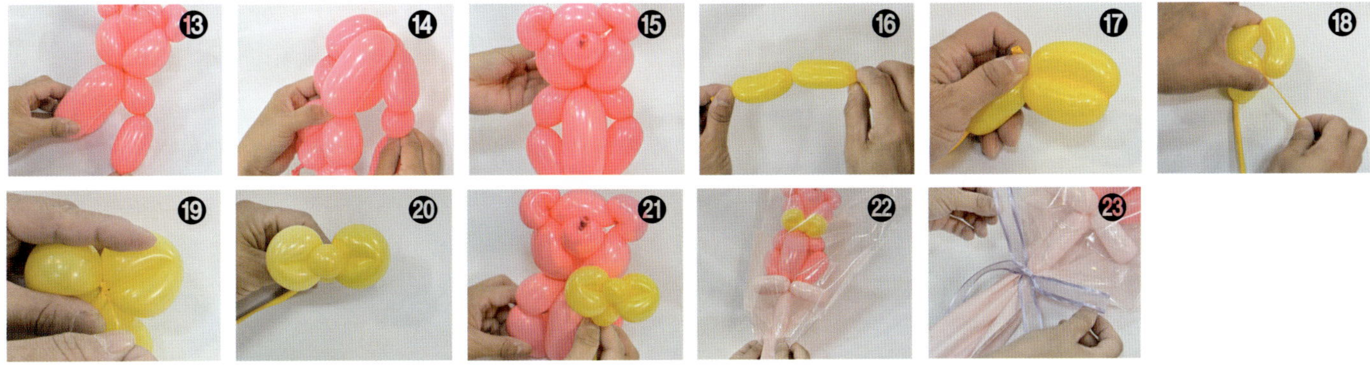

 생각해보기

4. 요술풍선 나비

 **준비할 재료**

260 핑크-1개, , 260 블랙-1개

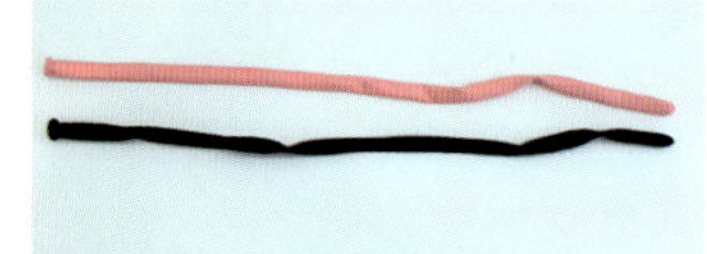

 **만드는방법**

① 7cm 남기고 불어준다.
②③④⑤ 20cm방울 접어꼬기 2개 4cm방울 겹꼬기 1개 해준다.
⑧⑨⑩ ⑥7cm방울 ⑦25cm 고리꼬기를 한뒤 7cm방울에 한 바퀴 돌린 뒤에 반을 접어 주면 날개 접어꼬기 2개가 만들어진다.
⑪⑫ 4cm 겹꼬기 밑에 7cm방울과 접어꼬기 2개를 함께 돌려주면 나비 모양이 만들어진다.

▶**더듬이**

5cm만 불고 풍선을 20cm 끝에서 묶어준다
5cm를 두 방울로 만들어서 한 개를 반대쪽으로 밀어준다.
⑬⑭⑮ 반을 나눠서 나비 겹꼬기 한 부분에 고정해 준다.

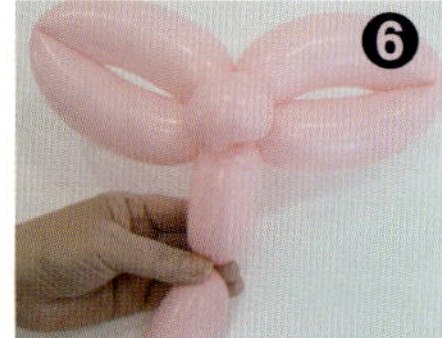

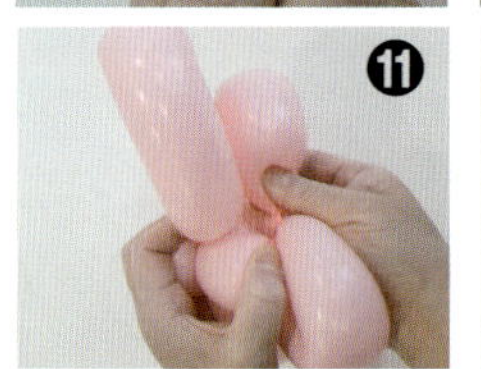

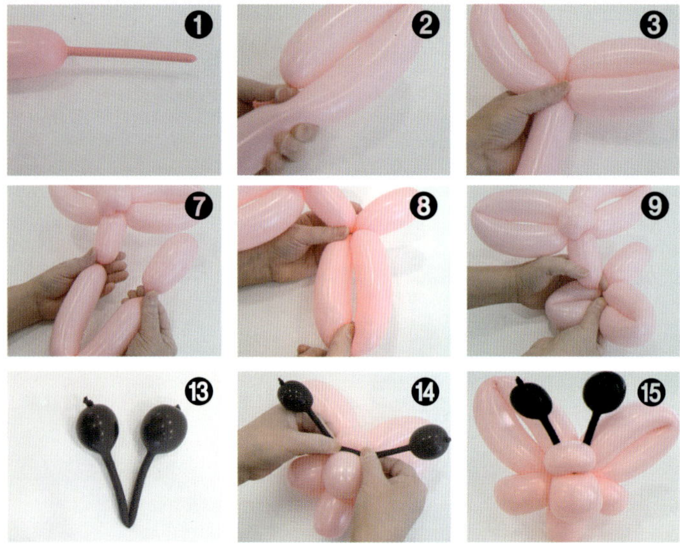

 **생각해보기**

5. 나비 요술봉

 **준비할 재료**

260 옐로우-1개, 260 라임그린-2개

 **만드는방법**

①②③ 1cm 남기고 공기를 넣고 고리 모양이 되도록 묶어준다.
④ 두방울을 만들어준 뒤 ⑤ 3/2 방울을 만들어 ⑥ 반을 접어주면
⑦ 나비 모양이 된다.

▶ **요술봉**

⑧⑨ 풍선의 꼬리부분을 2개 모두 10cm 남기고 불어 주입구를 함께 묶어준다.
⑩⑪⑬ 뒤쪽부터 새끼줄을 꼬듯이 꽈배기 형태로 25cm 꼬아준 뒤 2바퀴 돌려
주고 풀어지지 않도록 ⑭ 3cm겹꼬기 2개 만들어 준다.
⑮ 2개의 방울 사이에 나비를 넣고⑯⑰⑱ 한번 더 3cm겹꼬기 2개 만들고 밀
어올리기 기법으로 더듬이를 만들어 준다.   2개의 방울 사이에 나비를 넣고
한번 더 3cm겹꼬기 2개 만들고 밀어올리기 기법으로 더듬이를 만들어 준다.

 **생각해보기**

6. 꽃팔찌 1. 꽃팔찌 2.

준비할 재료

260 화이트 .옐로우 , 미러블루

만드는방법

①②③ 5cm방울만 공기를 넣고 튜울립꼬기 한다. (꽃 수술) 분리해서
④⑤⑥⑦⑧ 다른 풍선 40cm 공기를 넣고 튜울립꼬기한 풍선과 함께 묶어
준다.
⑨⑩⑪ 6cm방울 2개 만들어 꼬아 잠근다. 같은 방법으로 계속해서 6개의 꽃
잎을 한곳에 꼬아 만든다.

▶ 6cm 두방울 꼬기 – 꽃팔찌 1.
▶ 3cm 7cm 방울로 방울싸이즈로 만들어주면 또 다른 꽃 팔지가 만들어진
다. -꽃팔찌 2.

생각해보기

7. 무당벌레

 **준비할 재료**

260 레드 –1개, 검정매직

 **만드는방법**

1. 4cm 방울(얼굴) - 3cm 방울 4개 (다리) - 5cm 방울(등)
2. 눈썹과 등 점박이 그려준다.

 **생각해보기**

8. 잠자리 (균형. 결합 기법)

2. 기초기법으로 완성하는 동물& 자연

 ### 준비할 재료

260 레드 –2개, 160블랙-2개
13cm화이트-1개, 눈 스티커

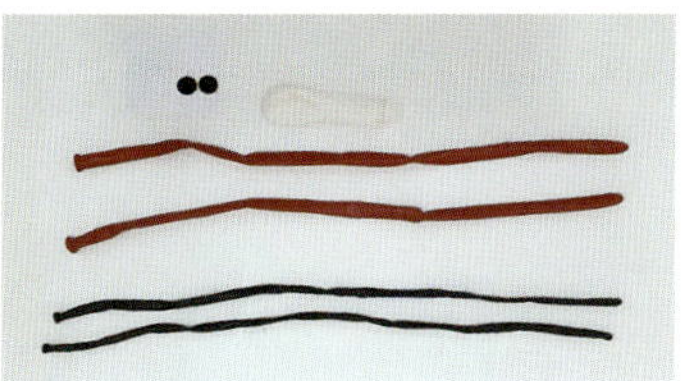

 ### 만드는방법

①② 요술풍선 5cm 남기고 2개 모두 불어 놓는다.

③④ 4cm방울 겹꼬기▶⑤⑥ 15cm 접어꼬기▶⑦ 3cm방울▶⑧ 4cm방울 겹꼬기 ▶⑨ 15cm접어꼬기▶⑩ 3cm방울▶⑪⑫ 4cm방울 겹꼬기 ▶⑬ 15cm 접어꼬기▶3cm 겹꼬기 한 뒤 마무리해준다

⑭⑮⑯ 바로 다른 풍선을 연결한 뒤 만들어놓은 3개 접어꼬기 사이 안에 통과시키고 나머지 부분은 멋진 꼬리로 만들어준다.

⑰ 13cm풍선 3인치 불어서 두 방울로 쪼개어 눈을 만든다.

⑱ 사진에 있는 모양과 같이 눈을 끼워준다.

▶잠자리날개

⑲ 160 요술풍선을 불어주고 고리모양으로 묶어준다.- 2개 모두

⑳㉑ 8자 모양을 만들어준후 겹꼬기 부분에 끼워주면 날개부분을 완성된다.

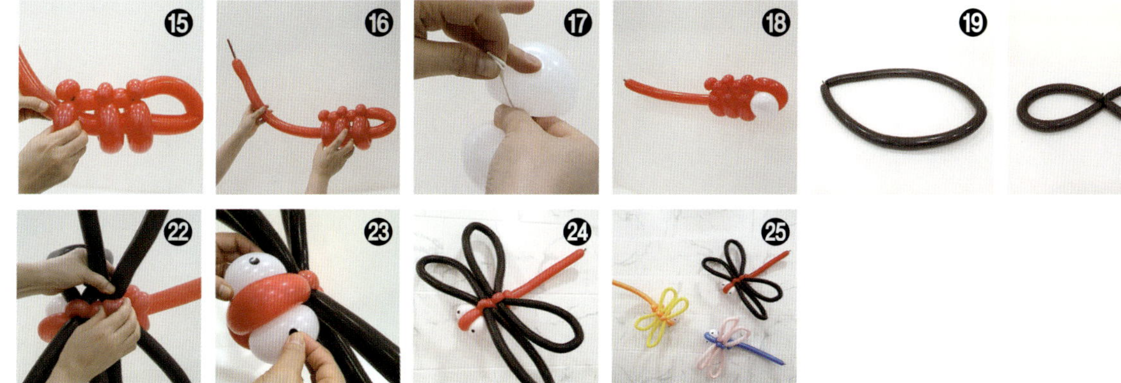

 ### 생각해보기

◎잠자리는 하늘을 어떻게 날아다닐까요?

◎날개를 만들 때 사용한 풍선은?

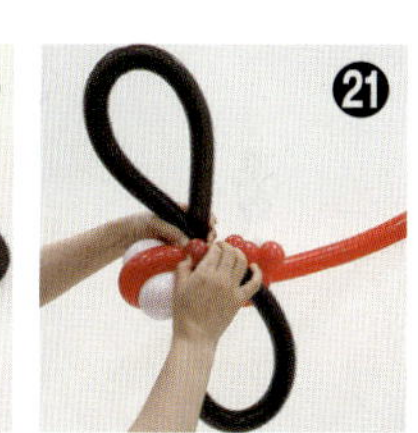

1장
기초를 잡는 풍선아트

3.
달콤한 풍선 과일마켓 - 과일 만들기

1. 호박

2. 사과 1 / 사과스틱 요술봉

3. 포도

4. 참외

5. 앵두1 /앵두2

1. 호박

 **준비할 재료**

260 오랜지 –1개, 그린 -1개

 **만드는방법**

① 12cm 남기고 풍선을 불어준다. ③④⑤->②③④ 10cm 방울 2개- 10cm 방울 1개를 만들어 말아 넣기 한 뒤에 같은 ⑥⑦ ->⑤⑥ 10cm 방울을 같은 방법으로 모두 6개를 만들어준 후 공기를 빼준다.. ⑧⑨ ->⑦⑧ 두 손을 이용해 살짝 눌러준 뒤에 공기를 뺀 나머지 풍선으로 위, 아래를 돌려 조금 납작하게 만들어 호박 모양이 되도록 한다.

▶**잎사귀 만들기**

⑨ 15cm 풍선을 불어준다. ⑩ 4cm방울 ⑪⑫⑬ 3cm겹꼬기 3개 만든 후에 ⑭⑮ 오렌지 호박 풍선에 잎사귀를 끼워 고정한다.

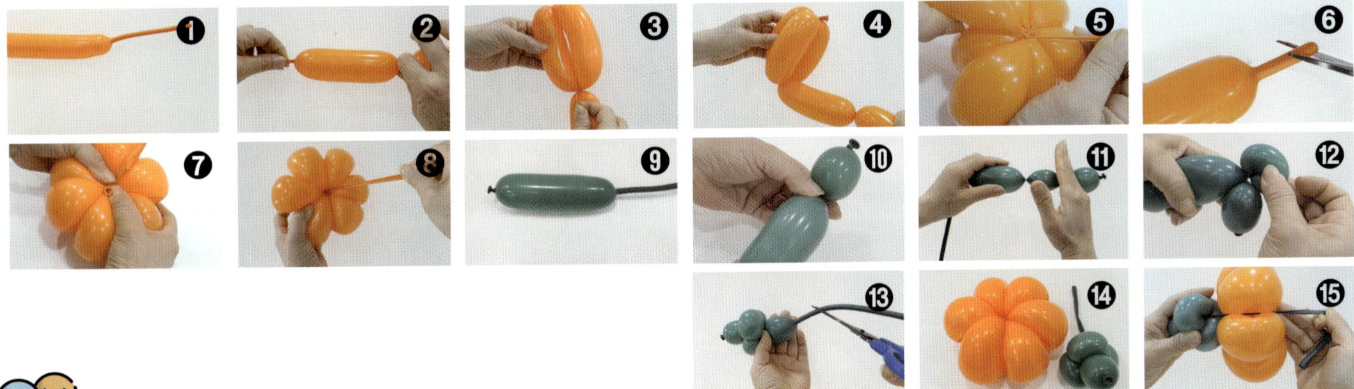

 **생각해보기**

2. 사과 1 / 사과스틱 요술봉

사과1 만들기

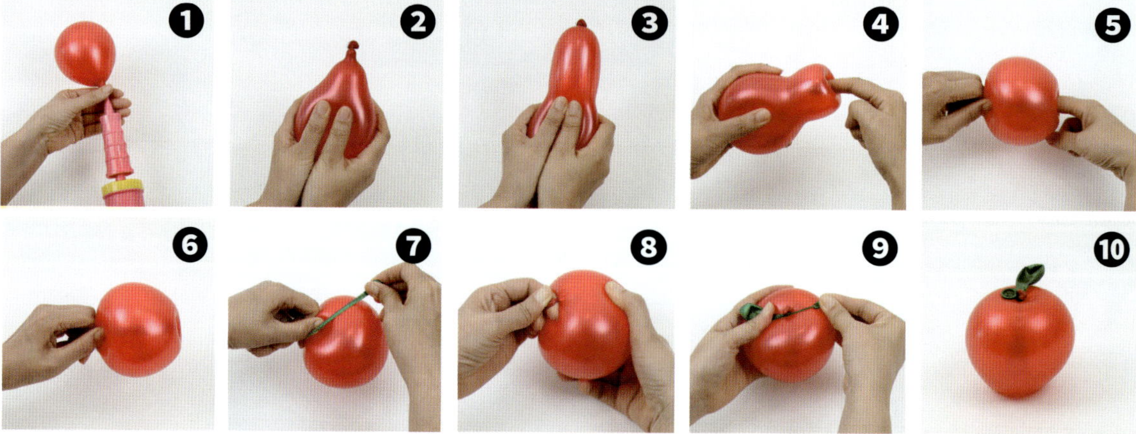

3. 달콤한 풍선 과일마켓 - 과일 만들기

 ## 준비할 재료

사과1
5인치(13cm) 레드 1개
5인치 라임그린 1개

사과스틱
5인치(13cm) 레드 1개
5인치 라임그린 1개
260 그린 1개 / - 스틱 1개

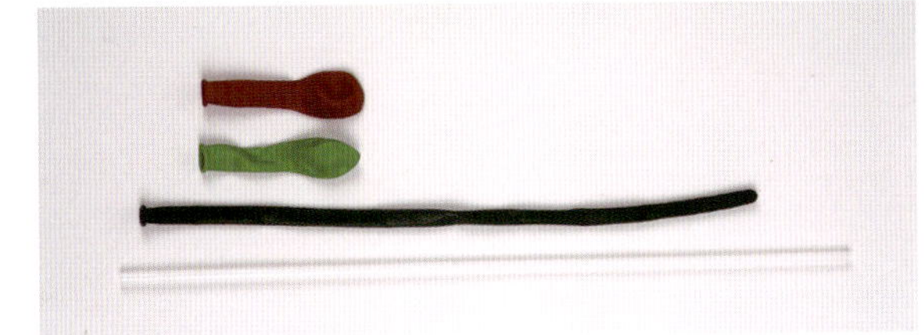

 ## 만드는방법

사과1
1. 빨강 풍선 주입구에 공기를 4"만 불고 주입구를 느슨한 주입구로 묶어준다.
2. 사진과 같이 풍선 주입구 쪽으로 풍손 안에 공기를 밀어주고 묶인 주입구를 검지로 누르면서 다른손으로 주입구를 잡을때까지 누른다.
3. 그린풍선을 주입구를 잡고 있는 부분을 4회정도 감아주면 사과 모양이 된다.

사과스틱
①② 스틱에 260풍선을 끼어준 후 풍선을 잡아당겨 5cm 남겨놓고 묶어준다. ③④⑤⑥ 5인치 레드 풍선을 3.5~4인치로 불어서 사진과 같이 ②번과 ④번 주입구을 같이 묶어준다. ⑦⑧ 묶인 주입구를 동시에 튜울립꼬기를 같이 해준다. ⑨⑩⑪⑫ 튜울립꼬기를 할때 속안에 있는 주입구를 겉으로 밀어올 려서 바깥부분에서 불지 않은 5인치 라임그린 주입구로 묶어준다.
♣♣♣ 사과풍선을 한 개씩 들고 갈 수 있게 연구해 보았다.

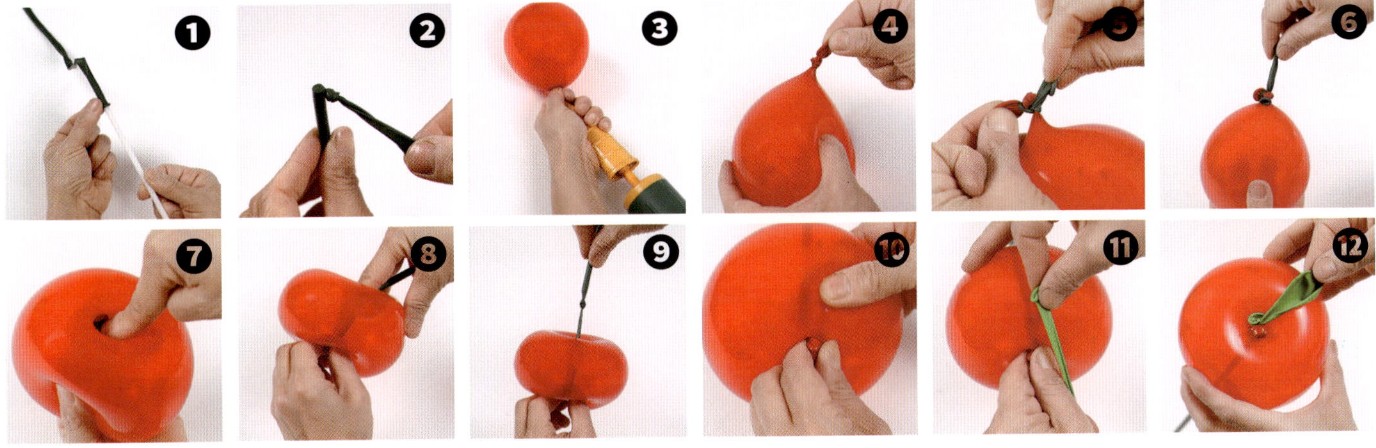

 ## 생각해보기

3. 포도

준비할 재료
260 퍼플 -1개

만드는방법

① 풍선을 30cm 불어준다. (주입구를 조금 길게 묶어준다.)
②③④⑤ 3cm방울 9개를 만들어 주입구와 함께 묶어준다.
⑥ 아래 3개 방울을 꼬아 잠궈 준다.
⑦⑧⑨⑩ 3cm방울 3개씩 만들어 아래 3방울에 꼬아 잠궈준다.(④번)
⑪⑫⑬ 나머지 남은 풍선으로 3cm방울 4개를 만들어 비워있는 4개의
구멍에 끼워주면 포도 모양이 만들어진다.

생각해보기

4. 참외

 **준비할 재료**
260 옐로우 -1개

 **만드는방법**

① 10cm 남기고 풍선을 불어준다.
②③ 15cm 방울을 2개 만들어 주입구를 한바퀴 돌려 묶어준다.
④ 15cm 방울 1개를 만들어 15cm 방울 2개 사이에 말아 넣는다.
⑤⑥⑦⑧ 15cm 방울을 2개 더 만들어서 주입구에 다시 한번 묶어준다.

 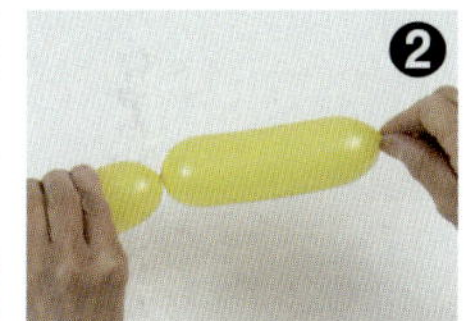    

 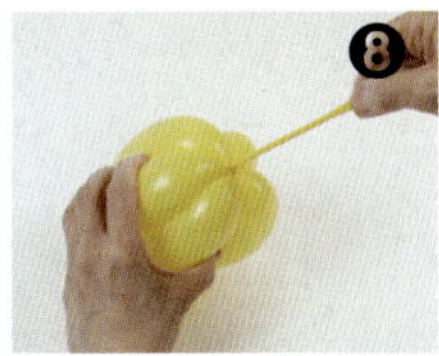

 **생각해보기**

5. 앵두1 / 앵두2

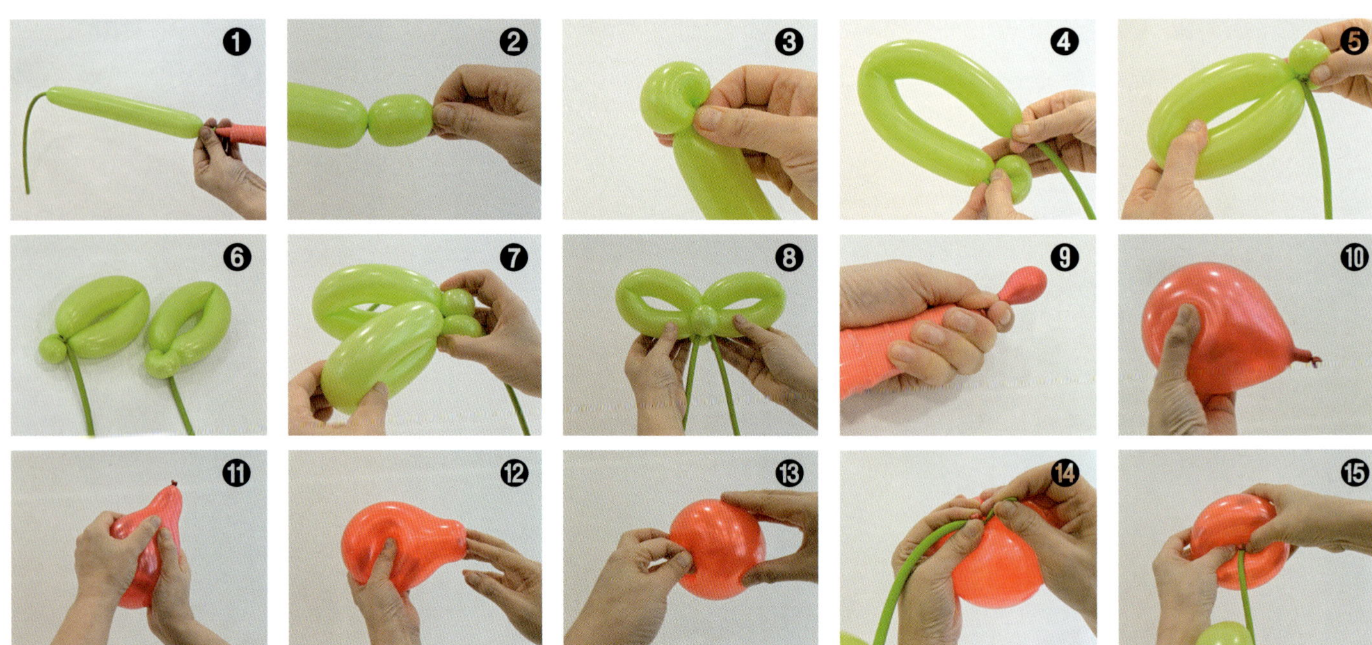

 **준비할 재료**

앵두1 260 라임그린 –3개, 13cm 펄 레드

앵두2 260 라임그린 –2개 , 30cm 빨강색 - 2개 , 10인치 버블풍선-2개

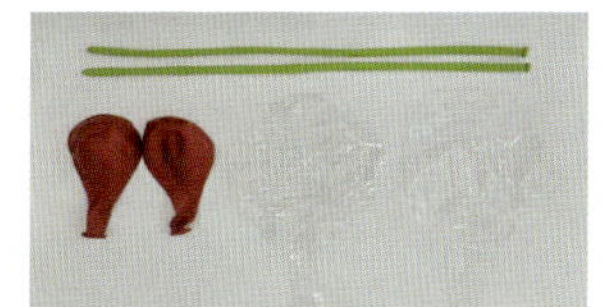

 **만드는방법**

앵두1

1.빨강 풍선 주입구에 공기를 10cm만 불고 주입구를 느슨한 주입구로 묶어준다./2.풍선을 주입구 쪽으로 안에 있는 공기를 밀어주고 사진과 같이 검지로 주입구를 누르면서 다른 손으로 주입구를 잡을 때까지 누른다.

▶**리본 라임 줄기**

① 25cm 풍선에 공기를 넣어준다. ②③ 3cm방울 겹꼬기한뒤 22cm 접어꼬기 해 놓는다. ④⑤ 2개 만들어 놓기⑥번 ⑦⑧ 겹꼬기끼리 두바퀴 돌려준다.(접어꼬기 한 것을 앞뒤로 고정) ⑨⑩ 빨강 풍선 주입구에 공기를 10cm만 불고 주입구를 느슨한 주입구로 묶어준다. ⑪⑫ 풍선을 주입구 쪽으로 안에 있

는 공기를 밀어주고 ⑬⑭⑮ 사진과 같이 검지로 주입구를 누르면서 다른 손으로 주입구를 잡을 때까지 누른다. 빨강색 풍선주입구를 리본 라임그린색 끝부분과 함께 한 바퀴 돌려준다.

앵두2

①② 버블풍선을 늘려준 뒤 공기를 넣어 버블풍선이 예쁜 형태인지 확인해 본다. ③④⑤ 늘려준 버블풍선에 펄 레드 풍선을 넣어준다. ⑥ 버블풍선 가운데 중심을 잡은 뒤 공기를 주입한다.
⑦⑧ 라임그린 줄기에 묶어준다.

 **생각해보기**

나도 풍선왕

1장
기초를 잡는 풍선아트

3.
남자 어린이
소품 만들기

Balloon Art Master

1. 알라딘 칼

 **준비할 재료**

260 베이비블루 / 260씨그린

 **만드는방법**

①②③ 1cm 정도 만 남기고 공기를 주입 후 묶어준다.
3cm방울 – 20cm 방울을 접은 후 잠그기 해준다.
④⑤ 접어 꼬기 한 작은 고리 안에 밀어 넣어 준 뒤 칼 모양을 살짝 휘게 만들면
⑥ 멋진 알라딘 칼 완성된다.

(*알라딘칼은 칼날 부분이 포인트)

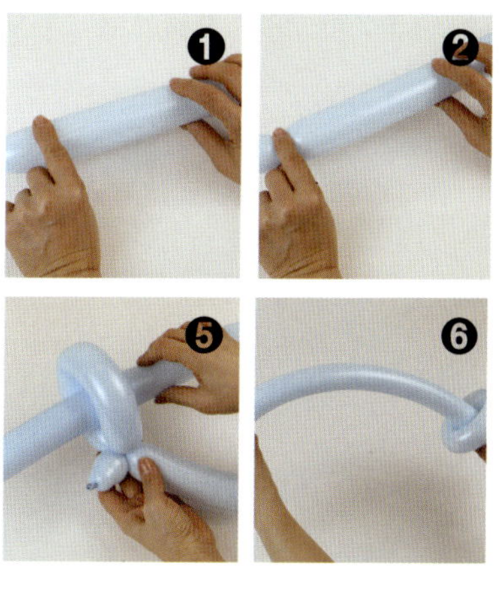

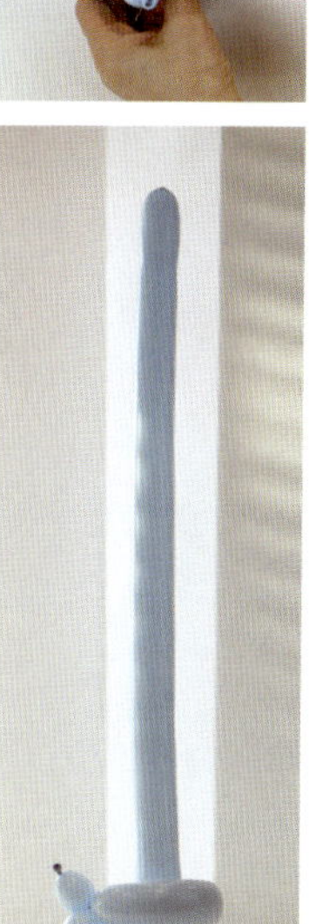

 **생각해보기**

◎ 알라딘처럼 용감해지고 싶은 순간은 언제일까요?

◎ 긴 칼이 좋은가요? 짧은 칼이 좋은가요?

2. 이순신 칼

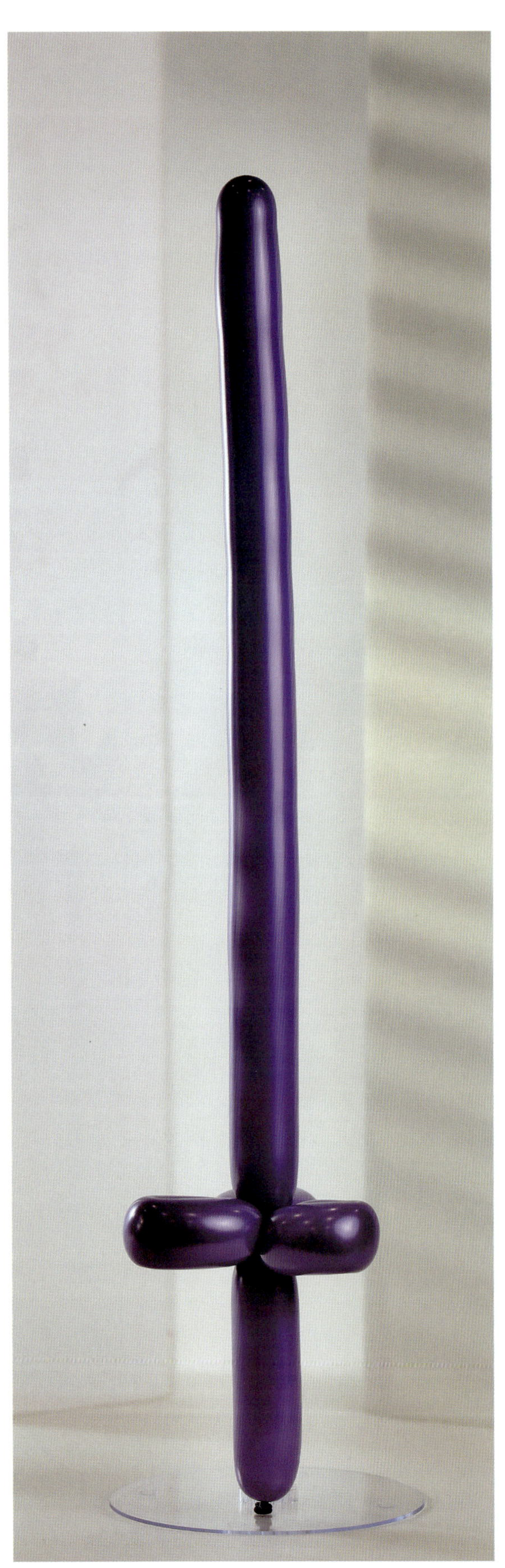

준비할 재료

260 바이올렛

만드는방법

① 3cm 정도 만 남기고 공기를 주입 후 묶어준다.
② 오른손 엄지와 검지로 중앙을 한 손으로 잡아
③④⑤⑥⑦ 두 손을 사용하여 한번에 꼬아잠궈 S-자 꼬기를 하면 두 개의 잎 사귀가 만들어진다. (12cm방울 손잡이 만든 뒤 15cm 접어꼬기 3개가 나오도 록 한다.)

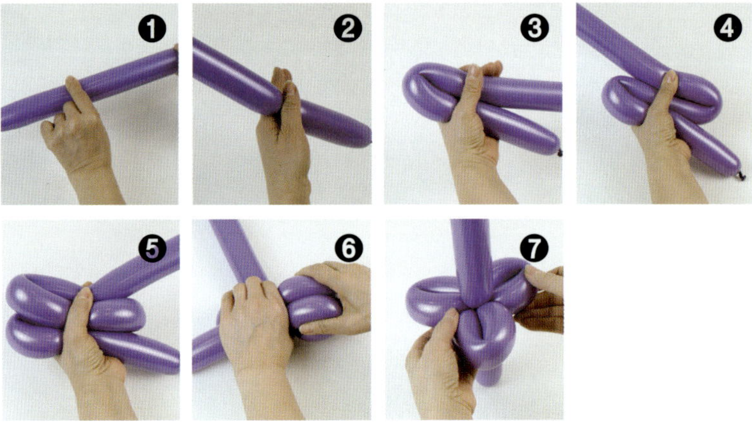

생각해보기

◎ 이 칼은 누구를 지키는 칼일까요?

◎ 이순실 칼 손잡이 만들 때 접어꼬기가 몇 개?

3. 엑스칼리버칼

준비할 재료

260 라일락

만드는방법

① ② 12cm 방울 손잡이를 만든 후 3cm방울 7개를 만들어 잠그고
③ ④ 다시 3cm방울 7개를 만들어 12cm 손잡이에 돌려 잠그기한다.
⑤ ⑥ 작수마다 5번과 같이 겹꼬기를 해준다
⑦ 멋진 장신구 칼 손잡이 완성!!

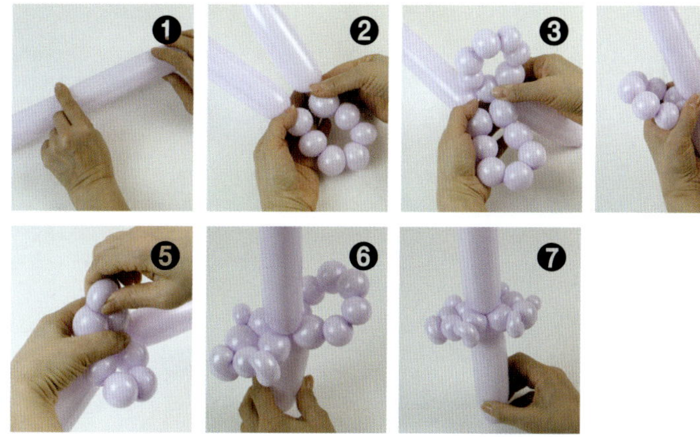

생각해보기

◎ 나에게도 숨겨진 용기가 있을까요?

◎ 방울꼬기 기법으로 다른 모양 작품을 만들어보아요-

4. 레이저 칼

준비할 재료

260 블루 160 옐로우

만드는방법

① 3cm 정도 만 남기고 공기를 주입 후 묶어준다.
②③④ 12cm 방울 손잡이 만든 뒤 15cm 접어꼬기 2개 만든다.
⑤⑥ 5cm 방울을 만들어 겹꼬기 하나 해준다.
⑦ 160 풍선을 5cm 남기고 공기를 주입하고 묶어준다.
⑧⑨ 15cm 접어꼬기 한 부분에 160풍선 주입구를 연결 후 5cm 겹꼬기해준다.
⑩⑪⑫⑬⑭ 스파이럴 로 돌려주면 레이져 칼이 만들어진다.

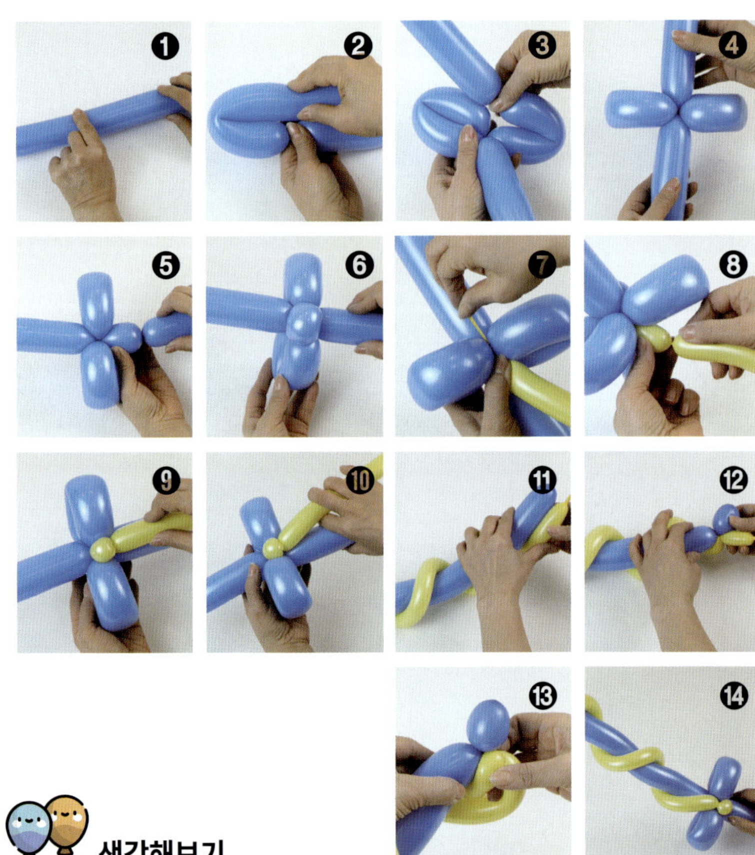

생각해보기

◎ 레이저 칼은 어떤 능력을 가지고 있을까요?

◎ 레이저 칼에 들어 간 풍선의 종류 2가지:

5. 아더왕 칼

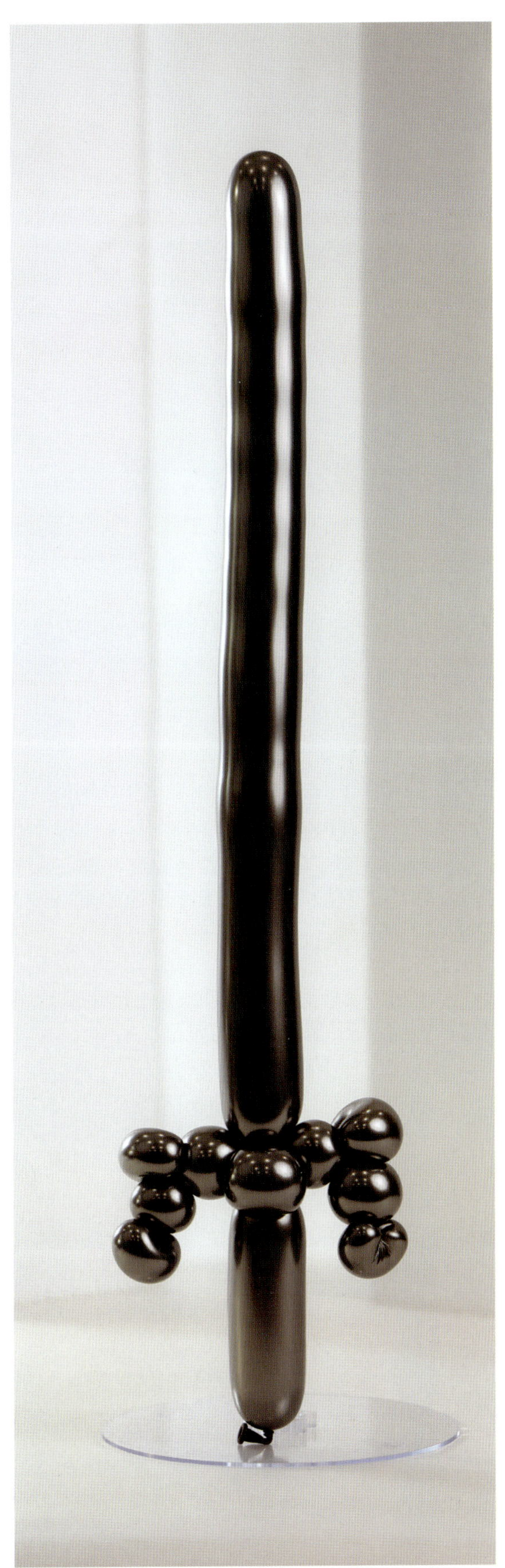

 **준비할 재료**

260 미러 스페이스 그레이 –1개

 **만드는방법**

① 공기를 넣어 꼬리부분이 약 15cm 정도 남도록 한 후 묶어준다.
② 손잡이 부분에 해당하는 7cm방울 1개를 만든후
③④⑤ 3cm 겹꼬기 2개
⑥⑦ 9개의 방울을 잠그기 한다. (5-2-3-2-3-2-3-2-5)
⑧⑨ 9개의 방울 중 짝수 방울 (4개)만 겹꼬기 한다.
⑩⑪ 중앙에 있는 방울(⑤번)을 터트리기 한다.

(*아더왕칼은 손잡이 부분이 포인트)

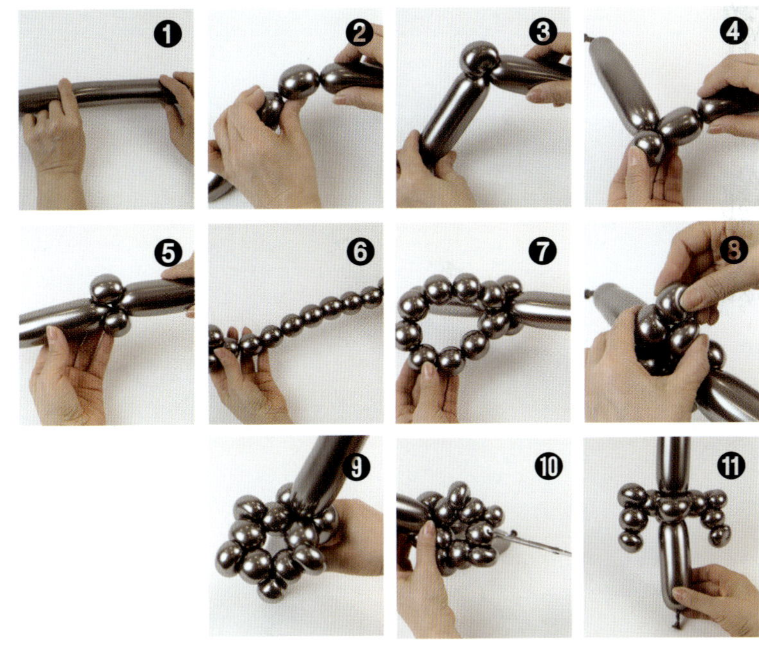

 **생각해보기**

◎ 이 칼은 가진 왕은 어떤 왕이었을가요?

◎ 오늘 만든 풍선칼 손잡이는 방울꼬기 방울 개수는?

6. 뿅 망치

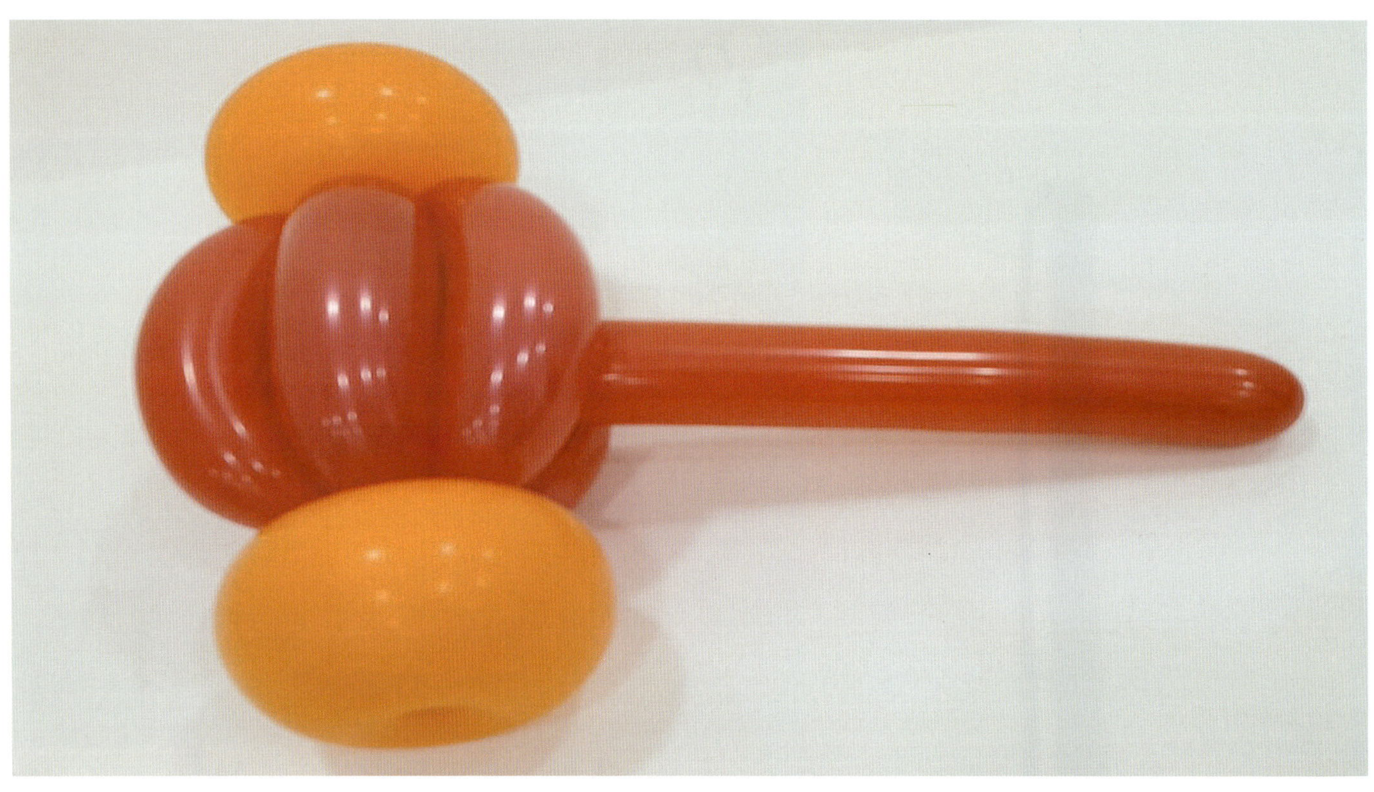

준비할 재료

260 레드-1개 13m오랜지- 2개
조각풍선11개

만드는방법

① 6cm 남기고 260 풍선불어 준뒤 15cm크기의 방울을 두 개 만들어 잠그기하고 같은 15cm방울을 밀어 넣기 해준다. ②③ 같은 방법으로 모두 5개가 되도록 한다.(참외모양) ④⑤⑥ 13cm라운드 풍선 2개를 튜울립 꼬기 기법으로 양쪽 낱개 풍선 망치를 완성 시킨다.
(2개)
⑦⑧ 양쪽 망치를 가운데 기점으로 양쪽을 연결시킨다. ⑨⑩ 손잡이는 원하는 길이 만큼 불어주고 뿅망치 가운데 속으로 밀어 넣어 완성 시킨다.

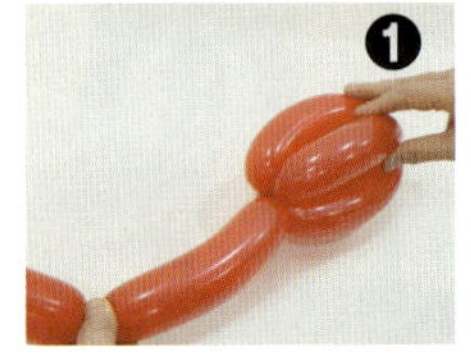

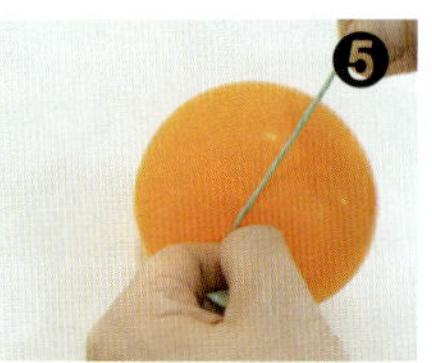

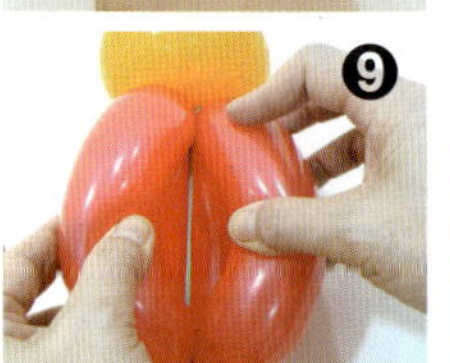
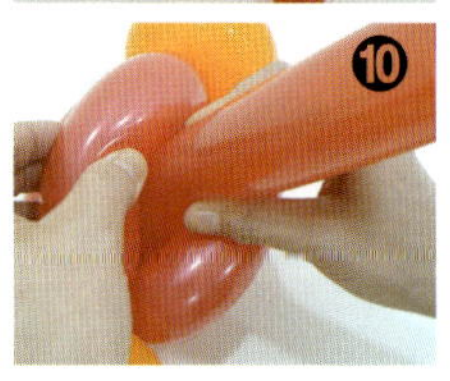

생각해보기

◎ 이 망치는 무엇을 두드리면 웃음이 나올까요?

◎ 뿅 망치에 들어간 풍선 종류는?

7. 슝슝화살

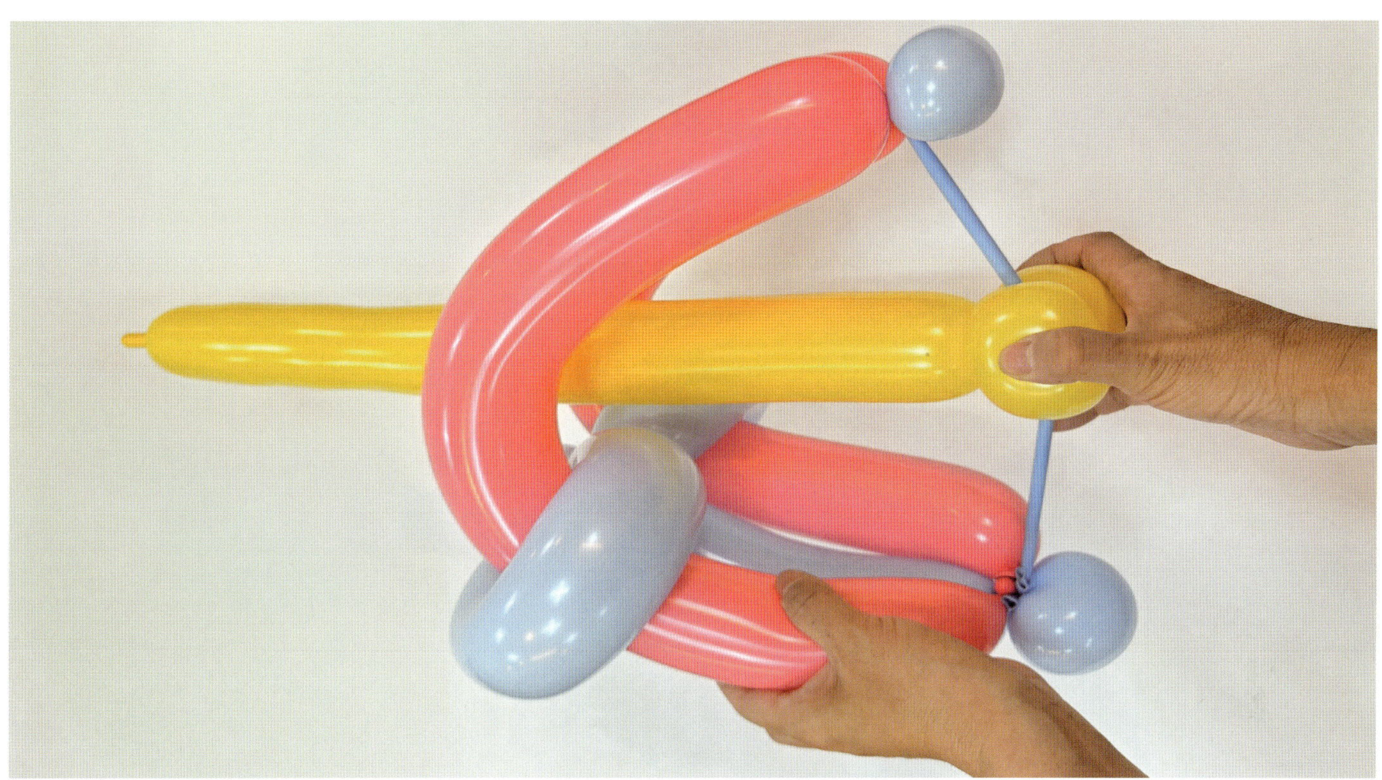

준비할 재료

350&360 퀸핑크 -1개,
옐로우-1개 , 블루 –2개

만드는방법

①②③ 풍선활 만들기: 7cm 방울- 7cm 방울을 만든 뒤 겹꼬기를 해준다.
④⑤⑥⑦⑧⑨ 활 고정막대: 25cm 접어꼬기 2개 – 5cm 겹꼬기를 해 놓는다.
⑩⑪⑫ 활 몸통만들기: 1cm남기고 공기를 넣는다. 반을 접어서 고정막대를 끼워
준다, ⑬⑭⑮ 활 - 당기는 줄 : 풍선에 방울을 만들어 고정할 때 한바퀴 돌려 고정시
켜준다. ⑯⑰⑱ 활 몸통과 고정막대를 합체하고 화살 줄을 연결시켜준다.

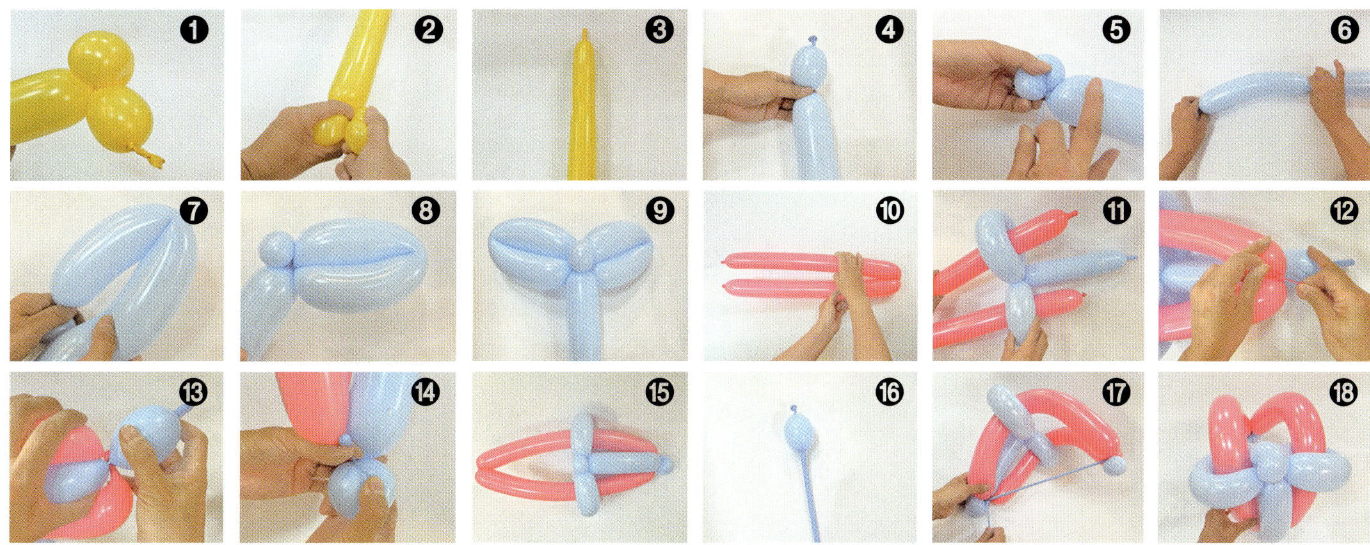

◎ 이 화살은 어디로 날아가고 싶을까요?

◎ 슝슝 화살 사용한 풍선 종류는?

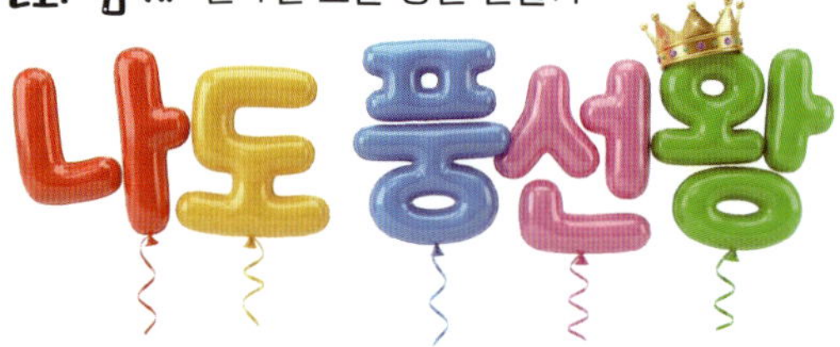

1장
기초를 잡는 풍선아트

5.
여자 어린이
풍선 소품
만들기

1. 명품백 미니가방 만들기

2. 러브 곰돌이

3. 러브백조

4. 다알리아 하트 요술 봉 1.

5. 스마일 천사요술봉

6. 히트 I Love(남지/여지) 요술 봉 2.

7. 무지개 우산 1.

8. 무지개 우산 2

9. 오뚜기풍선-개구리 오뚜기. 산타 오뚜기. 토끼 오뚜기

Balloon Art Master

1. 명품백 미니가방 만들기

 **준비할 재료**

260 레드-3개 , 160 옐로우-1개,
160 라임그린-1개

 **만드는방법**

① 12cm 남기고 공기 주입 후 묶어준다 ②12cm(7마디) 방울꼬기- ③3cm 겹꼬기 ④10cm(5마디) 방울꼬기하고 3cm겹꼬기 ⑤7cm(4마디) 방울꼬기하고 3cm겹꼬기 ⑥10cm(5마디) 방울꼬기하고 3cm겹꼬기 ⑦⑧ 은 6번과 주입구 연결하여 잠그기 한다. ⑨3cm겹꼬기 ⑩⑪12cm(7마디) 방울꼬기한후 3cm방울꼬기하여 겹꼬기 나머지방울 3cm방울을 밑바닥 3번 겹꼬기와 연결시킨다. ⑫⑬ 새로운 요술풍선을 사진13반 위치한 자리에 연결시켜주고 ⑭ 10cm(5마디) 방울꼬기 한후 윗부분 오른쪽 겹꼬기에 연결하기 ⑮ 7cm(4마디) 방울꼬기하여 왼쪽 모서리 겹꼬기에 연결하기 ⑯번이 ⑯ 10cm(5마디) 방울꼬기하여 왼쪽 아랫부분 겹꼬기에 연결하기 ⑲번이 ⑰ 가방겉모습 완성 ⑳㉑번이 ⑱⑲ 요술풍선 손잡이 적당한 크기 불어 윗부분 손잡이 양옆 겹꼬기에 끼워 만들어 준다. ㉒번이 ⑳ 미니가방 완성사진

▶가방안에 작은꽃 160 요술풍선으로 여섯잎만들고 꽃봉우리 넣어 완성시킨다
▶작은리본 160 요술풍선으로 완성하여 미니가방 손잡이 모서리 부분에 장식해준다.

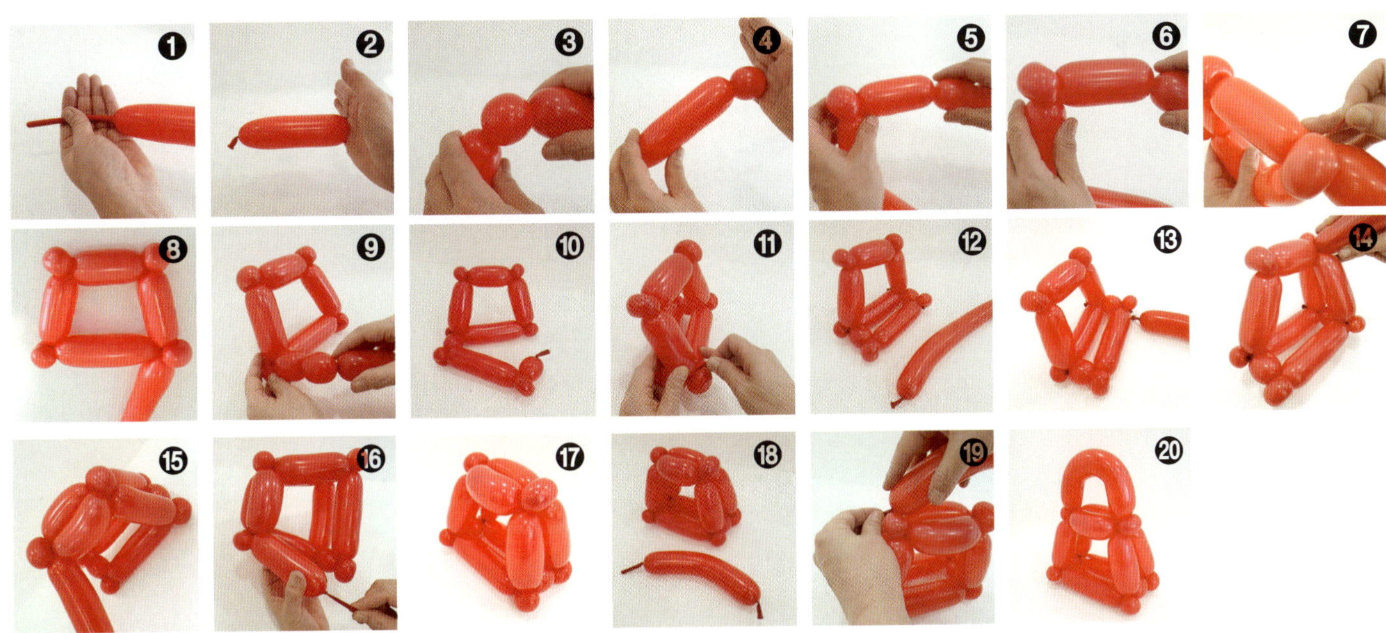

 **생각해보기**

◎ 이 가방은 어떤 날 들고 나가고 싶나요?

◎ 가방 소품 악세서리 만들 때 사용했던 풍선종류는?

2. 러브 곰돌이

준비할 재료

260 블루 1개, 핑크 1개,
마카롱 파스텔그린 1개, 하트풍선 1개

만드는방법

10cm 남기고 공기를 주입 후 묶어준다.
① 5cm(입 고정) – ② 6cm–3cm–6cm–3cm–6cm (얼굴) 잠그기 해준다. ③ 몸통 – 10cm두방울(팔) - 10cm(몸통) ④ 10cm두방울(다리) - 3cm겹꼬기 ⑤ 3cm겹꼬기 (꼬리고정) ⑥⑦⑧ 코 부착 260풍선 늘린 7cm방울을 고리로 묶어주고 검정 풍선 끝을 이용한 3cm풍선을 구멍 안에 넣어주면 귀여운 코가 만들어진다. - 5cm방울(입 고정) 과 함께 묶어준다.

▶6개의 작은 접어꼬기 만들어 받침대 만들어주기
⑩⑪⑫⑬ 10cm접어꼬기 6개 만들어주기 – 작은 다알리아꽃 ⑭ 하트 6인치 풍선 불어주기
⑮ 하트를 곰돌이 팔과 다리 안쪽으로 연결하고 받침대에 연결한다.

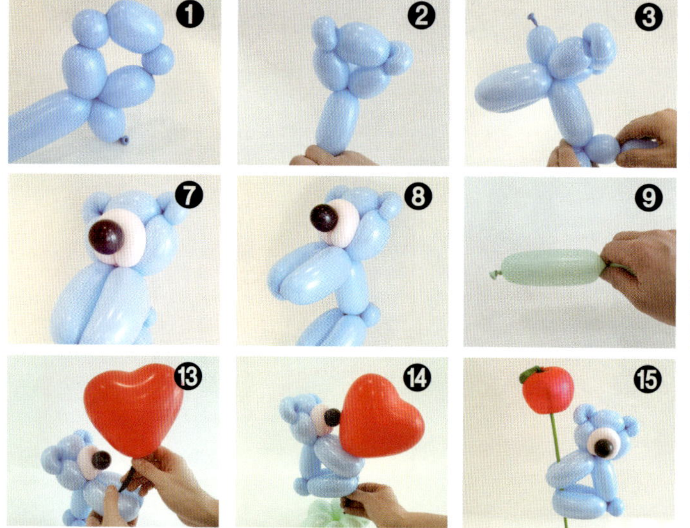

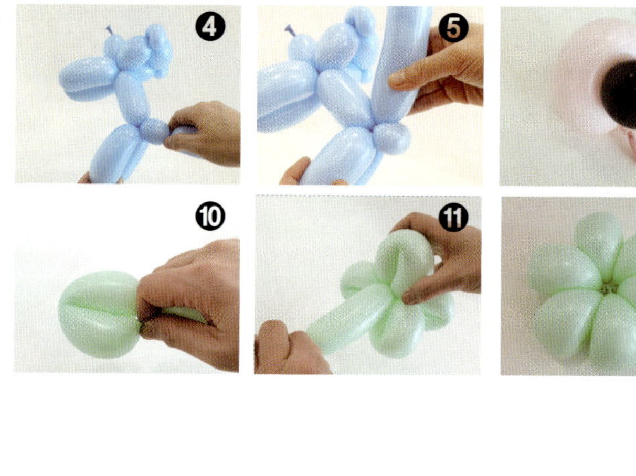

생각해보기

◎ 곰돌이가 전하고 싶은 마음은 무엇일까요?

◎ 하트 풍선에 나의 마음을 적어보아요–

3. 러브백조

준비할 재료

260 화이트 2개
6인치 레드 I Love 1개
컵스틱 Set 1개

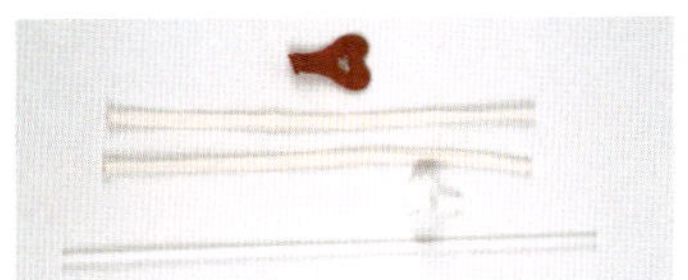

만드는방법

① 260풍선 끝을 5cm 남기고 불어준다.   ② 3cm 방울 35~40cm 고리꼬기를 만든다. (목선이 조금 길게)   ③④ 35cm고리를 두방울을 크고 작은 방울을 만든다.
⑤⑥⑦⑧⑨ 큰 고리안에 작은 고리를 넣어준 후 목 중심을 잡아준다.
사진⑦과 같이 260 끝부분 1cm 엄지와 검지를 같이 잡은 후에 다른 손으로 목선을 살짝 잡는 듯 눌러주어 백조볼을 통통하게 만든다. (잡은 1cm 엄지, 검지에는 공기가 들어가지 않도록 꽉 잡고 있도록 한다.)
⑩⑪ 만들어 놓은 백조 2마리를 3cm 방울끼리 클러스트하여 고정시킨 후 백조 하트모양이 나오도록 자리 잡아준다.
⑫ 컵 스틱에 백조를 끼운 후 6인치 I Love 하트를 백조 가운데 부분에 고정 시켜 준다.

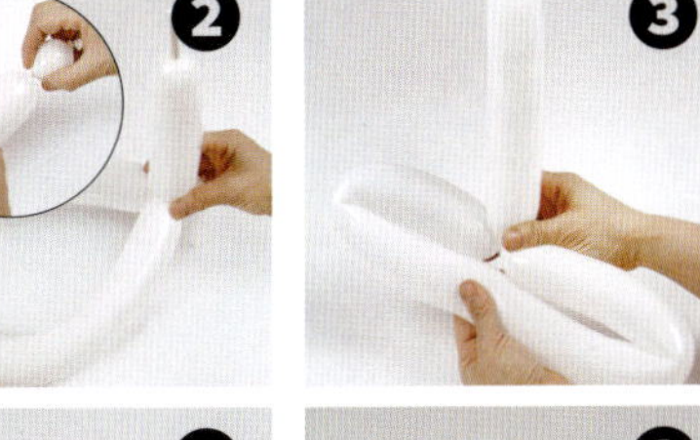

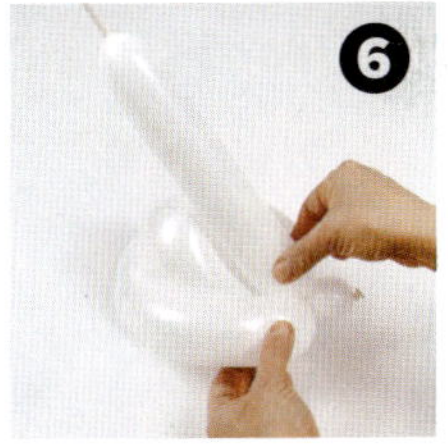

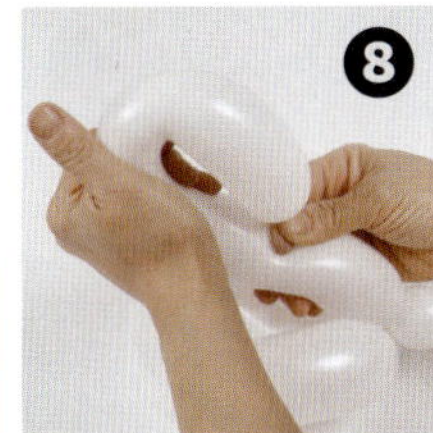
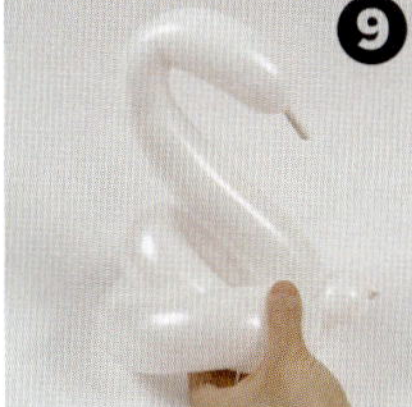

생각해보기

◎ 백조는 왜 항상 한 쌍으로 있을까요?

◎ 백조 만들 때 가장 않되는 부분이 어디였을까요?

4. 다알리아 하트 요술 봉 1.

 **준비할 재료**

260 네온핑크 1개
260 네온그린 1개
260 핑크 1개

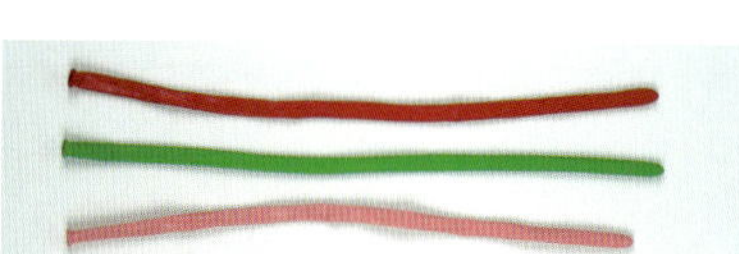

 **만드는방법**

다알리아 꽃 만들기

① 260네온을 1cm만 남기고 불어 묶어 준다. ②③④ 두 방울을 만든 후 3등분을 나눈 후 모양이 되도록 한다. ⑤⑥ 3개의 방울을 오른손 왼손을 사이에 끼워준 후 가운데 중심을 잡은 후 사진⑤와 같이 빨래짜듯이 한바퀴만 돌려주어 예쁜 꽃을 만든다.

꽃 잎사귀 만들기

⑦⑧⑨⑩⑪ 7Cm만 남기고 불어준 후(평균적으로 한 주먹 정도면 7cm 싸이즈) 5cm 튜울립꼬기해 준 후 3cm 겹꼬기 3개 만들어 꽃 수술 사이에 다알리아꽃을 끼운다.

⑫⑬ 20cm 접어꼬기 3개를 만들어 꽃 잎사귀 사이에 만들어진 하트를 고정 시키면 된다.

하트만들기

⑭⑮ 260풍선을 5cm 남기고 묶어 준 후 가운데 중심을 눌러 주어 하트를 만든다.

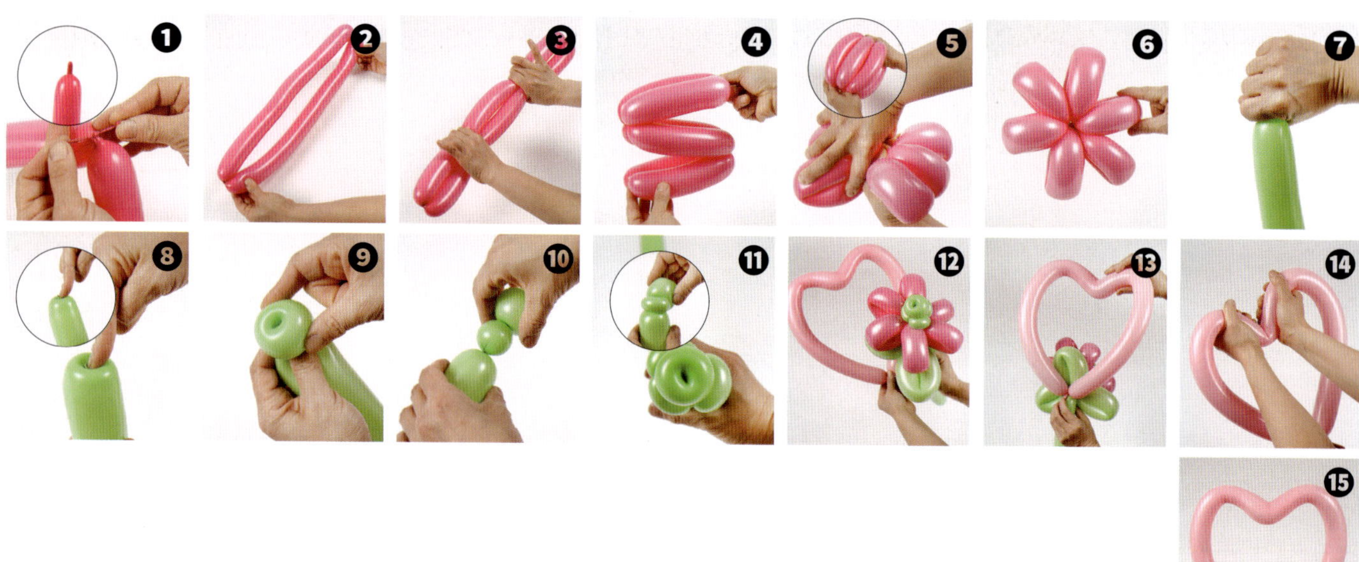

 **생각해보기**

◎ 이 요술봉을 흔들면 어떤 마법이 생길까요?

◎ 다알리아꽃 만들 때 몇 등분 했나요?

5. 스마일 천사요술봉

 **준비할 재료**

260 네온 핑크 2개
260 네온그린 1개 / 네온블루
5인치(13cm) 스마일
5인치 천사얼굴 (2도인쇄풍선)

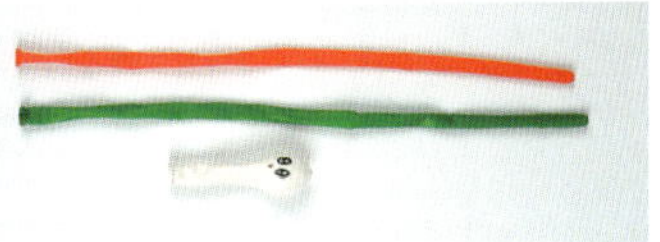

 **만드는방법**

① 260 풍선을 12cm를 남겨 놓고 펌프기로 공기를 넣는다.
② 네온 핑크 260 풍선 10cm 접어 꼬기를 다섯개를 만든다.
③④ 풍선 끝 부분을 밀어올리기 해주어 귀여운 꽃을 만든다.
⑤⑥⑦⑧ 네온그린 260 풍선을 5cm 남겨놓고 공기를 넣어준 후 4cm 튜울립 꼬기 한 곳에 꽃(사진④)에 끼워준 후에 3cm 방울꼬기 30cm 고리꼬기를 한후 10cm 방울 두 개를 접어꼬기 한 후 3cm 방울 겹꼬기 해 준다.(뒷부분을 고정해주기 위해서) 5인치 스마일풍선을 불어 30cm 고리꼬기 안에 얼굴을 연결 고정시켜 준다.

리본 핀만들기

⑨⑩⑪⑫ 7cm 방울을 불어서 3cm 겹꼬기 2개, 2cm 겹꼬기 1개를 만들어 리본핀을 만들어 천사얼굴에 쿨 글루건으로 붙여 준다.

 **생각해보기**

◎ 오늘 내가 지켜주고 싶은 사람은 누구인가요?

◎ 260 꽃 만들고 남은 풍선은 어떤기법으로 처리했나요?

6. 하트 I Love(남자/여자) 요술 봉 2

 준비할 재료

남자 - 5인지 (13cm) 스마일얼굴 1개/ 260 네온블루 1개/
   - 160 블루 1개, 레드 1개/ 컵스틱 1개
여자 - 5인치 스마일 얼굴 1개/ 260 네온 핑크 1개
   - 160 핑크 1개, 화이트 1개 / 컵스틱 1개

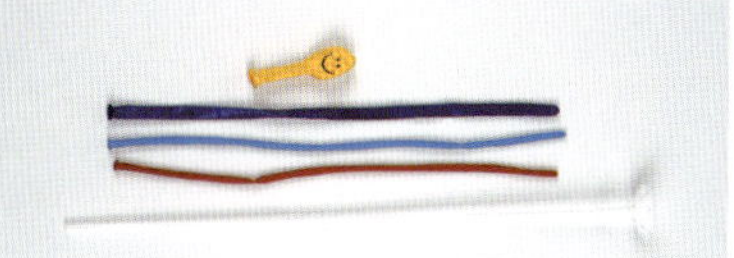 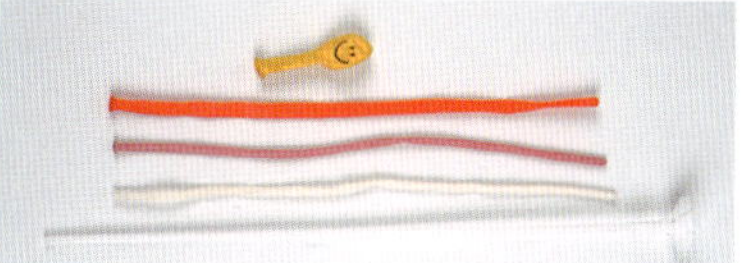

 만드는방법

다알리아꽃 ①②③ 260풍선 끝부분을 1cm만 남기고 공기를 넣은 후 안에 있는 공기를 살짝 빼준다. 두방울을 만든 후 3등분 하여 Z모양이 나오도록 한다. 양손으로 각각 잡은 후 한쪽 방향으로 모은 것을 두손으로 빨래짜듯이 한 바퀴 돌려 주면 입사귀가 6개가 만들어진다.

160하트 ④ 160풍선 끝 부분을 7cm만 남기고 공기를 넣은 후 안에 있는 공기를 살짝 빼준 후 가운데 중심을 잡아 밑으로 눌러 하트를 만든다.

⑤ 스마일 얼굴에 공기를 넣어서 묶어 준 후 스틱을 끼워 다알리아 꽃에 끼워준다.

진주목걸이 ⑥⑦⑧⑨ 160풍선을 15cm 불어준 후 2cm방울을 10개 정도 방울 을 만든 후 목에 감싸 묶어 준다.

리본핀 ⑩⑪⑫⑬ 3cm 방울 겹꼬기 2개, 2cm 방울 겹꼬기 1개를 만든 후 리본과 코를 쿨 글루건으로 눌러 붙인다.

넥타이 ⑭⑮⑯ 7cm 접어꼬기 2개와 2cm 겹꼬기를 해준다.

 생각해보기

◎ 사랑을 말로 말하지 않아도 전할 수 있을까요?

◎ 하트를 사용한 풍선 사이즈는?

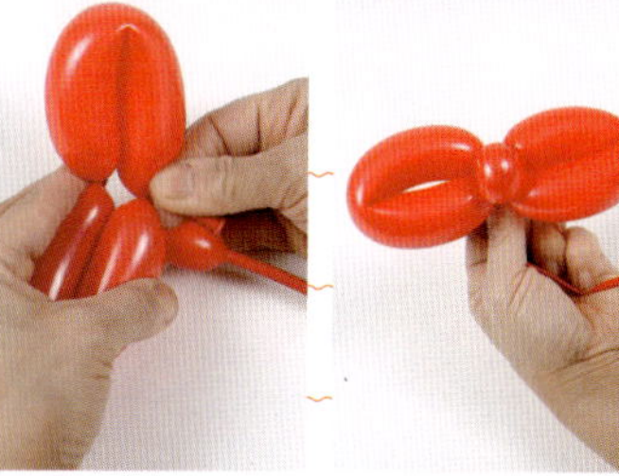

7. 무지개 우산 1.

 **준비할 재료**

260 4개

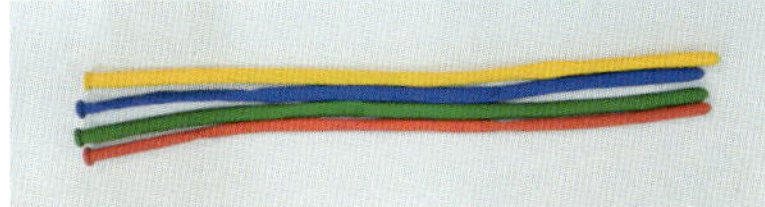

 **만드는방법**

① 260 풍선 3개를 끝까지 공기를 주입하고 살짝 공기를 빼준다.
②③④⑤ 3개의 풍선을 반으로 나누어 색상이 서로 다르게 함께 꼬아 감아준다.
⑥ 풍선 하나를 잡아 절반으로 접어준 뒤 방울을 꼬아준다.
⑦⑧⑨⑩⑪ 그 옆에 있는 풍선도 전반을 접어 방울을 꼬아주고 첫 번째 방울 끝을
3cm 방울을 만들어 두 번째 접어준 방울에 끼워 고정한다. (반복)
⑫ 우산살이 완성되었다.

▶우산 손잡이 (알라딘 칼 만드는 방법)
⑬⑭ 3cm 방울 –15cm 방울을 접은 후 잠그기 해준뒤 접어꼬기 한 작은 고리안에
긴 풍선을 넣고 우산 틀에 끼워준다.
3. 접어꼬기한 작은 고리안에 긴 풍선을 넣고 우산 틀을 끼워준다.

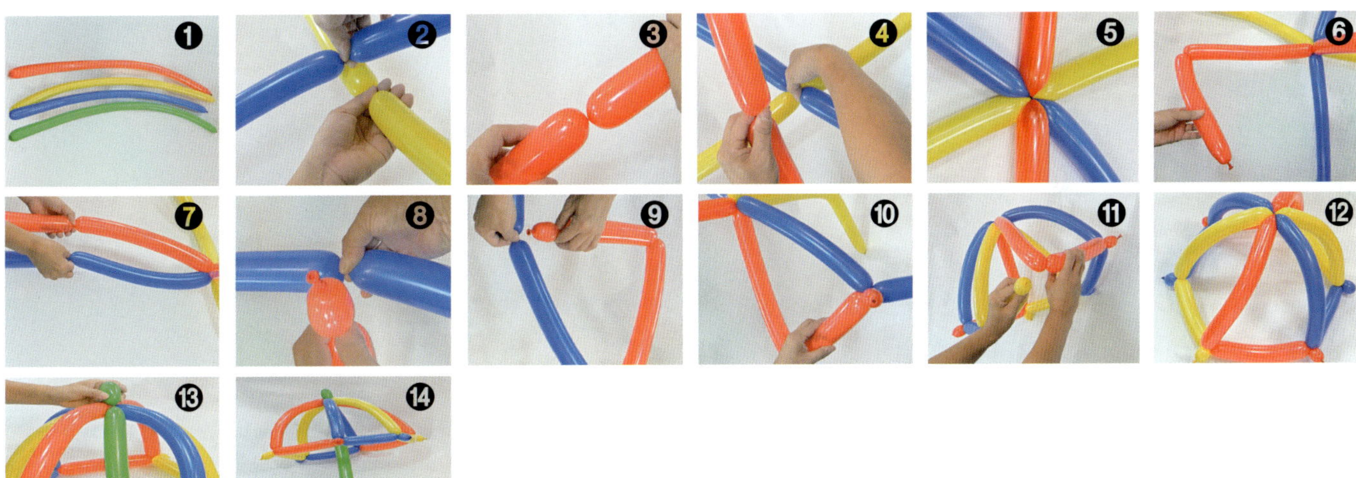

 **생각해보기**

◎ **무지개색 순서는 왜 이렇게 배치 했을까요?**

◎ **가장 마음에 드는 색은 무엇인가요?**

◎ **이 우산을 들고 누구와 함께 걷고 싶나요?**

8. 무지개 우산 2.

 준비할 재료

260 7개

260 퀸핑크 –2개, 마카롱 블루, 마카롱그린,

마카롱엘로우, 마카롱라일락 , 우산손잡이 2.

 만드는방법

①~④ 6개의 풍선을 꼬리 2cm를 남기고 불어준다. 6개의 풍선을 이등분 하되 한쪽이 10cm 크게 차이 나게 6개의 풍선을 이등분 하여 엮어 준다. ⑤~⑥ 같은 색의 이등분한 두 개의 풍선을 같이 잡고 안쪽 우산살과 바깥쪽 우산살을 10cm 크기가 다르게 엮어 준다 ⑦ 풍선 방울이 풀리지 않도록 이등분 한 풍선을 안쪽으로 넣었다 빼준다. ⑧~⑩남은 풍선을 10cm 크기로 두 개의 방울을 만들고 꼬리 3cm 방울을 만든 후 엮어준다. ⑪~⑫두 번째 풍선도 같은 방법으로 ⑤~⑧ 순서

대로 6개의 우산대를 만들어 준다. ⑬~⑮우산 손잡이 꼬리에 5cm 방울을 만들어 우산 창살 안쪽으로 넣고 엮어 주면 완성

▶우산 손잡이 (알라딘 칼 만드는 방법)

①~⑤ 꼬리를 1cm 남기고 불어서 묶은 후 3cm 방울을 하나 만들고 20cm 접어꼬기 방울을 만든 후 꼬리를 20cm 방울 안에 넣고 손잡이 만큼 남기고 잡아당겨 주면 알라딘 칼 완성(우산 손잡이)

우산 손잡이 만들기▶

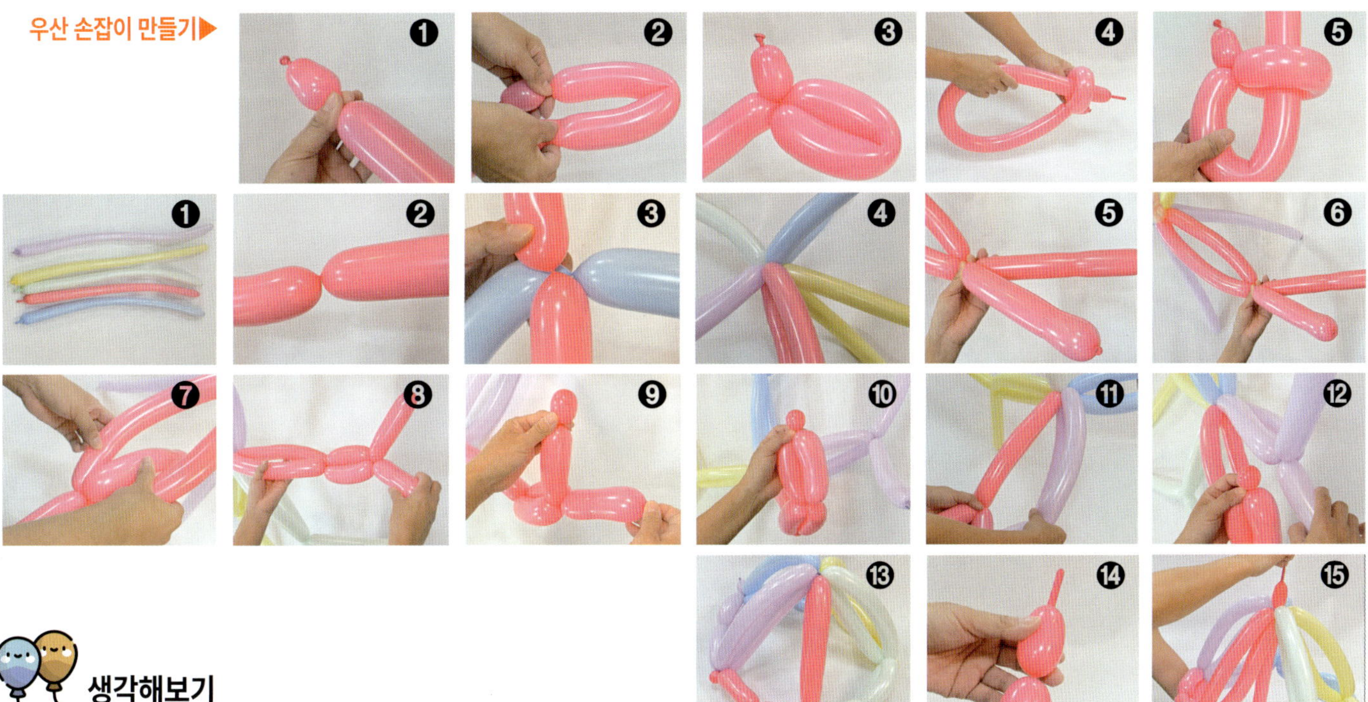

 생각해보기

◎ 1번 우산과의 작품 차이가 무엇일까요?

◎ 오늘은 어떤 색 우산으로 만들까요?

9. 오뚜기풍선-개구리 오뚜기. 산타 오뚜기. 토끼 오뚜기

 ## 준비할 재료

30cm라임그린풍선- 1개, 공기돌-1개,
캐릭터 스티커 & 소품, 유글루

 ## 만드는방법

①②③④ 라임그린 30cm 풍선 안에 공기돌을 넣고 밖에서 고무풍선 조각으로 공기돌을 잡아 고정한다.
⑤⑥⑦⑧⑨ 풍선을 뒤집은 후에 공기를 넣고 묶어준다.
⑩⑪ 개구리 오뚜기 캐릭터 소품 꾸미기

 ## 생각해보기

◎ 오뚜기가 나에게 해주고 싶은 말은 무엇일까요?

◎ 나를 닮은 풍선색으로 오뚜기를 만들어보아요-

1장
기초를 잡는 풍선아트

6.
꽃 / 별 만들기
요요& 탱탱볼
만들기

1. 데이지 꽃 1.

 **준비할 재료**

베이비블루 260 1개

 **만드는방법**

① 풍선 15cm 남기고 풍선을 공기를 넣어준다.
②③ 주입구를 밀어 넣어 4cm 튤립 꼬기를 해준 후,
④⑤ 3cm 방울 7방울을 만든다.
⑥ 5방울을 잠그기 한 뒤 만들어 놓은 튤립 꼬기(꽃술)를
⑦⑧ 5개 방울 구멍에 끼워 넣는다.
⑨⑩⑪⑫ 7cm 방울 10cm 접어꼬기 2개(잎사귀) 만들어 준다.
⑬⑭ 풍선 길이가 남아 있다면 밀어 올리기 해준다.

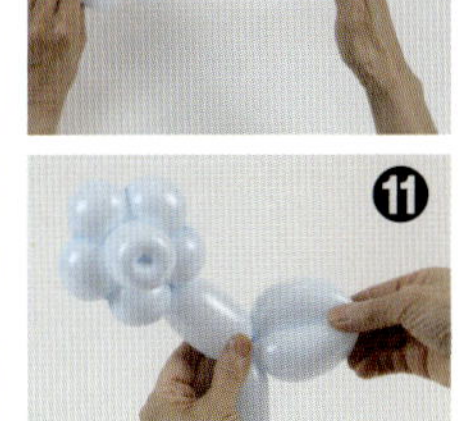

 **생각해보기**

◎ 데이지는 "순수한 마음"의 뜻이래요

◎ 기본이 되는 데이지 꽃 만들기 기법 몇 가지 들어갔을까요?

2. 데이지 꽃 2. 한송이 포장

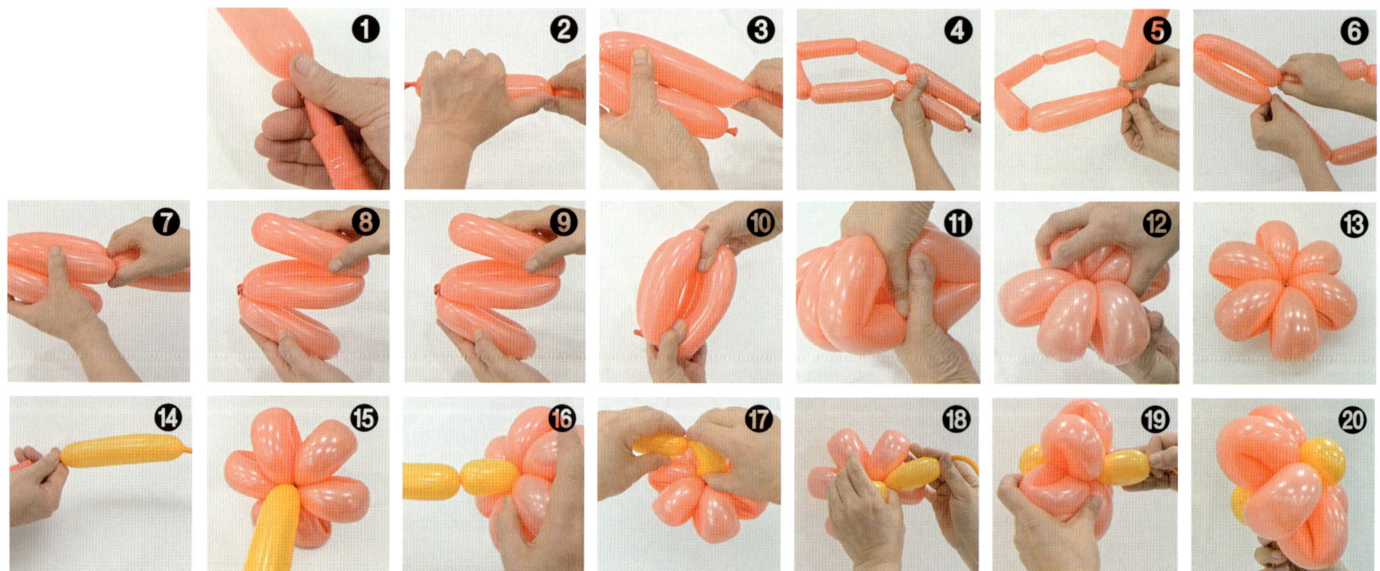

 **준비할 재료**

260 코랄 –1개, 엠버 –1개,
유칼립투스-2개, 스틱, 밑판 플라워

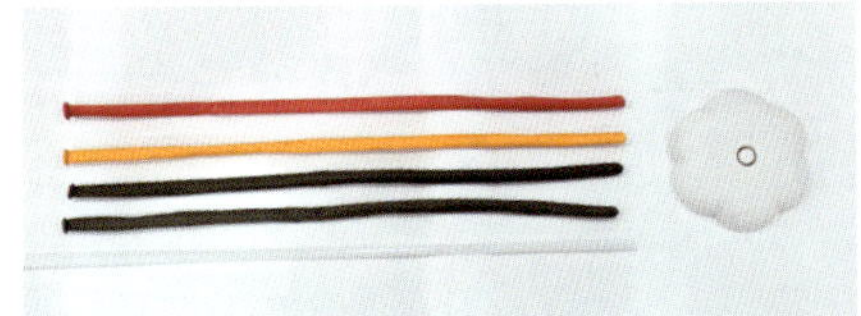

 **만드는방법**

① ② ③ ④ ⑤ 5cm를 남기고 12cm 방울 6개 만들어 준 뒤 묶어준다.
⑥ ⑦ ⑧ 사진과 같이 2개씩 돌려 3개가 Z모양이 나오도록 한다.
⑪ ⑫ ⑬ 양손을 이용해 빨래 짜듯이 한 바퀴 돌려주면 다알리아꽃 형태가 만들어진다.
⑭ ⑮ ⑯ ⑰ ⑱ ⑲ ⑳ 260 엠버색으로 5cm 방울 겹꼬기 2개 만들어 앞 뒤 심지를 만든다.

▶**꽃대 만들기**

㉑ ㉒ ㉓ 260 유칼립튜스 풍선에 스틱을 끼워 주입구 쪽으로 7cm 공기를 넣는다.
㉔ ㉕ 데이지꽃에 주입구를 돌려 고정 해 준다.
㉖ ㉗ ㉘ ㉙ ㉚ ㉛ 또 다른 260 유칼립튜스 풍선으로 15cm 접어꼬기- 2개, 겹꼬기-2개 만들어서 풍선 스틱에 끼워준다.
㉜ ㉝ 포장지에 넣고 예쁘게 리본으로 묶어준다.

 **생각해보기**

◎ **축하선물 포장법 배우기**

◎ **선물로 만들어주고 싶은 풍선색상은?**

3. 다알리아 꽃

준비할 재료
260 옐로우-1개 그린 –1개

만드는방법

①②③ 1cm만 남기고 풍선에 공기를 넣는다. 안에 있는 공기를 살짝 빼준 후 주입구와 끝을 묶어준다.
④ 큰 고리로 된 풍선을 반을 나눈 뒤 ⑤ 3등분 하여 Z모양이 되면 ⑥⑦⑧⑨ 사진과 같이 한 손으로 잡고 반대 손으로 한 번에 비틀어준다. ⑩ 꽃잎 완성

▶ **꽃대만들기**
⑪⑫ 5cm 튜울립꼬기 해준다.
⑬⑭ 5cm 튜울립꼬기 한 것을 다알리아꽃 가운데 끼워준다.
⑮⑯⑰ 7cm 방울 꽃대 만들고 15cm 접어꼬기 2개 만들어 주면 잎사귀가 만들어진다.

생각해보기

◎ 다알리아는 "당당함과 자신감"을 의미 랍니다.

◎ 다알리아꽃 잎사귀 만들 때 사용한 기법은?

4. 튜울립 꽃

 **준비할 재료**

260 옐로우-1개 그린 –1개

 **만드는방법**

① 260 옐로우 풍선 과 그린 풍선을 10cm 남기고 공기를 넣고 묶어준다.
② 2개의 풍선 주입구끼리 묶어준다.
③④⑤ 그린 풍선을 15cm 접어꼬기 3개 만들어 준다.
⑥⑦⑧⑨ 12cm 방울 2개를 만들어 잎사귀에 한 바퀴 고정 시키고
12cm 방울을 만들어 말아넣기
⑩⑪⑫⑬⑭⑮ 12cm 방울 (12cm 방울 모두 6개)을 만들어 잎사귀에
돌려가며 참외 형태의 모양을 만든다.

 **생각해보기**

◎ 튤립은 "사랑과 용기"를 의미해요

◎ 풍선으로 튤립 만들 때 어떤 부분이 힘들었을까요?

5. 미니장미 꽃

 **준비할 재료**

260 핑크 1개 / 260 그린1개

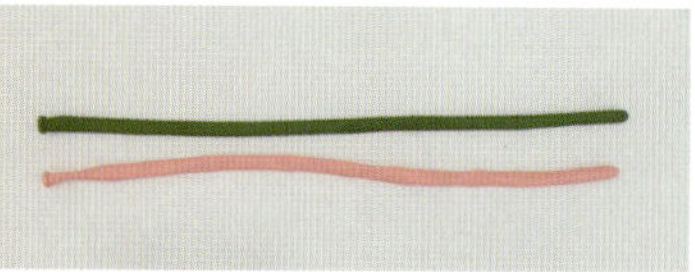

 **만드는방법**

①②③④⑤ 3cm 겹꼬기 3개하고

⑥⑦ 10cm 방울 2개 만들고 12cm 방울 1개 만들어 말아넣기해준다.

⑧⑨ 예쁜 장미꽃을 만들기 위해서는 나머지 풍선으로 굵기 조절을 잘 해가면서 볼륨있게 겹꼬기 부분부터 몸체까지 잘~ 감싸주는 것이 포인트이다.

⑩⑪ 사진 11번과 같이 마지막 처리는 시작한 부분 뒤편에서 마무리 해준다.

▶ **꽃대만들기**

⑫⑬⑭ 160 그린풍선 으로 7cm 방울 접어꼬기 3개 만들어 주면 잎사귀가 만들어진다.

⑮ 장미꽃을 꽃대에 합체해 준다.

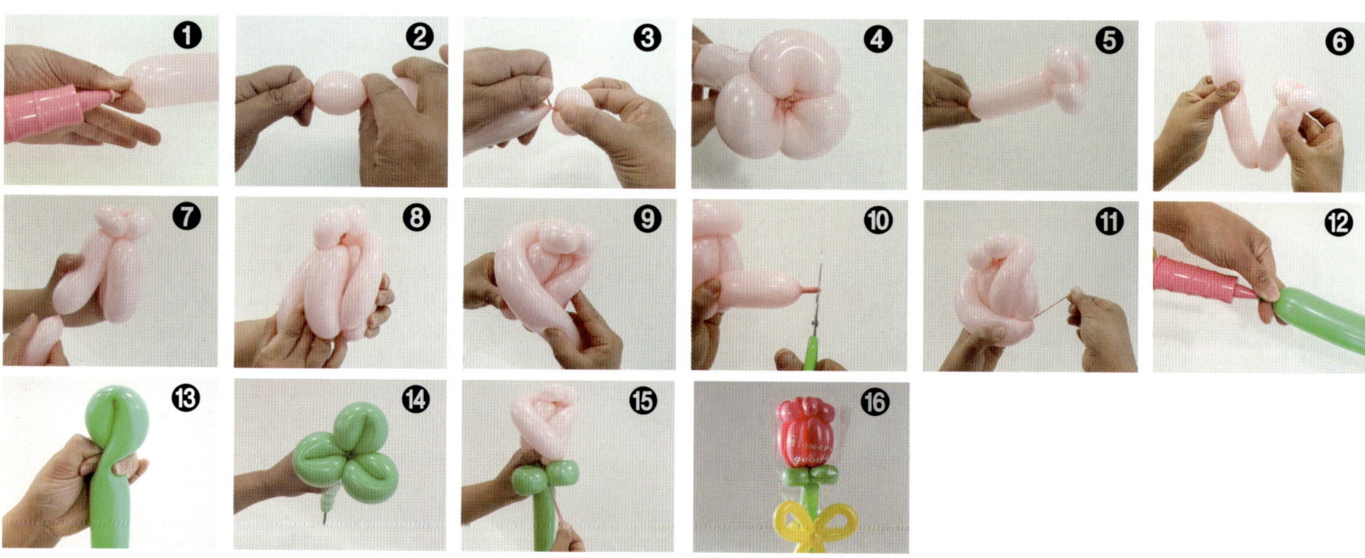

 **생각해보기**

◎ 장미는 "사랑과 용기"를 의미해요

◎ 풍선으로 장미꽃 만들 때 처음 시작하는 3방울이 어떤 기법일까요?

6. 카네이션 꽃

 **준비할 재료**
260 레드-1개 , 그린-1개 , 풍선스틱

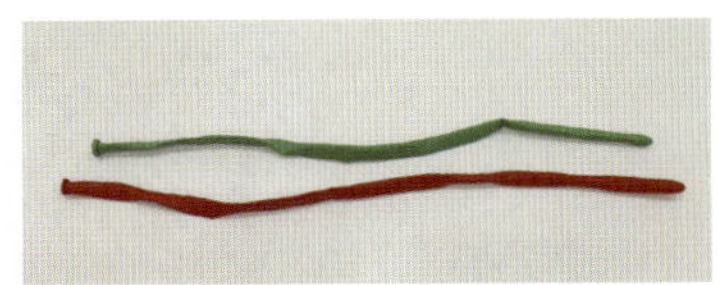

 **만드는방법**
① 15cm 남기고 풍선에 공기를 넣는다.
② 5cm 두방울 꼬기 6개의 꽃잎을 만들고 꽃 속이 보이는 매듭 부분을 2cm 방울꼬기 3개를 만들어 카네이션꽃 잎 위에 끼워 고정해준다.
⑧⑨⑩⑪ 풍선스틱을 이용해 260 그린 풍선을 넣고 7cm 방울만큼 공기를 넣고 묶어준 뒤 카네이션 꽃을 고정 시켜준다.

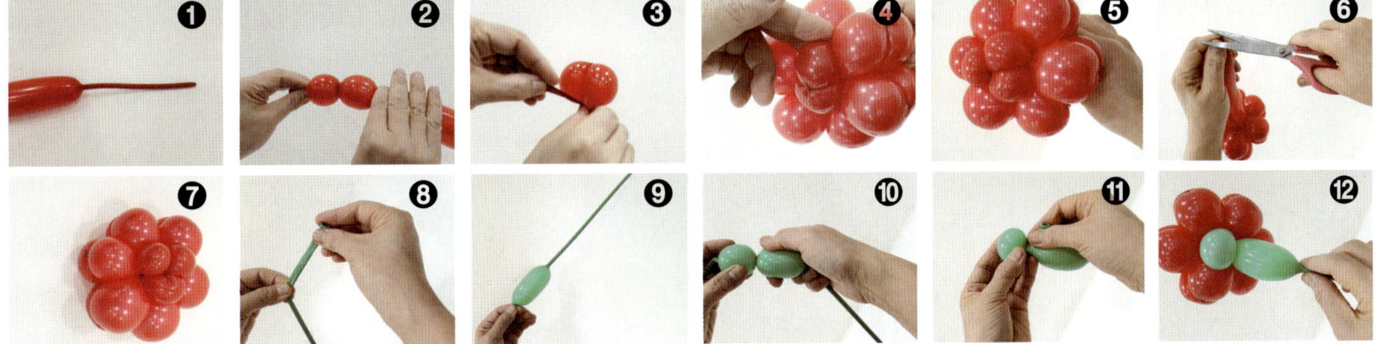

 **생각해보기**

◎ 카네이션은 "감사한 마음"을 담은 꽃이에요

◎ 오늘 내가 가장 감사한 일은 무엇인가요?

7. 해바라기 꽃

준비할 재료

260 옐로우-2개 , 카라멜브라운-2개,
160 레드 –1개 , OPP포장지

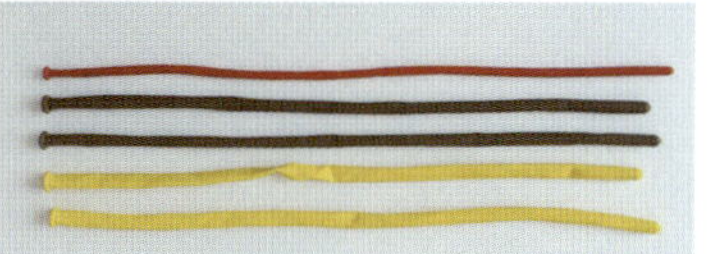

만드는방법

①② 260 모카브라운 풍선과 옐로우 풍선을 함께 10cm 남기고 공기 넣기

③④⑤⑥ 10cm 접어꼬기-2cm 방울-10cm 접어꼬기-2cm 방울-10cm

접어꼬기-2cm 방울-10cm 접어꼬기-2cm 방울-10cm 접어꼬기-2cm 방울-10cm 접어꼬기-2cm 방울-만들고 묶어준다.

⑦⑧ 모카브라운 풍선을 옐로우 풍선 2cm 방울에 연결해 준다.

⑨⑩⑪⑫ 2cm 방울 따라 한바퀴씩 돌려가며 6개 방울을 만들어 준다.

⑬ 모카브라운 꽃대 : 꽃심에 연결해서 15cm 방울-7cm 두방울꼬기 2개 잎사귀를 만든다.

⑭⑮⑯⑰⑱⑲ 모카브라운 꽃심 : 3cm 방울 3cm 겹꼬기 2개 만들어서 해바라기 꽃심에 끼워준다.

⑳㉑㉒㉓㉔ Opp포장지를 활용해서 예쁘게 포장하기

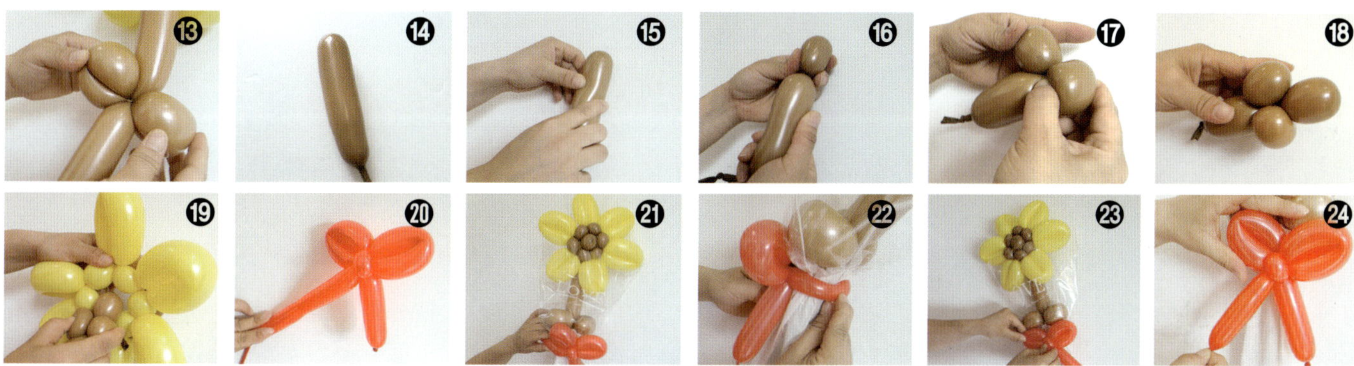

생각해보기

◎ 해바라기는 항상 태양을 바라봐요.

◎ 한 송이 포장법 배우기

8. 작은 별 & 결정체, 눈꽃 & 얼음 꽃

준비할 재료

작은 별 & 결정체 260 미러 그레이-1개
얼음 꽃 260 미러그린-1개 로즈골드-1개

만드는방법

얼음 꽃

① 260 풍선 15cm 남기고 공기를 넣어준다.
②③④⑤⑥ 5cm-3cm-5cm 방울 잠그기를 5개를 만들어 준다.
⑦⑧⑨⑩ 3cm 방울 겹꼬기 해준다.
⑫⑬ 가운데 3cm 방울 만들어서 끼운 주면 된다.

작은 별 & 결정체

① 260 풍선 15cm 남기고 공기를 넣어준다.
②③④⑤⑥ 3cm 방울 / 3cm 방울 –3cm 방울-3cm 방울/3개를 잠그기 해준다. (5개) ⑦ 3cm 방울 과 마지막 3개 잠그기 해준 부분을 함께 첫 번째 주입구와 함께 묶어주면 된다.

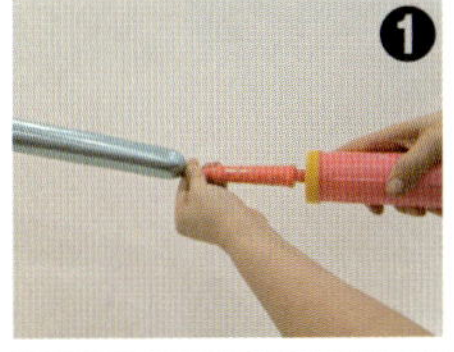 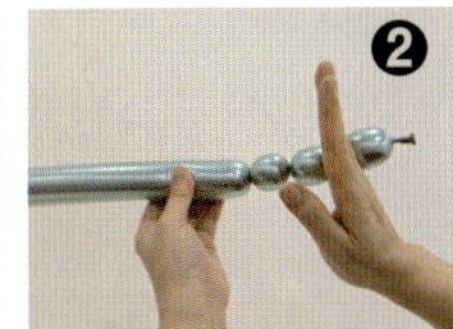    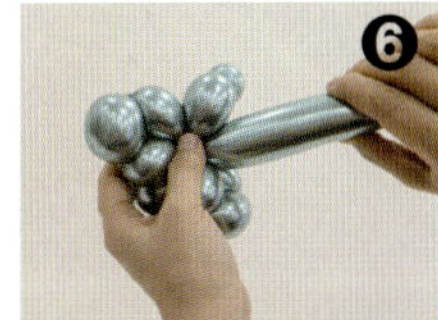

 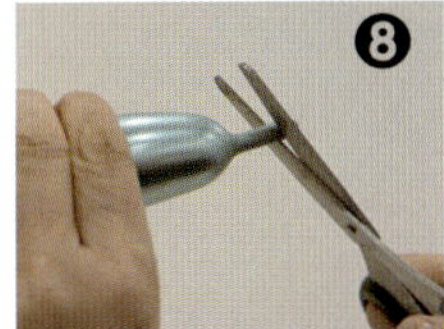  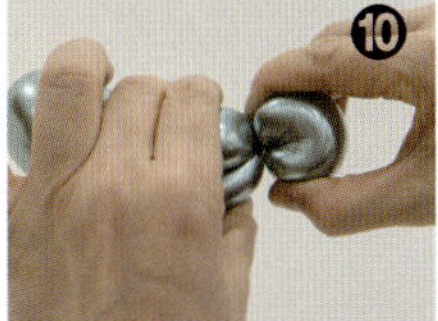  

작은 별 & 결정체
만들기▶

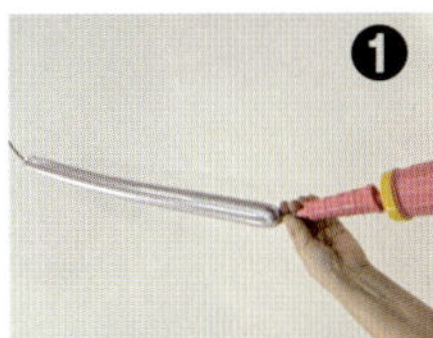  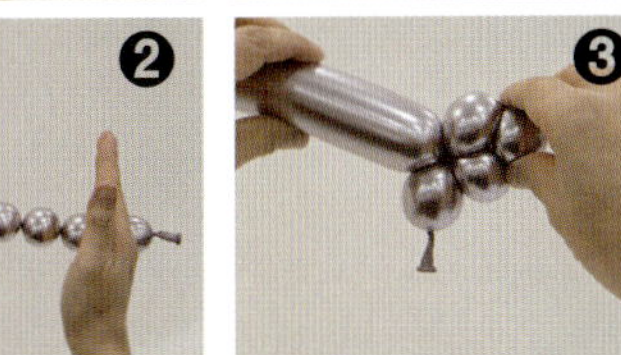  

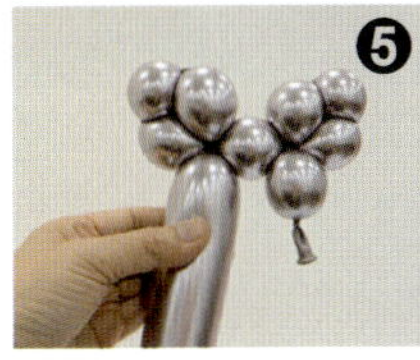  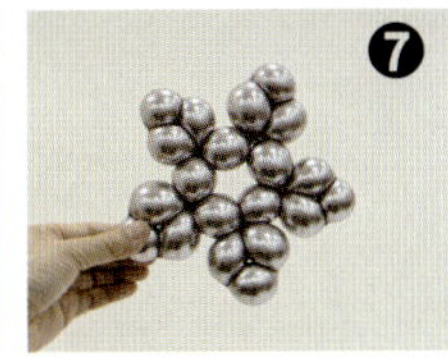

생각해보기

◎ 이 작품을 어디에 장식하고 싶나요?

◎ 방울꼬기 기법으로 다른 작품 만들어보기

9. 위빙하트

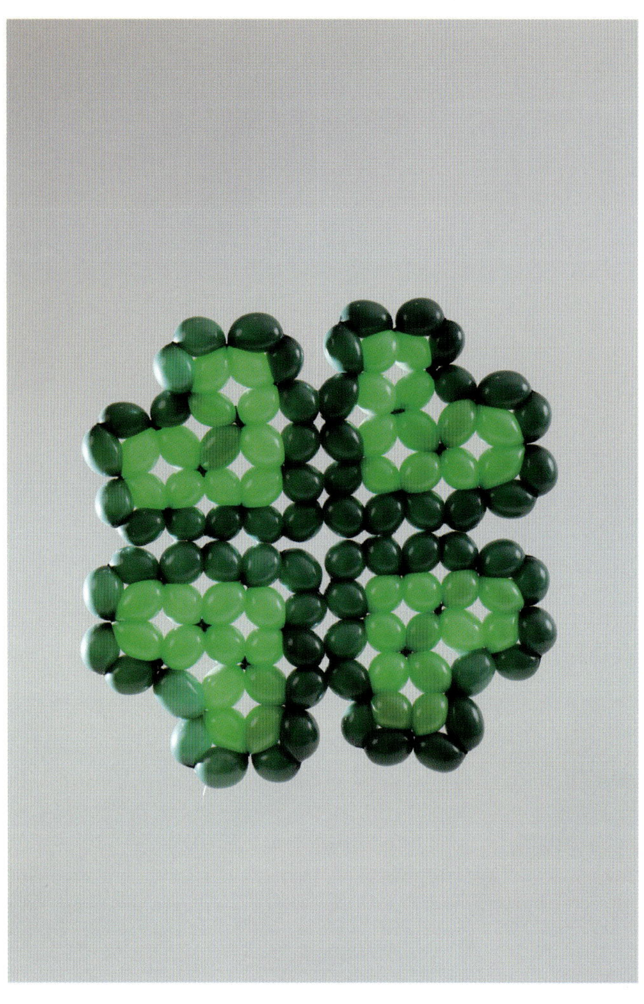

 **준비할 재료**

260 진그린 –1개 , 그린-1개

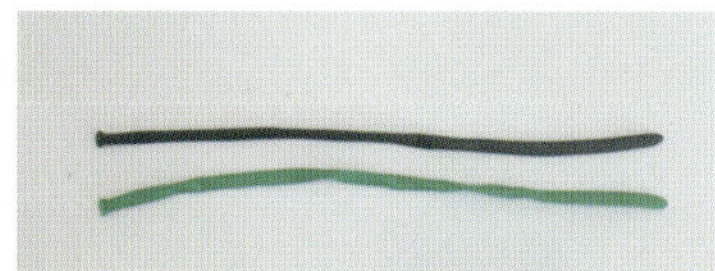

 **만드는방법**

① 25cm 정도 남기고 풍선 두 개를 불어준다.

② 두개의 풍선을 3cm 방울을 만들어 함께 감아준다.

③④⑤⑥⑦⑧⑨⑩⑫⑬ 바깥쪽(초록)풍선은 3cm 방울을 2개 만들고, 안쪽(그린) 풍선은 1개를 만들어 꼬아 잠궈 준다.

▶하트 방울 역는 방법:
   바깥쪽(진그린) 12 223222
          안쪽(그린) 11 1212112

방울을 만들고 나면 위빙하트가 만들어진다.

⑭⑮ 풍선을 모두 풀어지지 않도록 첫 부분 주입구 첫 부분과 묶어준다.

⑯ 완성

 **생각해보기**

◎ 네입클로버는 "행운"을 상징해요

◎ 방울꼬기 위빙기법으로 나만의 색상으로 하트 만들어보아요

10. 요요&탱탱볼

준비할 재료

30cm클리어 풍선-1개,
13cm 풍선-5개
260풍선 –1개

만드는방법

1. 30cm 클리어 풍선안에 260풍선을 넣고 묶어준다.
2. 조각 풍선을 이용해 요술풍선을 묶어준 풍선을 뒤집는다.
2. 30cm 클리어 풍선안에 13cm 풍선 5개를 넣는다. (주입구 모두 1cm 남기고 잘라준다)
3. 풍선안에 풍선을 넣고 공기를 넣은 후 묶어준다.
4, 260 끝부분으로 공기를 밀어간다. 끝부분이 방울이 나오도록 한다.(손가락 사이에 끼우기)

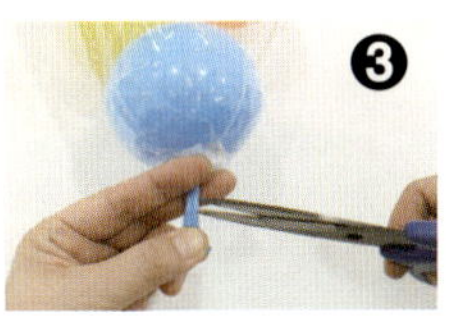

같은 기법 응용작품
응용해서 만들어 보아요.

생각해보기

◎ 요요처럼 움직이게 하면 어떤 놀이를 해볼 수 있을까요?

◎ 요요를 움직일 수 있도록 260 풍선을 어떻게 고정했나요?

11. 딸랑딸랑 요술봉

 준비할 재료

버블풍선 1개, 260 퀸핑크 –2개 13cm 풍선-5개

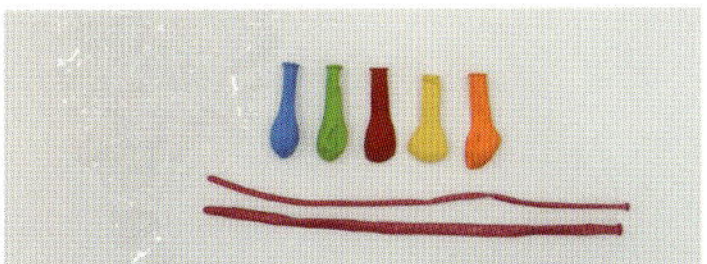

 만드는방법

재료: 버블풍선 1개, 260 퀸핑크 –2개 13cm 풍선-5개
①②③④ 버블풍선안에 풍선스틱을 이용해 13cm 풍선을 5개 넣는다. (주입구 모두 1cm 남기고 잘라준다)
⑤ 버블풍선에 공기를 넣고 주입구를 묶어준다.
⑥⑦⑧⑨ 버블풍선사이즈에 맞추어 요술풍선을 불어 감싸 묶어준다.
⑩ 다른 260 풍선을 10cm 남기고 공기를 넣고 묶어준다.
⑪ 10cm 접어꼬기 6개 만들면 나머지는 손잡이가 된다. (다알리아 꽃기법)
⑯⑰ 버블풍선을 손잡이에 끼워주고 스티커로 예쁘게 장식해 준다.

 생각해보기

◎ 이 요술봉을 흔들면 어떤 마법이 생길까요?

◎ 클리어 풍선 안에 들어간 풍선 종류는?

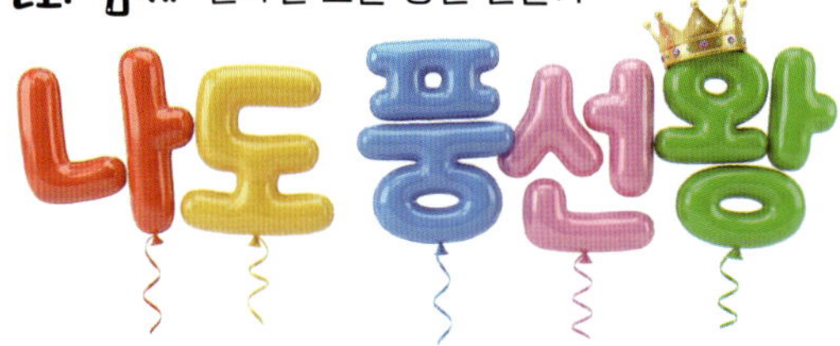

7.
풍선왕 매직 팔찌 & 바다와 친한 친구들

Balloon Art Master

1. 고양이 팔찌

 **준비할 재료**

260 오렌지-1개

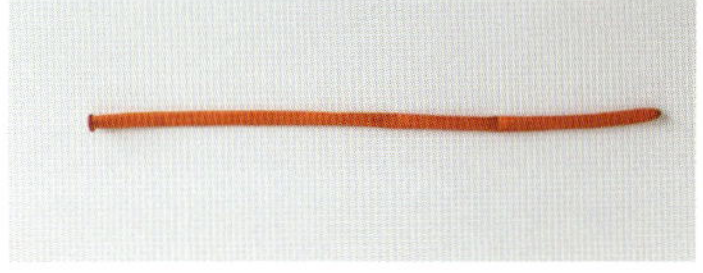

 **만드는방법**

① 10cm 남기고 공기를 주입 후 묶어준다.
②③ 7cm 두방울꼬기(귀) - ④ 3cm 방울꼬기목)– ⑤⑥ 12cm 접어꼬기–
⑦⑧⑨ 12cm 접어꼬기안에 3cm 방울을 넣는다. ⑩⑪ 7cm 두방울꼬기(앞다리)
– ⑫ 2cm 겹꼬기(목받쳐주는 역할) - ⑬ 8cm 방울- ⑭ 7cm 두방울꼬기(뒷다리)

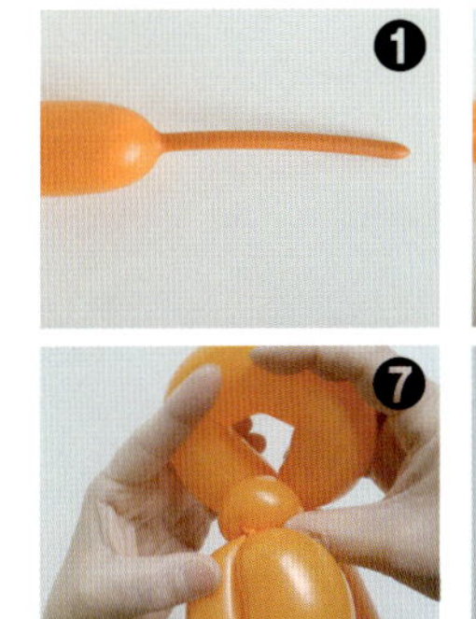
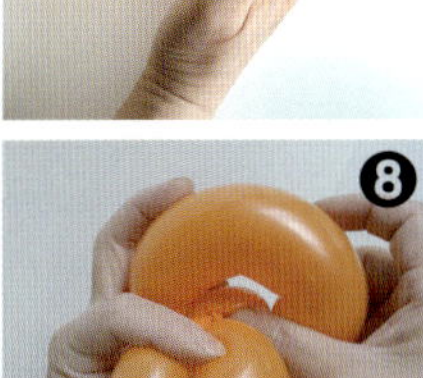
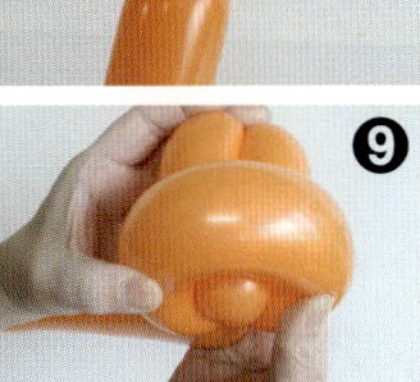

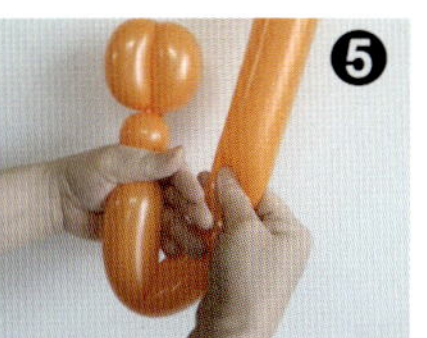
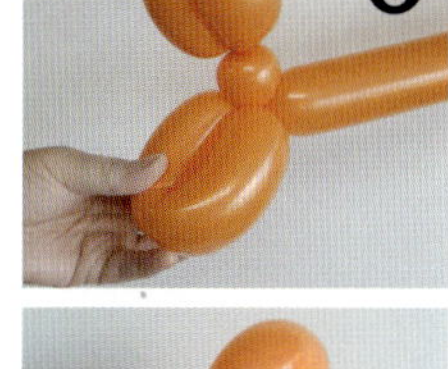

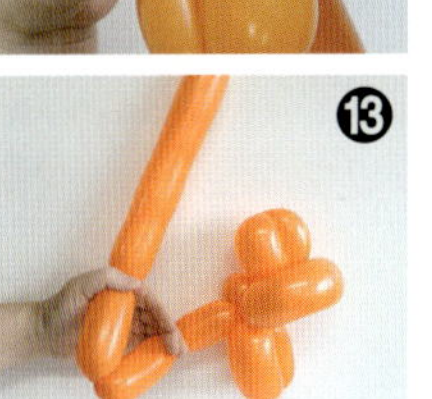

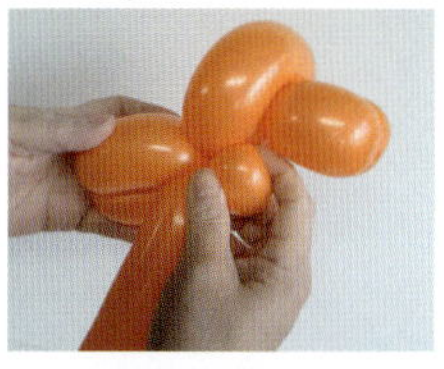

같은 기법 응용작품

 **생각해보기**

◎ 기분이 좋을때와 화가 났을 때 표정은 어떻게 달라질까요?

◎ 고양이 만들 때 사용했던 기법 두가지:

2. 개구리 팔찌

 **준비할 재료**

260 그린-1개 화이트-1개

 **만드는방법**

①② 15cm 남기고 풍선에 공기를 넣어준다.

③④ 7cm, 4.5cn, 4.5cm, 7cm 방울을 만들어 준 후 묶어준다.

⑤ 10cm 방울 2개를 만든 후 중앙 주입구에 돌려준다.

⑥⑦ 처음 묶은 주입구를 이용해서 3번 풍선

③ 4.5cm 방울 2개를 잠그기 해 준다.

⑧⑨ 7cm 방울 1개를 만들고 방울을 만들어 겹꼬기 해 준다.

⑩⑪⑫⑬⑭⑭⑮ 번에서 만든 풍선을 ④번에서 만든 풍선 뒤쪽으로 돌려서 ③풍선을 사이에 두고 돌려준 뒤 고정해 준다.

⑯⑰⑱ 화이트 풍선을 7cm 방울을 만든 후 2방울로 만들어 묶어준다. (눈)

⑲ 개구리 눈 부분에 연결해서 마무리한다.

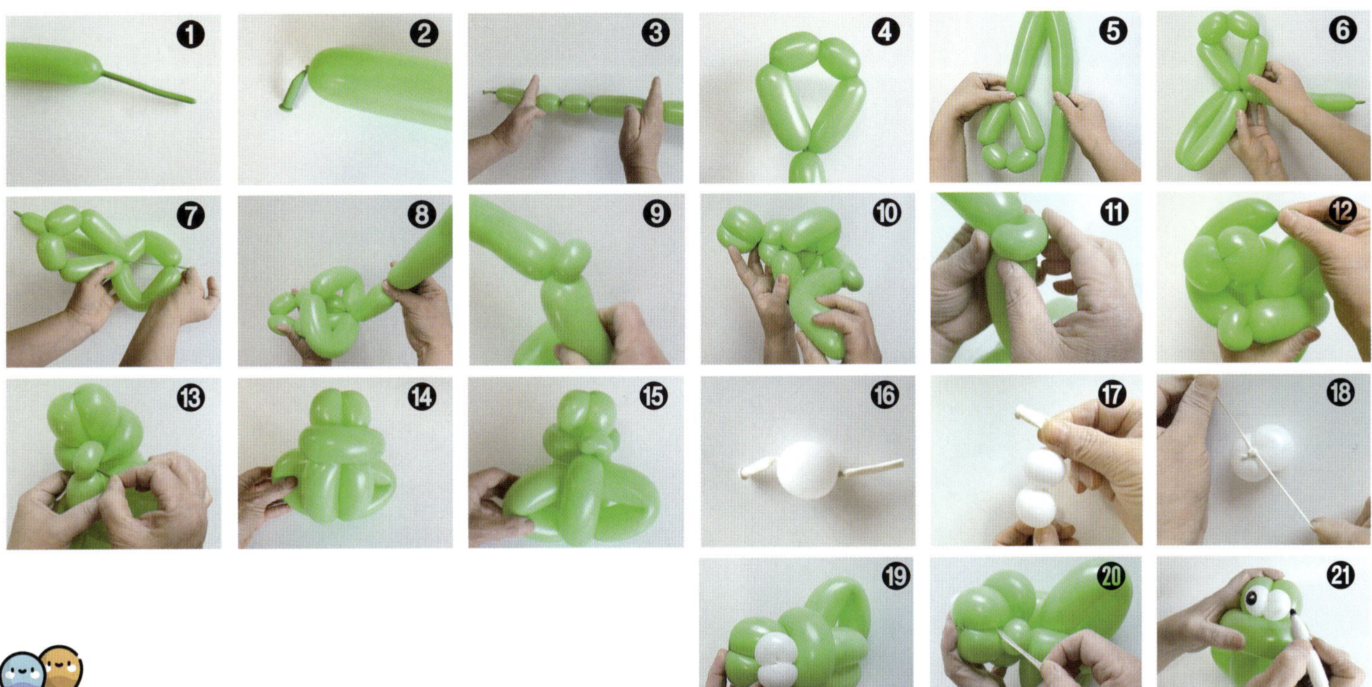

 **생각해보기**

◎ 개구리는 어디로 점프하고 싶을까요?

◎ 개구리 눈 만든 풍선 종류는?

3. 달팽이 팔찌

 **준비할 재료**

260 오렌지-1개, 260 그린 –2개
260 흰색-반쪽

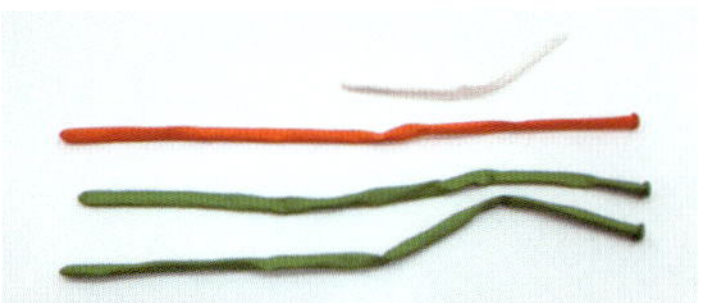

 **만드는방법**

① 풍선 15cm 남기고 풍선을 공기를 넣어준다.
②③④⑤ 260 흰색 풍선으로 10cm 방울로 2개로 쪼개어 겹꼬기 해준다.(눈동자)
몸통 : 13cm 접어꼬기 한후 눈을 가운데 넣고 잠그기한다.
⑥⑦⑧ 작은방울(겹꼬기)2개 연속 → 10cm방울 잠그기 → ⑨⑩작은 방울겹꼬기 →
⑪⑫ 9cm 방울 잠그기 → 겹꼬기 →
⑬⑭ 9cm 방울꼬고 안쪽 겹꼬기에 연결하기
⑮⑯⑰ 달팽이집 (오렌지) : 주입구 작은방울 겹꼬기 2개 만들고

⑱⑲⑳㉑ 13cm 방울 접어꼬기 하여 앞쪽 겹꼬기에 연결하고 바깥쪽에 한번더
테두리 연결하여 달팽이 몸통 만들기
㉒㉓㉔㉕㉖ 달팽이와 달팽이 집을 연결시킴.
㉗㉘㉙㉚㉛ 밀어올리기 기법으로 더듬이 2개 만들어 머리위에 끼워주고 완성시킴.

 **생각해보기**

◎ 달팽이는 왜 집을 등에 지고 다닐까요?

◎ 달팽이를 다른 색상으로 만들고 싶은 색상은?

4. 뱀 팔찌

준비할 재료

260 블루-1개, 260 레드 –2개
260 흰색-1개 , 스티커

만드는방법

①②③④⑤⑥⑦ 풍선에 공기를 넣고 공기를 빼준 후에 손펌프 기둥을 이용해 스파이럴 기법으로 공기를 넣어 준다.

⑧⑨⑩ 12cm 방울을 만들어 접어꼬기 2개를 만들어 준다. (입)
3cm 방울을 만들어 겹꼬기 해 준다

⑪⑫⑬⑭ 260 화이트 풍선을 10cm 불어서 묶어준뒤 두방울로 만들어 접어꼬기
한 위에 고정시킨다. (눈)

⑮⑯⑰⑱⑲⑳ 260 빨강풍선에 20cm 공기를 살짝 넣고 두 개 접어꼬기 한가운데
사이에 끼워준다.

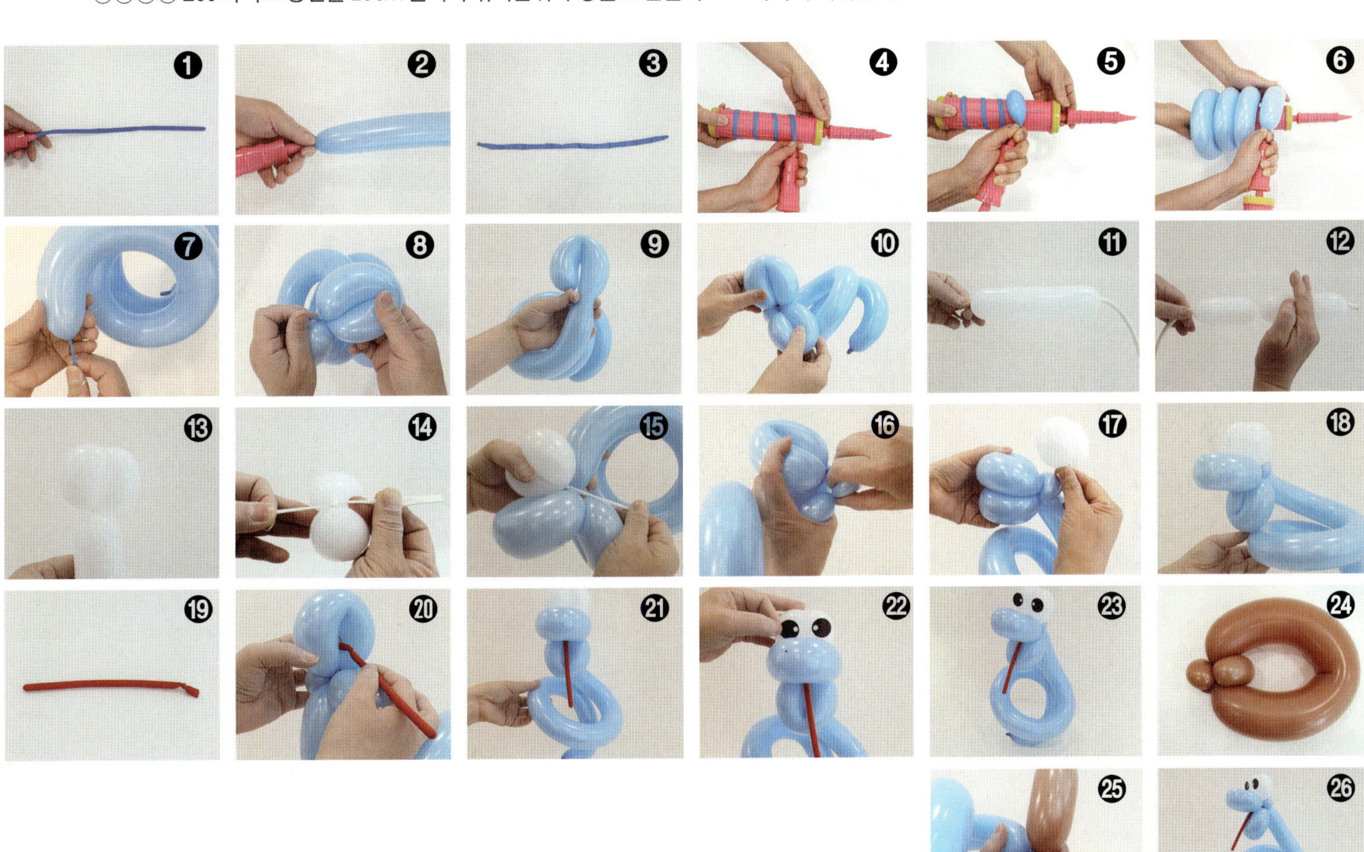

생각해보기

◎ 뱀은 왜 몸이 길고 유연할까요?

◎ 뱀을 만들 때 사용한 기법은?

5. 왕눈이 거북이 팔찌

 **준비할 재료**

260 진그린 –1개 그린-1개

13cm 흰색풍선, 눈 스티커

 **만드는방법**

① ② 13cm 흰색풍선을 10cm 불어서 두방울 꼬기해준다 (왕눈이 눈)

③ 260 라임그린 15cm 남기고 풍선에 공기를 넣는다.

④ ⑤ 3cm 겹꼬기 한후 왕눈이 눈 사이에 넣고 한 바퀴 돌려 겹꼬기 한 부분과 함께 돌려준다.

⑥ 6cm 방울 4개(다리)를 만들어준후 3번에 돌려 고정해 준다.

⑦ 7cm 방울 두방울 꼬기를 만든 후 잠그기 해 준다.

⑧ 7cm 방울 1개를 만들어 ⑧ 방울 사이어 넣어준다.

⑨ 3cm 방울을 만든 후 마무리 해 준다

⑩ ⑪ ⑫ 거북이 등을 다리와 목 부분에 연결해 준다.

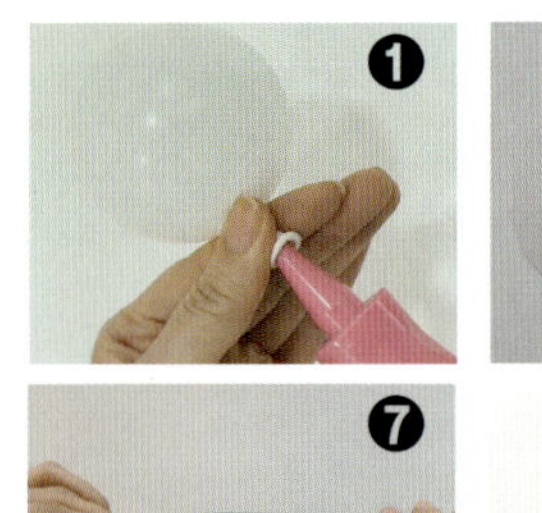     

 **생각해보기**

◎ 거북이는 왜 천천히 움직일까요?

◎ 거북이에 들어가는 풍선 종류와 색상?

6. 코끼리 팔찌

7. 풍선왕 매직 팔찌 & 바다와 친한 친구들

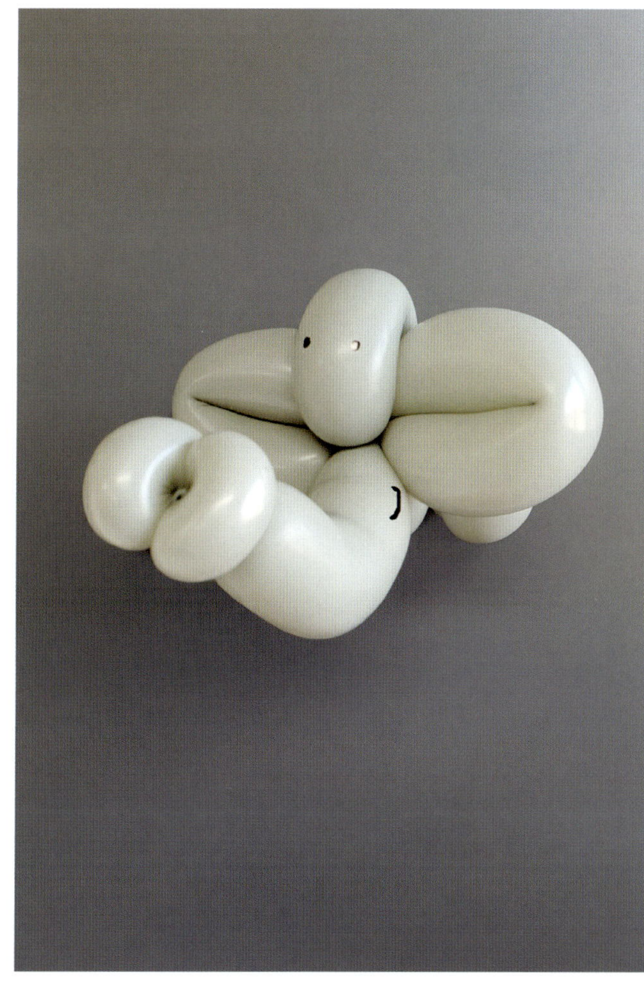

 **준비할 재료**

260 그레이-1개

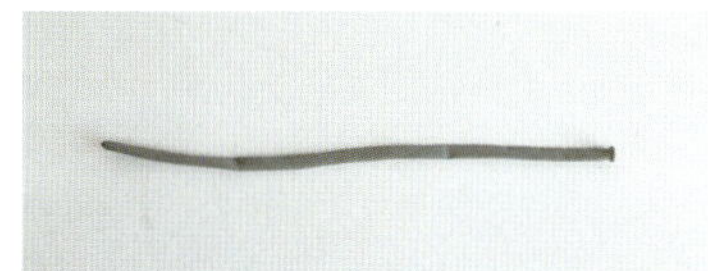

 **만드는방법**

① 15cm 남기고 공기를 주입 후 묶어준다.
②③④ 2cm 방울를 만들어 겹꼬기 2개 만들어 준다. (코구멍)
⑤ 2cm 정도 접어서 접은부분을 손으로 눌러준다. (코 줄무늬부분) 3 줄정도 만들어 준다.
⑥ 12cm 방울을 만들어 준다. (코)
⑦⑧⑨ 10cm 방울 2개를 접어꼬기 해준다. (귀)
⑩⑪ 7cm 방울을 만들어 10cm 접어꼬기 해준거 사이에 잠그기 해준다. (머리)
⑫⑬ 5cm 방울 2개를 만들어 잠그기 해준다. (앞다리)
⑭ 2cm 방울을 만들어준다.
⑮ 2cm 방울을 하나더 만들어 겹꼬기 해 준다. 10,5cm 방울 2개를 만들어 잠그기 해 준다. (뒷다리)
⑯ 눈을 그려 완성한다.

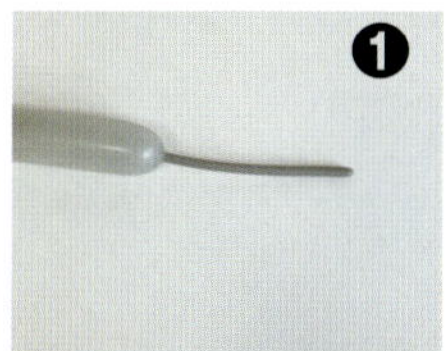

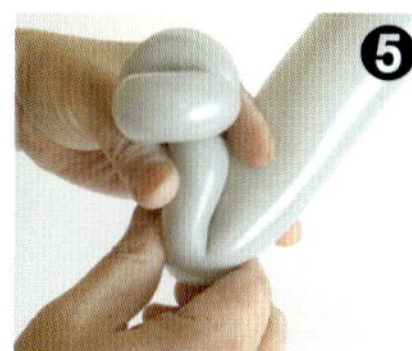

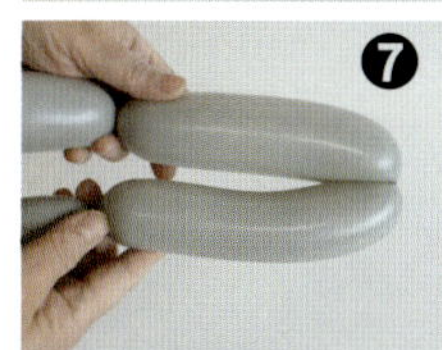
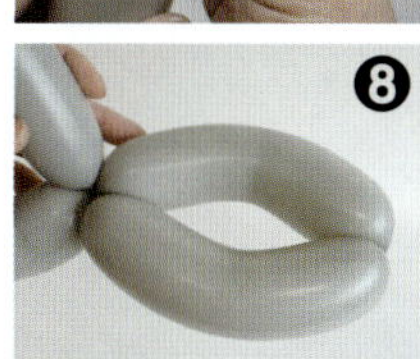
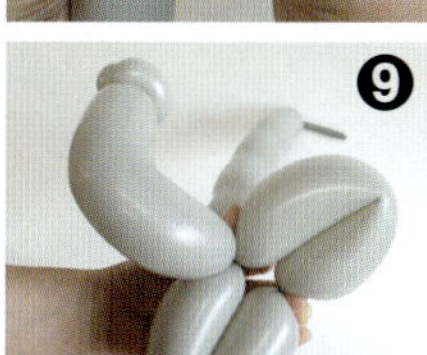
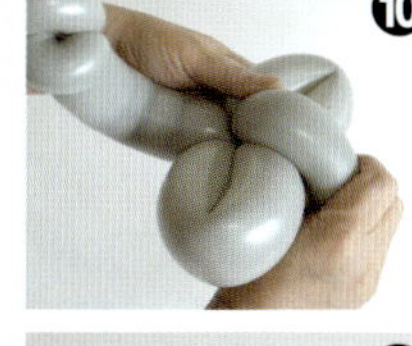
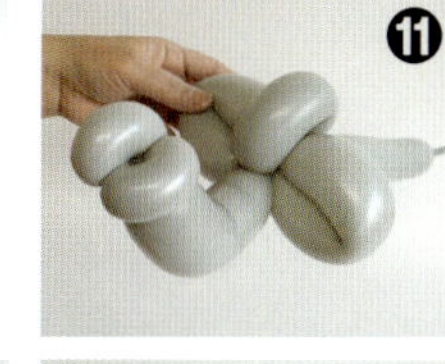

 **생각해보기**

◎ 코끼리는 왜 귀가 클까요?

◎ 작은 코끼리? 큰 코끼리? 어떤 크기로 만들고 싶나요?

7. 원숭이 팔찌

 **준비할 재료**

260 그레이-1개

260 오렌지 / 카라멜 브라운

 **만드는방법**

1. 260풍선 10cm 남기고 공기를 주입한다.
2. 4cm 겹꼬기(귀)- 7cm 겹꼬기(얼굴) – 4cm 겹꼬기(귀) 12cm(입/턱) 접어꼬기
   해준다.
3. 목 3cm 방울- 20cm고리꼬기- 3cm겹꼬기(꼬리고정) 나머지 꼬리 연출한다.
   (원숭이 얼굴에 그림 그리기)

 **생각해보기**

◎ 원숭이는 왜 나무를 좋아할까요?

◎ 나만의 비밀 놀이터가 있다면 어디일까요?

8. 빨강 문어 팔찌

준비할 재료

260 레드-1개, 260 흰색-1개
13cm 펄레드-1개, 눈 스티커

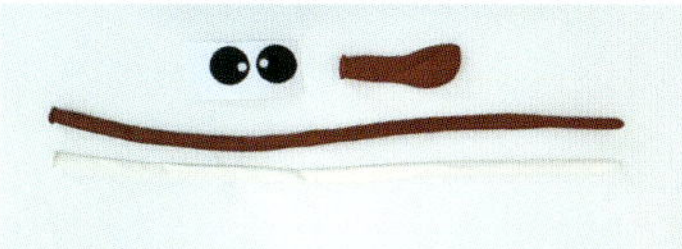

만드는방법

① 13cm 풍선을 12cm 공기를 주입한 뒤 묶어준다.
②③ 260 풍선 1cm만 남기고 풍선에 공기를 넣는다. 안에 있는 공기를 살짝 빼준 후 주입구와 끝을 묶어준다. ④ 큰 고리로 된 풍선을 반을 나눈 뒤 ⑤⑥⑦⑧ 3등분 하여 Z모양이 되면 사진과 같이 한 손으로 잡고 반대 손으로 한번에 비틀어준다. - 8번 꽃잎 완성 ⑨ ①번과 ⑧번을 합체 한다. ⑩⑪⑫⑬⑭⑮ 260 풍선 4cm 두방울 만들어 눈과 팔 고리를 고정해준다. (눈을 그려주거나 스티커 부착)

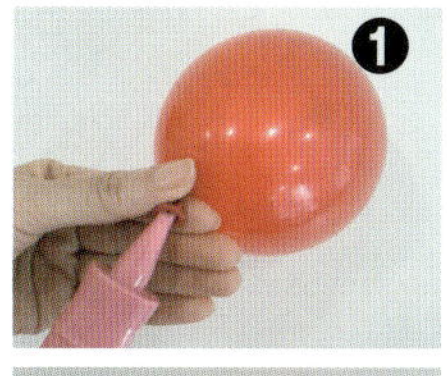
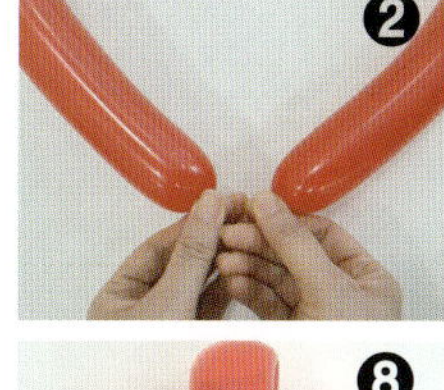
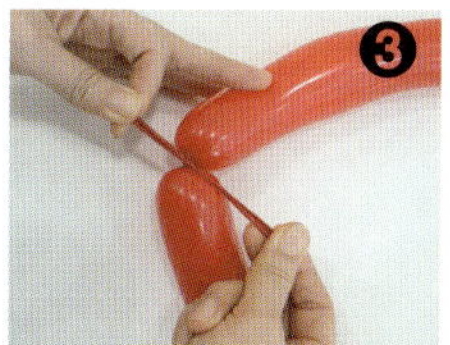
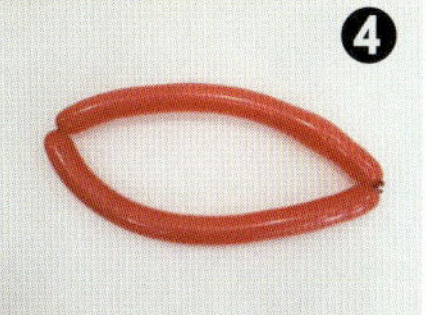

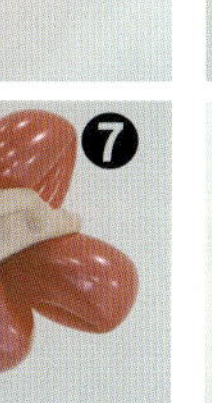

생각해보기

◎ 우리 팔이 많다면 무엇을 동시에 해보고 싶나요?

◎ 문어 머리사용한 풍선 사이즈는?

9. 물고기 & 베이비 피시(Baby Fish)

준비할 재료

260 블루,핑크-1개, 눈 스티커

만드는방법

① ② 10cm 남기고 공기를 주입 후 묶어준다
③ ④ ⑤ ⑥ 10cm 두방울꼬기 2개 만들어준다,(뒤 지느러미)
⑦ ⑧ ⑨ ⑩ 12cm 방울 2개를 만들고 15cm 방울을 만든 뒤
⑪ 두방울 사이에 살짝 밀어 넣기하고
⑫ ⑬ ⑭ 4cm 방울 겹꼬기 2개(입) 해준다.
⑮ 남아있는 풍선 12cm~15cm 접어꼬기로 마무리 짓고
⑯ ⑰ ⑱ ⑲ ⑳ 12cm 와 15cm 풍선사이에 끼워주면 귀여운 복어 눈이 만들어진다.
㉑ 눈 스티커 붙여준다.

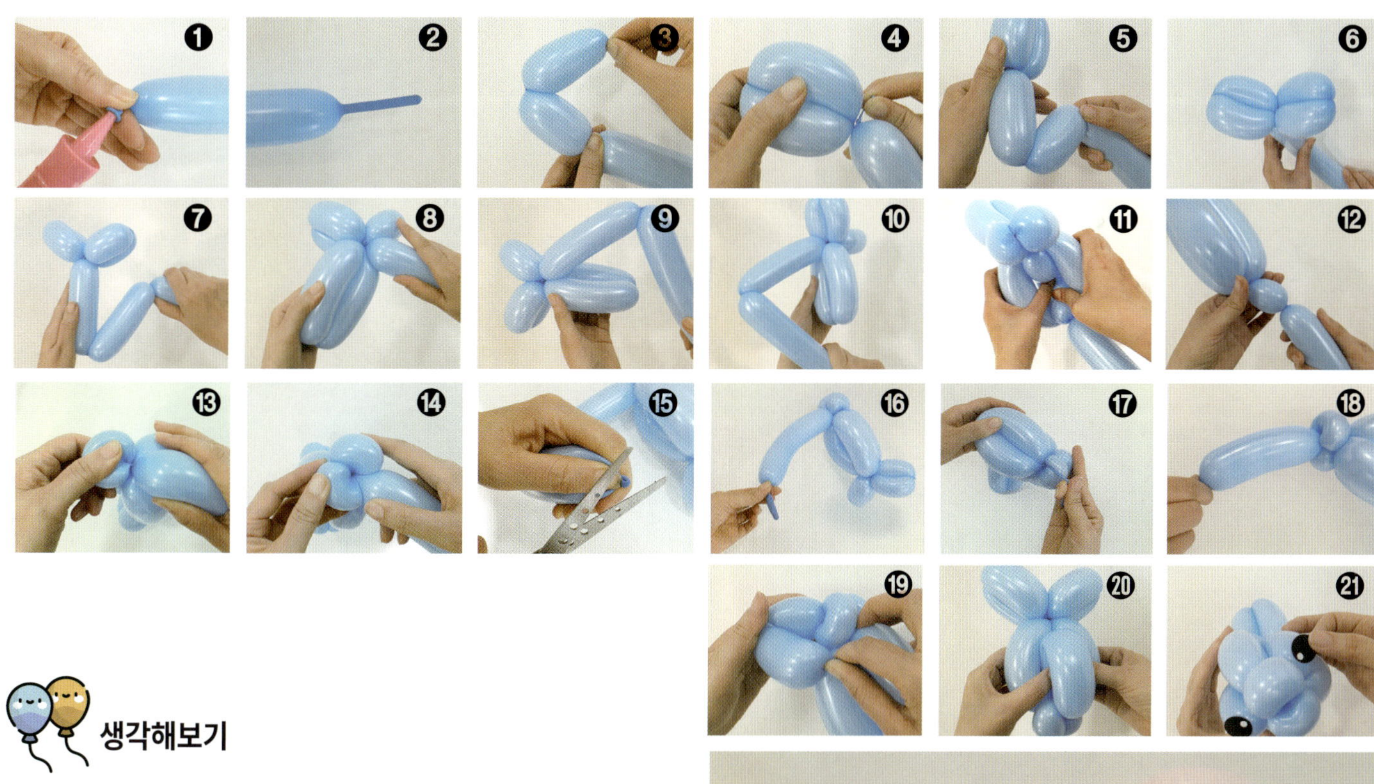

생각해보기

◎ 물고기는 물속에서 어떤 기분일까요?

◎ 왕눈이 물고기에 사용한 풍선 기법 두 가지?

10. 꼬마 꽃게

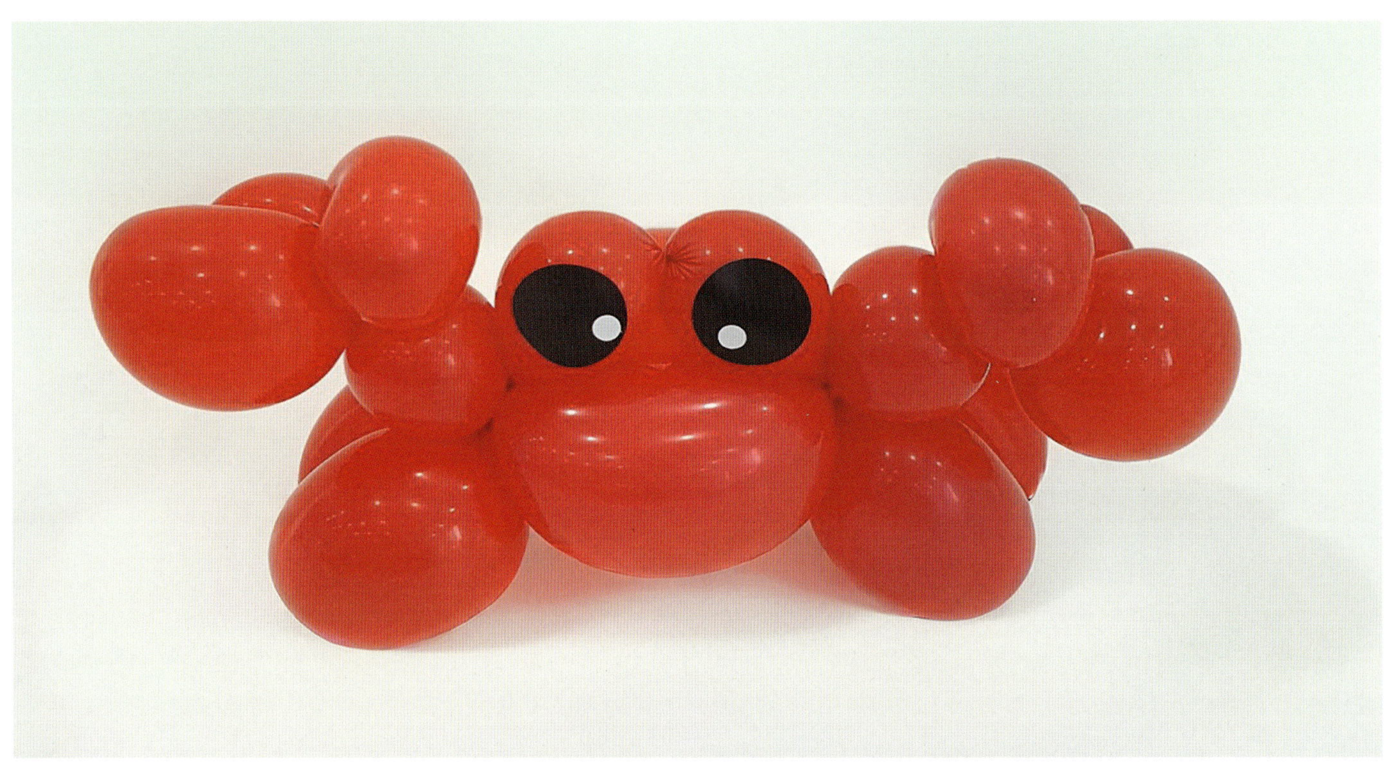

준비할 재료

260 레드 –1개
눈 스티커

만드는방법

① 15cm 남기고 공기를 주입 후 묶어준다. ②③ 5cm 두방울꼬기 ④ 2cm 방울 겹꼬기 ⑤⑥ 3cm 방울 ⑦ 5cm 두방울꼬기 ⑧⑨ 7cm 두방울꼬기(몸통) ⑩ 3cm 2방울(눈) ⑪ 5cm 두방울꼬기 ⑫⑬⑭ 3cm 방울-2cm 방울 겹꼬기 ⑮⑯ 5cm 두방울꼬기 ⑰⑱ 눈 스티커를 붙여주면 조금 더 귀여운 꽃게가 된다.

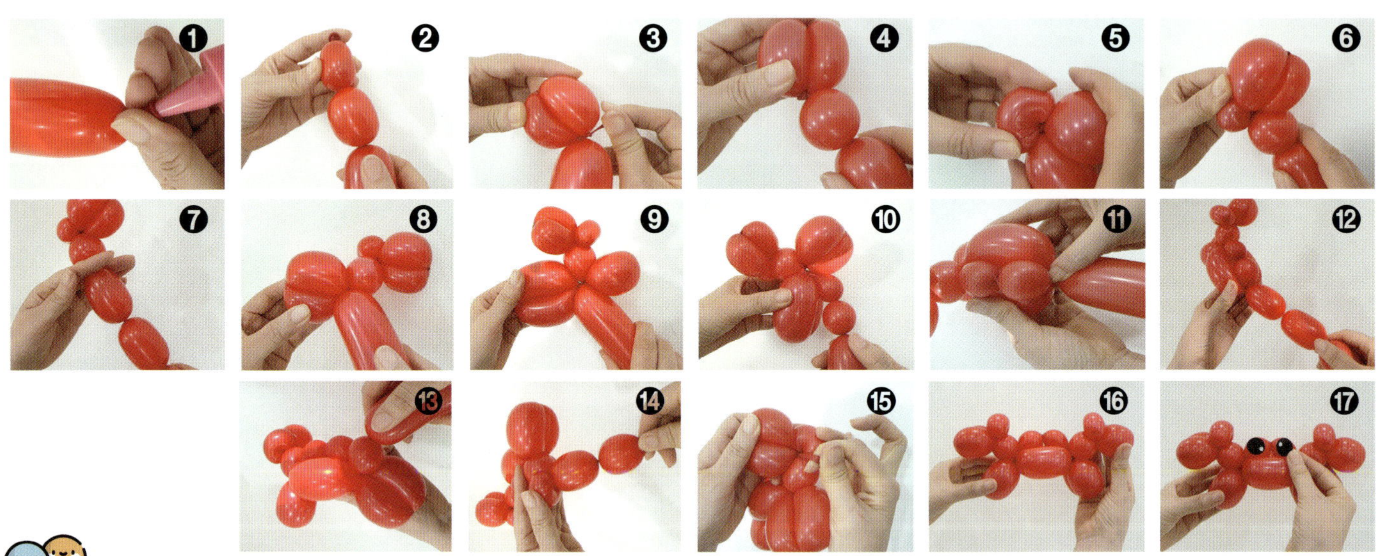

생각해보기

◎ 꽃게는 왜 옆으로 걸을까요?

◎ 꽃게 만들 때 사용한 기법 두 가지?

11. 진주 미러조개

 **준비할 재료**

260 미러 레드 –2개 & 미러화이트골드 –2개
미러실버 2개

 **만드는방법**

① 260풍선 2개를 15cm, 10cm 남기고 공기를 넣고 묶어준다. ②③④⑤⑦⑧⑨⑩ 7cm 접어꼬기 2개를 만든 후 크기를 점차 작게 표현하여 가리비 모양을 만들어준다. ⑪⑫⑬⑭⑮ 6cm-8cm–10cm-8cm-6cm- 두방울 꼬기를 하고 남은 풍선 공기를 빼고 남은 풍선을 5개의 방울을 잡아 가리비 모양이 빈틈없이 단단하게 고정 시켜준다. (요술풍선이 부족하면 다시 불어 연결해서 작업하기)

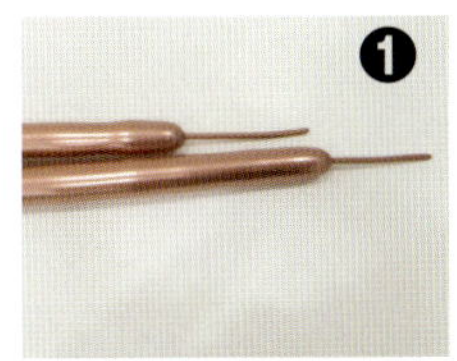

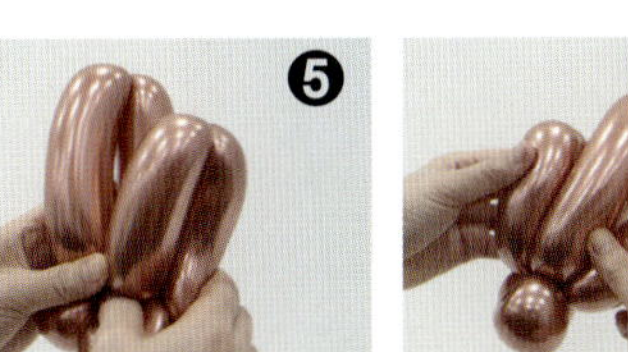
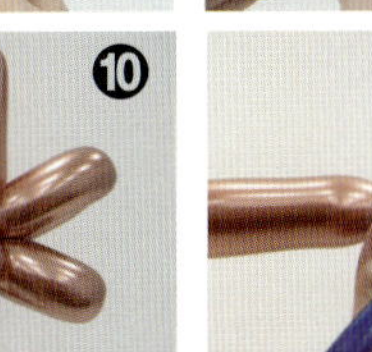

생각해보기

◎ 조개 안에 왜 진주가 숨어 있을까요?

◎ 조개안에 진주도 만들어보아요

12. 팽귄

 **준비할 재료**

260 오렌지 –1개 , 블랙 –1개
화이트 1개

 **만드는방법**

① 260 오렌지 풍선을 40cm만 공기를 넣어준다.
② 20cm 두방울 꼬기한 뒤 접어꼬기(신발) 해준다.
③④ 풍선 끝부분을 이용해 코 도 만들어 놓는다
⑤⑥ 화이트260 12cm 접어꼬기 2개(볼) –
⑦⑧⑨ 10cm 2방울 꼬기(눈)-
⑩ 15cm (배)-
⑪ 23cm 접어꼬기- 1개(꼬리)
⑫⑬⑭⑮ 화이트 10cm 두방울(눈) 사이에 20cm 블랙풍선(머리)을 감
　싸준다.
⑯⑰⑱ 블랙풍선으로 흰색 옆에 배 부분 15cm 방울을 꼬리를 이용해 3

개 더 만들어 몸통을 고정해준다.
⑲ 신발고정
⑳ 오렌지 코 끼우기
㉑ 눈 붙이기

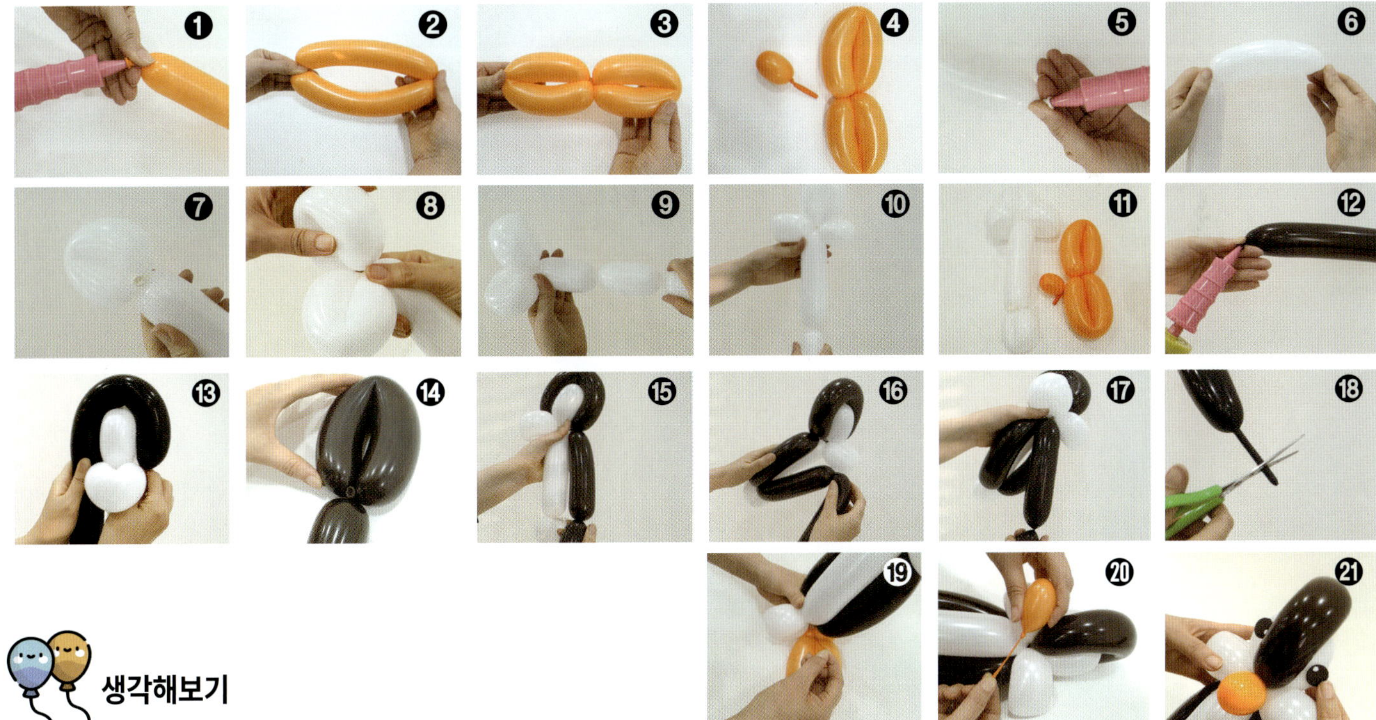

생각해보기

◎ 펭귄은 왜 넘어져도 다시 일어날까요?

◎ 펭귄 발 만들 때 사용한 기법은?

2장
기법을 완성하는 풍선아트

2 장
기법을 완성하는 풍선아트

8.
인기 캐릭터
풍선만들기 1

1. 시나모롤

2, 피카츄

3. 마이멜로디

4. 푸차코

5. 쿠르미

6. 남자아이

7. 여자아이

8. 라부부

Balloon Art Master

1. 시나모롤

 **준비할 재료**

350 흰색풍선- 1개 / 260 흰색풍선- 2개
시나모롤 스티커세트/ 손펌프
가위/ 풍선스틱

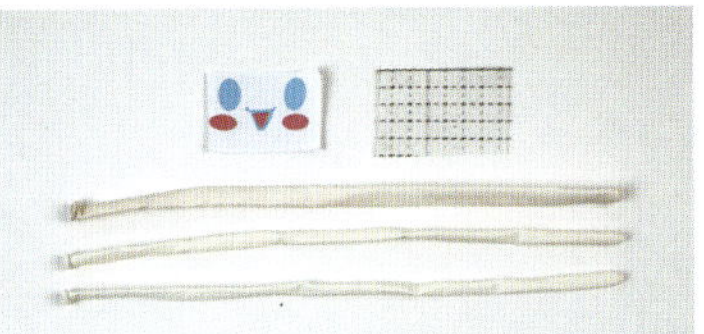

 **만드는방법**

귀만들기 (튤립꼬기의 변형기법 인 후크 트위스트 기법)
① 흰색 260 풍선을 20cm 공기를 넣고 묶어준다.
②③④⑤⑥ 20cm의 길이로 튤립을 하기 쉽지 않아 풍선스틱을 이용한 후크 트위스트 기법으로 귀를 만든다. - 귀 2개

① 흰색 350 풍선을 20cm 남겨놓고 공기를 넣고 묶어준다.
②③ 3cm 방울 겹꼬기 –
④ 10cm 방울 –
⑤ 3cm 방울 겹꼬기 –
⑥ 10cm 방울 만들어 3cm 방울겹꼬기에 두바퀴 돌려준 뒤

⑦ 10cm 방울을 2개 더 만든다.(10cm 방울 4개) 7cm 방울 두 개(다리)를 만든 뒤 3cm 겹꼬기(귀)에 2바퀴 돌려준다.
⑦ ※ 귀를 달아줄 때 팁 - 귀와 귀 사이에 남아있는 풍선으로 한 줄을 연결하고 그 줄에 귀를 묶어주면 된다.
⑨ 시나모롤 귀 달려있는 모습 (피카츄와 몸체 만드는 방법 같음)
⑩ ⑪ 시나모롤 스티커 붙이기(캐릭터 스티커로 꾸며준다.)

 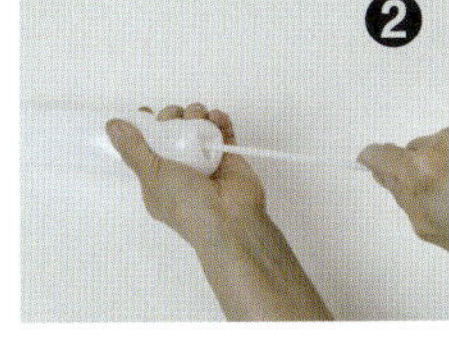    

  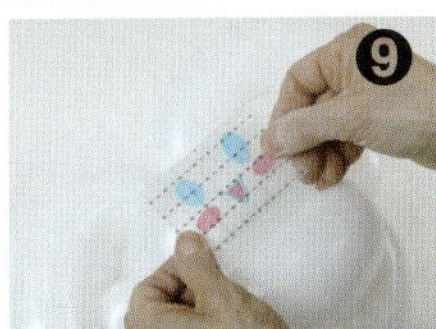 

 **생각해보기**

◎ 시나모롤은 왜 하늘을 날 수 있을까요?

◎ 시나모롤 귀 만들 때 사용한 기법은?

2, 피카츄

 준비할 재료

350 노랑 풍선- 1개 , 260 노랑 풍선- 3개
피카츄 스티커세트 , 손펌프
가위 , 풍선스틱

 만드는방법

350 풍선을 20cm 남겨놓고 공기를 넣고 묶어준다.
① 3cm 방울 겹꼬기 – ② 10cm 방울 – ③④ 3cm 방울 겹꼬기 – ⑤
10cm 방울 만들어 3cm 방울 겹꼬기에 두바퀴 돌려준다.
⑥ 10cm 방울을 2개 더 만든다. (10cm 방울 4개)
⑦⑧ 7cm 방울 두개(바지)를 만든 뒤 3cm 겹꼬기에 2바퀴 돌려준다.
⑨ 남아있는 풍선을 공기를 뺀 뒤 반대편 3cm 겹꼬기에 2바퀴 돌려 고
정한다.
⑩ 260 풍선을 10cm 방울 2개 만들어 놓는다.

귀 만들기:
⑫ ※귀를 달아줄 때 팁
귀와 귀 사이에 남아있는 풍선으로 한 줄을 연결하고 그 줄에 귀를 한 개
씩 묶어주면 된다.
⑬ 스티커붙이기: 눈-코-입-볼-귀 순서대로 붙인다.

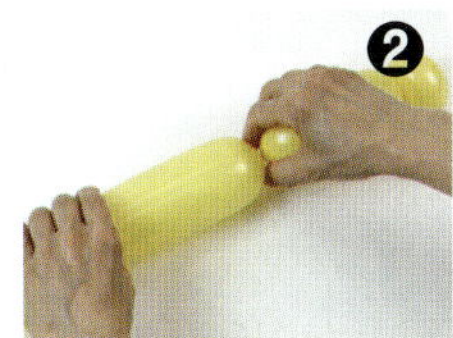
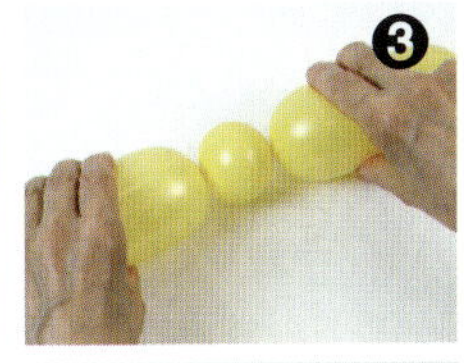

 생각해보기

◎ 피카츄의 힘은 어디에서 나올까요?

◎ 피카츄 만들 때 사용한 풍선 종류?

3. 마이멜로디

 **준비할 재료**

350 흰색풍선- 1개, 260 핑크풍선- 2개+흰색1개
마이멜로디 스티커세트, 꽃 악세서리
유글루, 손펌프, 가위, 풍선스틱

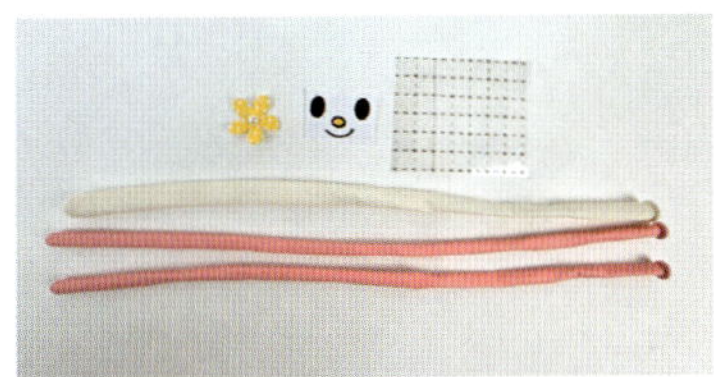

 **만드는방법**

① 흰색 350풍선을 20cm 남겨놓고 공기를 넣고 묶어준다.
②③ 3cm 방울 겹꼬기–
④ 10cm 방울 –
⑤ 3cm 방울 겹꼬기 –
⑥ 10cm 방울 만들어 3cm 방울 겹꼬기에 두 바퀴 돌려준 뒤
⑦ 10cm 방울을 2개 더 만든다. (10cm 방울 4개)
⑧ 7cm 방울 두 개(다리)를 만든 뒤 3cm 겹꼬기(귀)에 2바퀴 돌려준다.
⑨ 260 핑크색 풍선을 40cm~50cm 공기를 넣고
⑩⑪ 260 핑크 풍선 주입구를 350 흰색 귀에 고정 후
⑫ 사진과 같이 풍선 10cm 방울을 감싸듯이 귀를 이용해 두 개의 10cm

방울과 ⑬⑭⑭⑮⑮ 얇게 7cm 두방울을 만든다. (모자 연출)
남아있는 풍선을 공기를 뺀 뒤 반대편 3cm 겹꼬기에 2바퀴 돌려 고정
한다.
⑰ 꽃 악세사리를 풍선 귀에 유글루로 붙인다.
⑱ 귀 만들기 : 260 풍선을 10cm 공기를 넣은 후 묶어준다.
⑲⑳ 260 풍선을 10cm 방울 튜울립꼬기해준다.
㉑㉒㉓ 만들어놓은 귀 두개를 한 줄로 연결한 풍선 줄에 한 개씩 묶어
준다.
㉔ 스티커 붙이기 : 눈-코-입- 순서대로 붙이고,

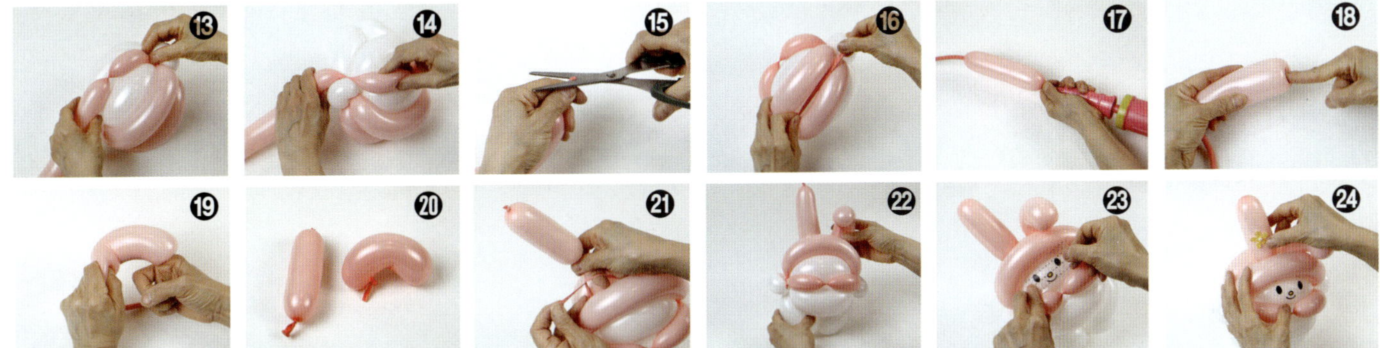

 **생각해보기**

◎ 마이멜로디는 왜 항상 다정할까요?

◎ 마이멜로디 만들 때 사용한 풍선 종류?

4. 푸차코

 **준비할 재료**

350 흰색풍선- 1개, 빨강풍선-1개
260 검정- 1개 (귀), 푸차코 스티커세트
손펌프, 가위, 풍선스틱

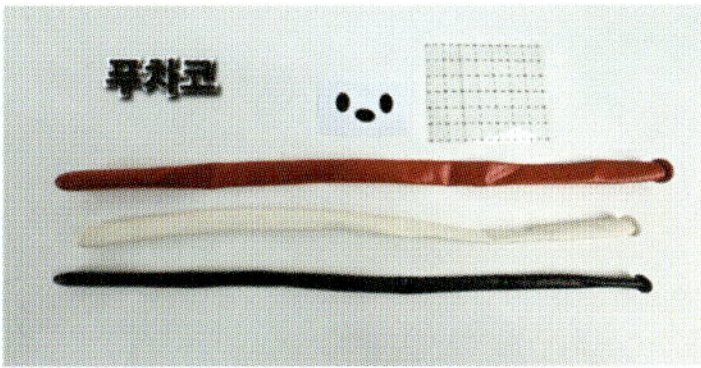

 **만드는방법**

몸통만들기

머리만들기:검정풍선(앞머리/뒷머리/ 몸통)

① 350 흰색풍선을 20cm 남기고 공기를 넣고 묶어준다.

② 350 빨강풍선 20cm만 불어준다.

③ 350 흰색풍선과 빨강풍선 함께 묶어준다.

④⑤ 350 흰색풍선으로 3cm 방울 겹꼬기 12cm 방울 을 만든 뒤 3cm 방울 겹꼬기

⑥ 12cm 풍선을 3cm 겹꼬기에 걸어서 2바퀴 돌려준다. (얼굴)

⑨⑩ 350 빨강풍선 12cm 방울 만들어서 귀에 한바퀴 돌려주고 빨강 풍선 12cm 방울 1개를 더 만들어 반대쪽 귀에 한바퀴 돌려준다. (옷)

⑪ 남아있는 흰색풍선으로 7cm 2개 만들면 바지가 된다.

⑫ 남아있는 풍선은 귀와 귀 사이에 한줄로 연결해준다.

⑬⑭⑮ 귀도 달아주고. 캐릭터 스티커로 꾸며준다.

귀만들기

검정 260 풍선을 12cm 방울-1개, 15cm 방울 –1개 각각 공기를 넣고 묶어준다. (2개)

※귀를 달아줄 때 팁

귀와 귀 사이에 남아있는 풍선으로 한 줄을 연결하고 그 줄에 귀를 묶어주면 된다.

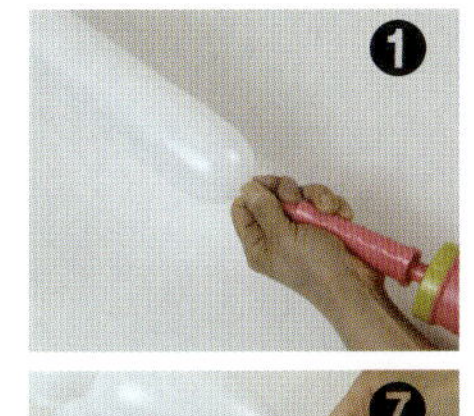    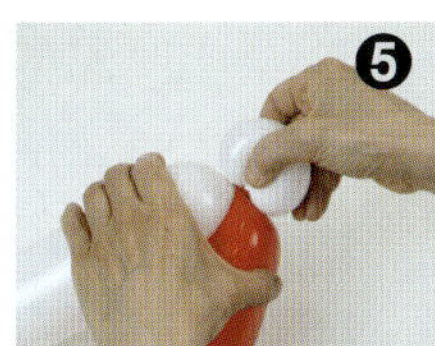 

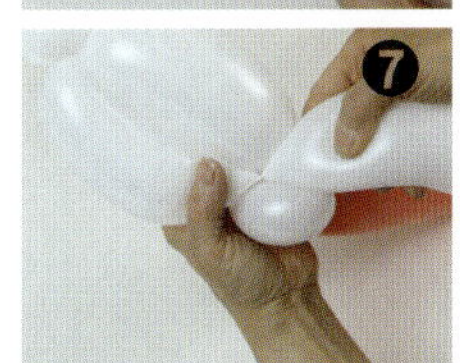     

 **생각해보기**

◎ 푸차코는 왜 늘 웃고 있을까요?

◎ 푸차코 입은 옷 색상과 풍선종류는?

5. 쿠르미

 **준비할 재료**

350풍선(흰색)- 1개, (검정)- 1개
160풍선(검정)- 1개, 160풍 핑크
스티커세트(쿠르미), 손펌프, 가위, 풍선스틱
유글루&글루건&스티키닷&양면테이프

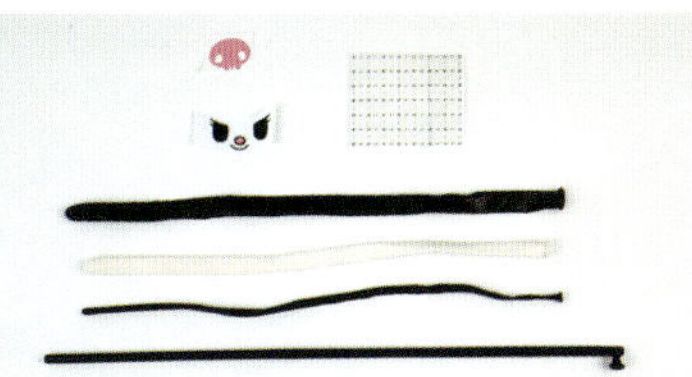

 **만드는방법**

얼굴만들기:흰색풍선(얼굴/귀)

① 350 흰색풍선을 20cm 공기를 넣고 묶어준다.
②③ 3cm 방울 겹꼬기 – 10cm 방울 – 3cm 방울 겹꼬기
(얼굴: 3겹꼬기-10cm 방울-3겹꼬기)

머리만들기:검정풍선

④⑤ 350 검정풍선을 20cm 남기고 공기를 넣고 묶어준다.
⑥ 3cm 귀에 350 검정풍선을 고정한 후에 – 10cm 방울 만들어 3cm 방울 겹꼬기에 두바퀴 돌려준다.
⑦⑧ 10cm 방울 2개 더 만든다 (방울을 조금 얇게 머리 위쪽 검정 모자 연출)

몸통만들기:검정풍선(옷-검정 양복 색상)

⑨ 뒷머리까지 만든 나머지 풍선으로 10cm 방울-귀에 고정-10cm 방울-3cm 겹꼬기(귀에 고정하면 몸통이 만들어진다)
⑩⑪ 7cm 두방울 꼬기 한 뒤 3cm 겹꼬기(귀)에 고정해주면 바지가 만들어진다.
(몸통, 바지: 10cm 방울-10cm 방울-7cm 두방울꼬기)

⑫⑬ 조각 풍선이 남은면 귀와 귀 사이에 남아있는 풍선으로 한 줄을 연결하고
그 줄에 귀를 묶어주면 된다.

뿔모자 만들기

⑭⑮⑯⑰ 검정 160 풍선을불어준다.
⑱ 10cm 방울- 1개, 3cm 방울 –1개(겹꼬기) 10cm 방울- 1개 묶어준다.
(뿔모자 2개)

블랙 망토레이스

⑲⑳㉑ 검정 160 풍선 20cm 얼굴 귀에 두 바퀴 돌려주고 160 풍선 늘린 10cm
두방울을 만들어 반대쪽 귀에 두 바퀴 돌려준다. ㉒ 포인트 핑크 방울 묶어주기

꾸미기:

㉓㉔㉕ 눈,입, 스티커붙이기

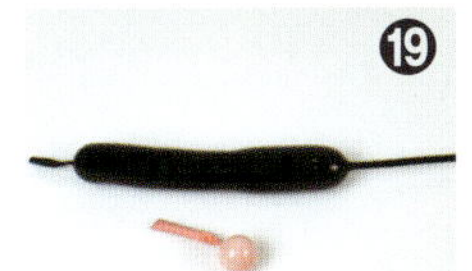

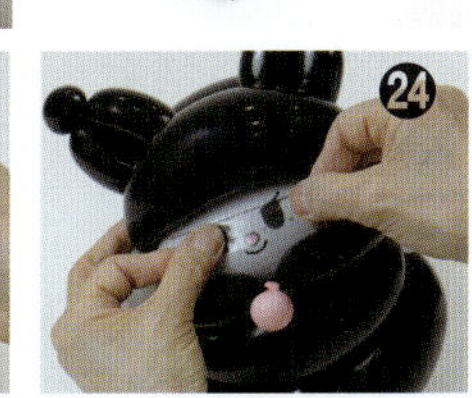

 **생각해보기**

◎ 쿠르미는 장난꾸러기일까요? 솔직한 아이일까요?

◎ 쿠르미 만들 때 옷 색상과 풍선종류는?

6. 남자아이

 **준비할 재료**

350풍선(흰색)- 1개, (검정)- 1개
스티커세트(눈, 입, 넥타이, 카라), 학사모(미니)
손펌프, 가위, 풍선스틱, 유글루＆글루건
스티키닷＆양면테이프

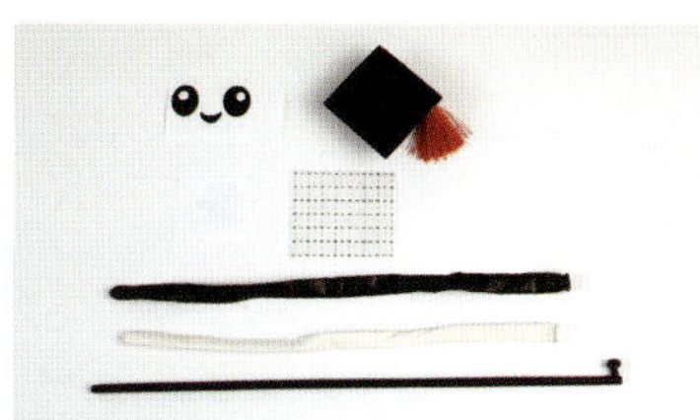

 **만드는방법**

얼굴만들기:흰색풍선(얼굴/귀)
① 350 흰색풍선을 20cm 공기를 넣고 묶어준다.
②③ 3cm 방울 겹꼬기 – 10cm 방울 – 3cm 방울 겹꼬기 – 10cm 방울 만들어 3cm 방울겹꼬기에 두바퀴 돌려준다. (얼굴 : 3겹꼬기-10cm 방울-10cm 방울-3겹꼬기)

머리만들기 : 검정풍선(앞머리/뒷머리)
④⑤ 350 검정풍선을 20cm 공기를 넣고 묶어준다.
⑥⑦⑧⑨ 2cm 방울 8cm 방울 을 만든 뒤 3cm 겹꼬기에 2바퀴 돌려준다. (앞머리 2:8) 남아있는 풍선 안에 공기를 밀어가며 뒷 머리를 10cm 방울(2개)-고정할 때마다 3cm 겹꼬기에 두바퀴 돌려준다. (머리:8:2방울–10cm 방울-10cm 방울)

몸통만들기 : 검정풍선(옷-검정 양복 색상)
⑩ 뒷머리까지 만든 나머지 풍선으로 10cm 방울-귀에 고정-10cm 방울-3cm 겹꼬기(귀에 고정하면 몸통이 만들어진다.
⑪ 7cm 두방울 꼬기 한 뒤 3cm 겹꼬기(귀)에 고정해주면 바지가 만들어진다.
(몸통, 바지: 10cm 방울-10cm 방울-7cm 두방울꼬기)
⑫⑬ **꾸미기** : 눈, 입, 넥타이, 양복카라, 스티커붙이기 / 학사모 붙여주기

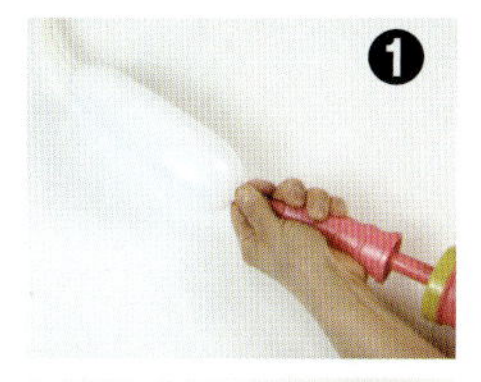

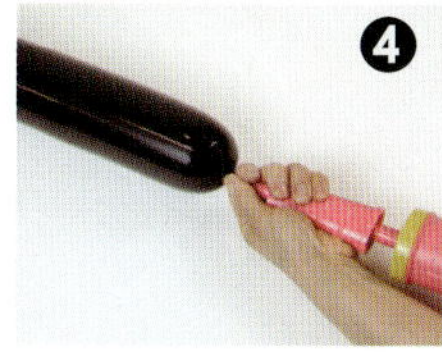

 **생각해보기**

◎ 이 아이는 지금 어떤 생각을 하고 있을까요?

◎ 축하 메시지 , 졸업축하 메시지 만들어보기

7. 여자아이

준비할 재료

350풍선(흰색) - 1개, (검정) - 1개, (로즈)- 1개
스티커세트(눈.입), 왕관(미니), 손펌프
가위, 풍선스틱, 레이스리본
유글루 & 스티키닷 & 양면테이프

만드는방법

얼굴만들기:흰색풍선(얼굴/귀)

① 350 흰색풍선을 20cm 공기를 넣고 묶어준다.

②③ 3cm 방울 겹꼬기 – 10cm 방울 – 3cm 방울 겹꼬기

머리만들기:검정풍선(앞머리/뒷머리)

④ 350 검정풍선을 20cm 공기를 넣고 묶어준다.

④⑤⑥ 350 검정풍선 – 10cm 방울 만들어 3cm 방울겹꼬기에 두바퀴 돌려준다. (10cm 방울 2개)

⑦ 7cm 방울 두 개를 만든 뒤

⑧ 3cm 겹꼬기(귀)에 2바퀴 돌려준다. (앞머리 7cm 방울 2개)

⑨⑩⑪남아있는 풍선을 공기를 밀어가며 10cm 방울-3cm 방울 3개-10cm 방울-3cm 방울 3개- 2cm

⑫⑬ 방울 5개 만들어 머리 위로 올린 후 3cm 겹꼬기(귀)에 2바퀴 돌려준다.

몸통만들기: 로즈풍선(옷-치마색상)

⑭ 350 로즈풍선을 20cm 공기를 넣고 묶어준다.

⑮ 3cm 겹꼬기(귀)에 두바퀴 감아준다.

⑯⑰ 10cm 방울을 만들어 귀에 고정하고 10cm 방울 만들어 3cm 겹꼬기(귀)에 고정하고 7cm 방울 2개 만들어 3cm 겹꼬기(귀)에 고정하면 다리가 만들어진다. (10cm-10cm-7cm 두방울)

⑱ 눈 스티커 붙이기 / 왕관 붙여주기

치마 꾸며주기 :

⑲ 레이스 이용해 주름을 잡아가며 풍선 사이로 살짝 밀어 끼워준다.

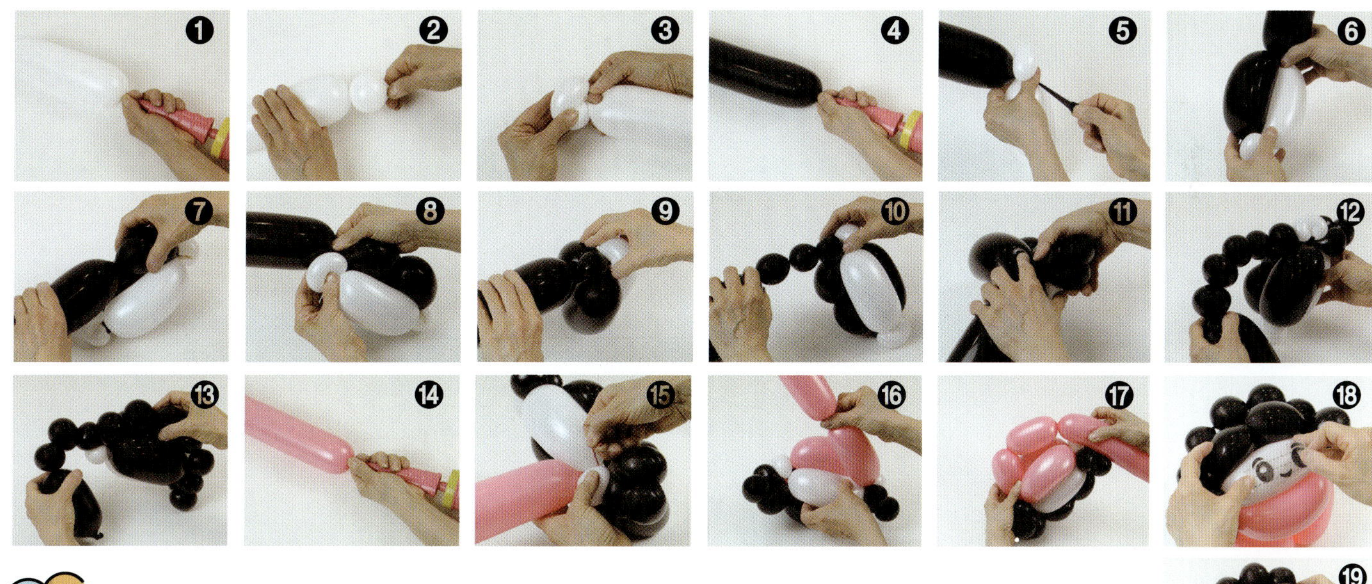

생각해보기

◎ 나의 꿈을 색으로 표현한다면 어떤 색일까요?

◎ 여자아이 치마 색상 골라서 꾸며보기

8. 라부부

준비할 재료

350 & 360 풍선 핑크 - 1개
350 & 360풍선 카라멜브라운 - 1개
260 풍선 카라멜브라운- 2개 / 흰색 -1개
라부부 케릭터 스티커세트, 손펌프 / 가위 / 풍선스틱

만드는방법

■몸통만들기:

① 350 브라운 풍선을 20cm 공기를 넣고 묶어준다. ②③④⑤ 3cm 방울 겹꼬기
– 10cm 방울 – 3cm 방울 겹꼬기 ⑥⑦⑧⑨⑩ 10cm 방울을 만들어 3cm 방울 겹
꼬기에 고정하고 10cm 방울 만들어 3cm 겹꼬기(손)에 고정하고 7cm 방울 2개 만
들어 3cm 겹꼬기(손)에 고정하면 몸통, 다리가 만들어진다. (10cm-10cm-7cm 두
방울)

■얼굴만들기: 260브라운 + 350 핑크 (얼굴/귀)

⑪ 260브라운 풍선을 20cm 남기고 공기를 넣고 묶어준다. ⑫ 3cm겹꼬기 10cm
방울 3cm 겹꼬기한다. ⑬⑭⑮⑯ 260브라운 풍선에 350 핑크풍선 10cm를 연결
260 브라운 풍선을 사진과 같이 10cm 방울을 하나 더 만들어 귀에 한 바퀴 돌려
준다. ⑰⑱⑲ 2cm 방울-3cm 겹꼬기-2cm 방울-3cm 겹꼬기-2cm 방울 만든 뒤 귀
에 한바퀴 돌려준다.

■얼굴 동그란 모자 형태 만들기

⑳ 같은 260 브라운풍선으로 귀 있는 부분부터 풍선에 있는 공기를 밀어내며 꼬아
준다.(※중요한 포인트) ㉑㉒㉓ 가운데를 중심으로 한 바퀴 돌려 시작한 부분까
지 한 바퀴 돌려준다. ㉔ 라부부 얼굴 완성 / ㉕ 라부부 머리 뒷모습 / ㉖ 라부부 귀

■라부부 귀만들기

㉗㉘㉙ 흰색풍선 8cm 두방울꼬기로 만들고 묶어준다. (2개) ㉚㉛ 브라운 10cm
방울 작은고리 만들어 묶어준다. ㉜ 흰색풍선은 안에 브라운 풍선은 밖에 끼워준
다 ㉝ 얼굴과 몸, 귀가 만들어졌으면 합체한다.
㉞㉟ 몸통 다리부분에 조각 풍선으로 한번 묶어주고 ㊱㊲ 빼준 조각풍선을 몸통
▶ 얼굴▶ 귀▶ 겹꼬기에서 고정해준다.㊳ 얼굴과 몸통이 합체되면 겹꼬기 한 부
분에 만들어 놓은 귀를 한바퀴씩 돌려 고정한다. ㊴ 앞모습 / ㊵ 뒷모습 ㊶㊷ 보조
시트지를 이용해 캐릭터 눈 스티커붙이기

생각해보기

◎ 나만 아는 비밀 친구가 있다면 어떤 친구일까요?

◎ 라부부가 가장 까다로운 기법입니다. 가장 어려운 부분 연습하기

2 장

기법을 완성하는 풍선아트

9.
인기 캐릭터
풍선만들기 2

1. 260 캡틴칼

 **준비할 재료**

260 레드 1개 , 블루 1개

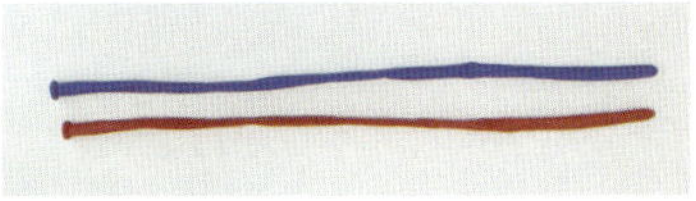

 **만드는방법**

①② 260 레드 요술풍선을 7cm 남기고 불어준다.
③④ 풍선주입구를 손가락으로 눌러 튜울립 꼬기를 해 준다.
⑤ 10cm 방울을 만들어 잠그기 해 준다.
⑥⑦ 25cm 방울 2개를 만들어 잠그기 해 준다.
⑧ 15cm, 10cm로 나눈다.
⑨⑩⑪ 15cm, 10cm 가운데를 눌러서 잠그기 해 준다.

칼날
⑬⑭⑮ 260 블루 요술풍선을 3cm 남기고 불어준다.
⑯⑰⑱⑲ 반를 나눠서 새끼를 꼬듯이 두 개의 풍선을 3cm만 남기고 서로 꼬아준다.
⑳㉑ 3cm남긴 풍선을 손잡이 가운데어 넣어서 잠그기 해 준다.

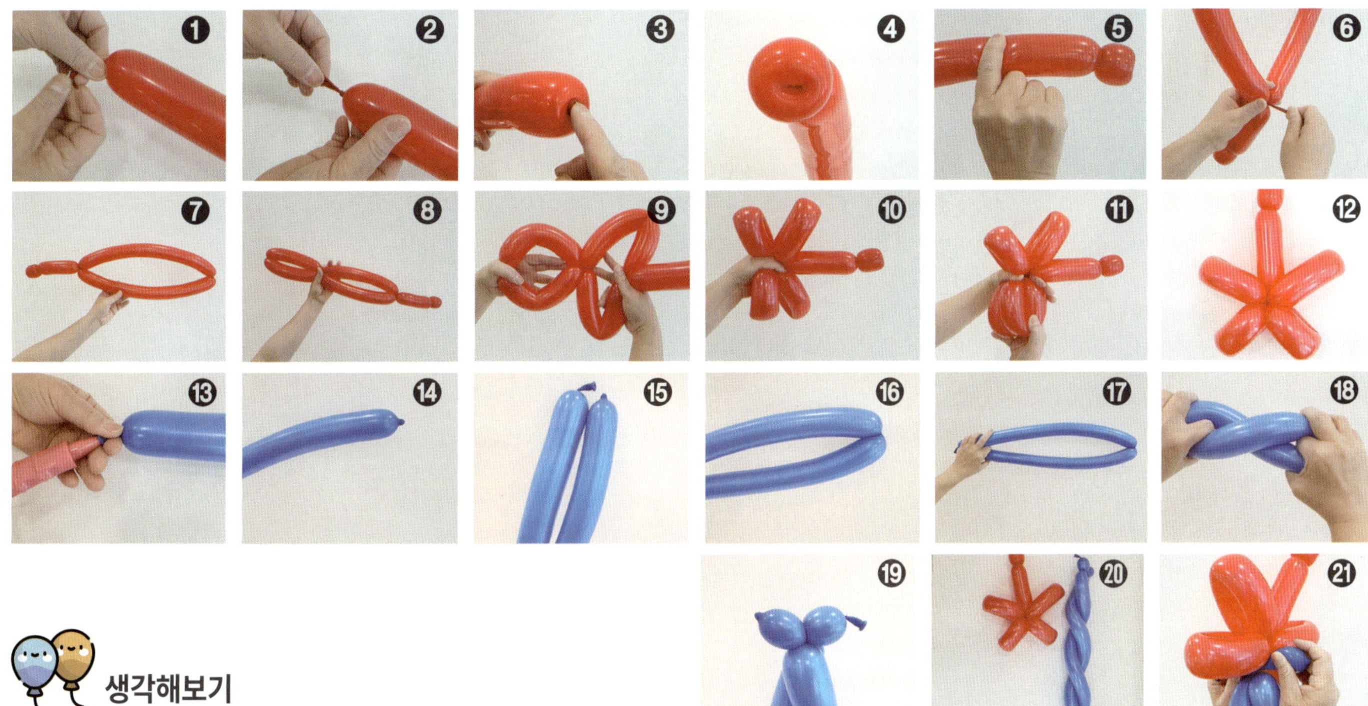

생각해보기

◎ 이 칼은 싸우기 위한 칼일까요? 지키기 위한 칼일까요?

◎ 캡틴 칼에 어울리는 색상은?

2. 캡틴스타방패

준비할 재료

260 레드 2개 , 화이트 1개, 블루1개
13cm 펄사파이어 블루 / 별스티커

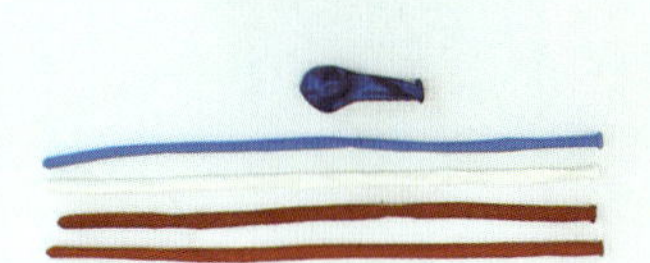

만드는방법

①②③ 13cm 지름에 맞추어 260 레드풍선 20cm, 화이트풍선 30cm, 레드풍선 45cm 불어놓는다.
④⑤⑥⑦⑧ 260레드 요술풍선을 5cm(3마디)방울꼬기 한 것을 겹꼬기 – 2개
⑨ 5인치 라운드(블루)풍선을 주먹크기(3.5~4인치)불어준 것을 1번 겹꼬기 사이에 연결시킨다.
⑩⑪⑫ 레드 요술풍선을 라운드풍선 테두리를 둘러 잠그기해준다.
⑬⑭⑮260 화이트 요술풍선을 1번과 동일하게 만든후 2번 꼬기 위부분에 끼워 테두리 두르고 원형으로 만들어 준후 잠그기 해준다.
⑯ 260레드 요술풍선을 1번과 동일하게 만든후 3번 겹꼬기 부분에 연결

시켜 테두리 두르고 원형으로 만들어 잠그기 해주고 각각의 테두리 두른 안쪽으로 연결된 부분에 양면테이프로 고정시켜준다.
⑰⑱⑲ 요술풍선 하나를 겹꼬기 끝부분 첫 번째에 끼워 작은 고리 꼬기를 만들어 주고 안쪽에 겹꼬기 부분에 한번더 좀더 큰 고리 꼬기를 만들어 잠그기하여 완성시킨다. (손잡이)
⑳ 완성된 방패 정중앙 부분에 별모양의 스티커를 붙여 마무리 해준다.

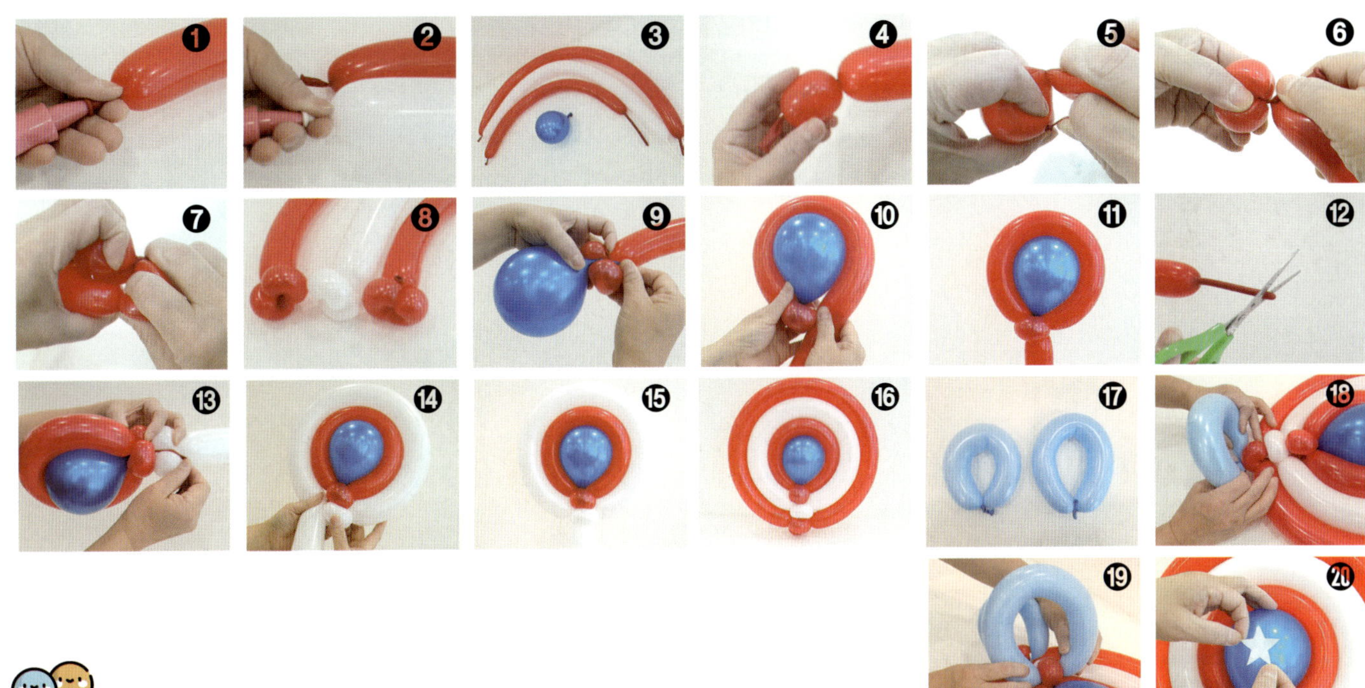

생각해보기

◎ 이 방패는 무엇을 지켜주는 방패일까요?

◎ 나를 위한 방패를 만들어보아요-

3. 추억의 게임 삼총사 (○△□)

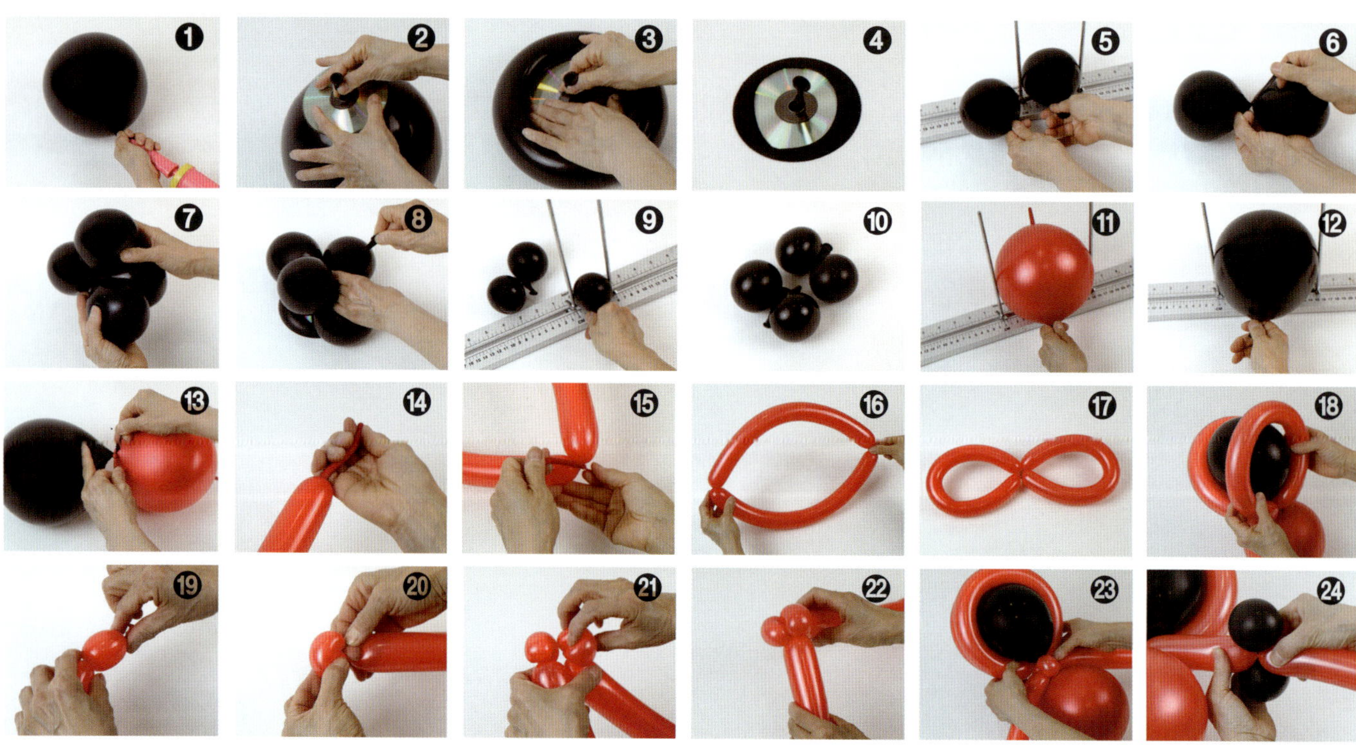

준비할 재료

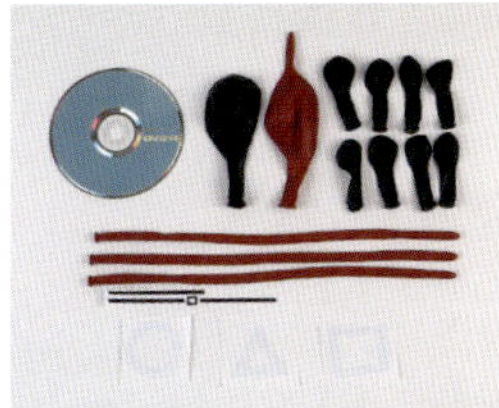

30cm 검정 풍선- 1개, 30cm 빨강 꼭지 풍선- 1개,
13cm 검정풍선-8개 260
빨강풍선-3개 CD-1개
캐릭터 스티커

만드는방법

■CD 받침대만들기

①②③④ 검정 30cm 풍선을 30cm 공기를 넣고 묶지 않은 주입구를
CD구멍에 넣고 풍선안의 공기를 눌러가며 CD를 감싸 압축 시킨다.
2.13cm 검정풍선을 9cm(3.5") 4개 - 손

■신발 만들기

⑤⑥⑦⑧ 13cm 검정풍선을 9cm(3.5") 불어놓고 두 개씩 묶어준 뒤 4
클러스터 해둔다. CD를 감싼 주입구를 이용해 4개의 검정풍선을 2~3바
퀴 돌려주면 지지대가 만들어진다.

■손 만들기

⑨⑩ 13cm 검정풍선을 6cm(2.5") 풍선 (4개)

■얼굴 / 모자 만들기

⑪ 몸통 : 빨강 30cm 꼭지풍선을 14~15cm 공기를 넣고 주입구를 묶
어준다.
⑫ 검정 30cm 풍선을 14cm~15cm 공기를 넣고 주입구를 묶어준다.
⑬ 얼굴과 몸체를 묶어준다.
⑭⑮⑯⑰ 260 빨강풍선을 5cm 남기고 주입구와 함께 묶어준다. 두 방
울을 만들어 2~3바퀴 돌린 후 서로 교차해주면 풀리지 않는다.
⑱ 합체 : 검정풍선 주입구와 두 방울을 만든 260 풍선 주입구를 함께 끼
워 묶어준다.

■팔 만들기:

⑲⑳ 260풍선 묶어준 주입구 – 4cm 방울 겹꼬기 1개(고정시키는 역할)
- 12cm~ 방울 – 12cm~ 방울을 만들어 준다.(2개)
㉑㉒㉓ 빨강색 260 풍선 4cm겹꼬기 2개를 같이 꼬아놓는다. 얼굴과 몸
통 합체- 고정시켜준다
㉔ 12cm 방울- 13cm 검정풍선으로(6cm-2.5"두 방울) – 12cm 방울 만
들어 놓은 ⑩2개를 끼워준다.

■얼굴, 몸통 합체하기 :

㉕㉖㉗㉘ 만들어 놓은 발판 CD 주입구에 (빨강 260)을 2~3바퀴 돌려
고정시켜준다.
㉙㉚ 스티커붙이기 : 얼굴(○△□) / 바클 외

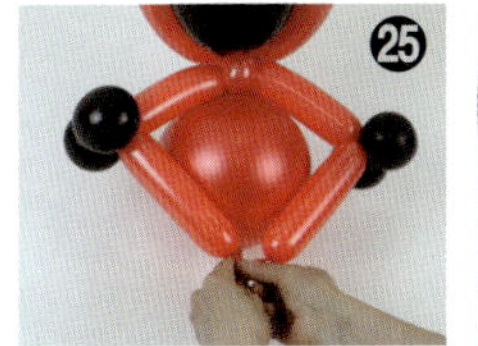

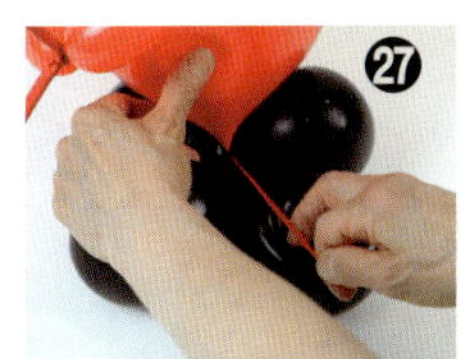

생각해보기

◎ ○ △ □ 중 내가 되고 싶은 모양 고르기

◎ "추억의 게임 시리즈" 무엇이 있을까요? 예: 달고나, 딱지, 뽑기,

◎ 혼자하는 게임과 함께하는 게임, 무엇이 더 재미있을까요?

◎ 지금 친구들이 10년 뒤에 떠올릴 놀이는 무엇이 있을까요?

4. 포켓몬스터 볼 풍선

4. 포켓몬스터 볼 풍선

준비할 재료

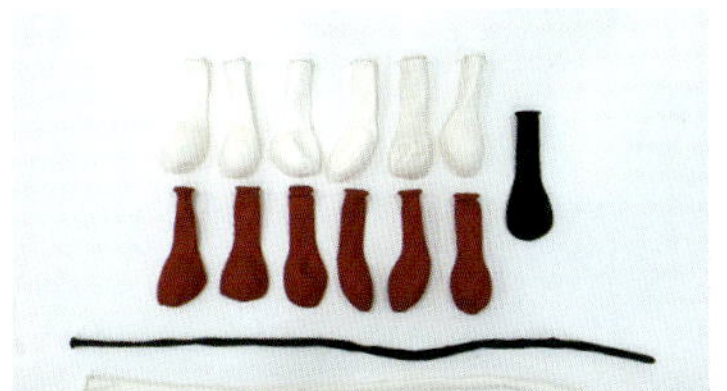

13cm 흰색풍선-7개, 빨강풍선-6개
13cm 검정풍선-1개
160 검정풍선 –1개

만드는방법

① 13cm 검정풍선을 9cm(3.5") 풍선과 13cm 흰색풍선을 6cm(2.5") 풍선을 불어놓는다.
②③④ 검정풍선 주입구와 흰색풍선 주입구를 같이 묶어준 뒤 검지 손가락을 이용해 애플링크 기법으로 260풍선으로 묶어준다.
⑤⑥ 13cm 빨강풍선 6개 흰색풍선 6개를 10cm씩 공기를 넣은 후 두 개씩 묶어준다. (흰색풍선 2개씩 ▶3개 흰색풍선 2개씩 ▶3개)
⑦⑧⑨⑩⑪⑫ 퍼브볼 기법으로 2개씩 가운데를 중심으로 돌려준다.
⑬⑭ 160 검정풍선에 공기를 넣을 때 풍선볼 둘레길이 만큼 공기를 주입하고 묶어준다.
⑮⑯ 애플기법으로 만들어 놓은 단추 모양의 풍선을 ⑭에 묶어준 뒤 볼에 2~3바퀴 돌려준다.

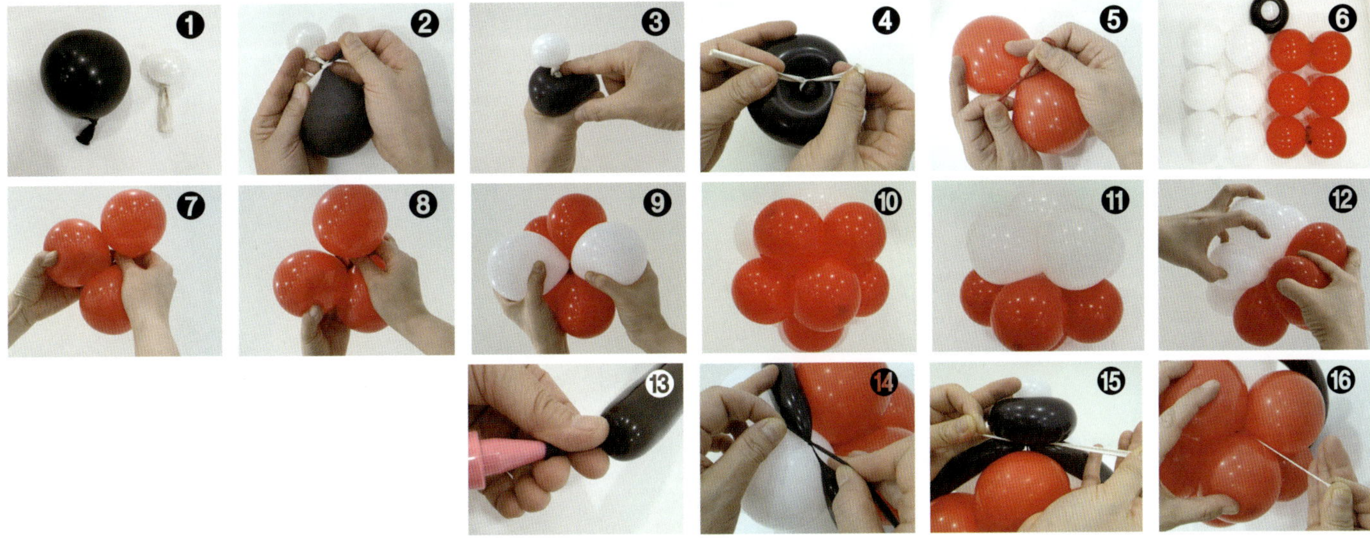

생각해보기

◎ 이 볼 안에는 어떤 친구가 들어있을까요?

◎ 퍼프볼을 만드려면 풍선 개수가?

5. 260 포켓몬스터 팔찌

준비할 재료

260 흰색풍선-1개, 빨강풍선-1개
흰색풍선-1개, 블루풍선-1개
260 검정풍선 – 2개

만드는방법

① 빨강색 풍선과 흰색 풍선을 10cm 남기고 묶어준다.
② 2개의 풍선주입구를 묶어준다.
③④⑤⑥ 260 빨강색 풍선 10cm 접어꼬기 4개 만들어 주고
⑦⑧⑨ 색풍선도 같은 방법으로 10cm 접어꼬기 4개를 만들어 준다.
⑩⑪⑫⑬ 남아있는 260 풍선으로 7cm겹꼬기 1개 위에는 4cm겹꼬기 2개를 만든다.
⑭⑮ 260 검정색 풍선에 살짝 공기만 넣고 묶어준다.
⑯ 사이즈별로 3개 만들어 놓기(긴 고리-볼에 끼우기, 중간고리-팔찌용, 작은 고리-가운데)
⑰⑱⑲ 포켓몬스터 볼에 끼워준다.

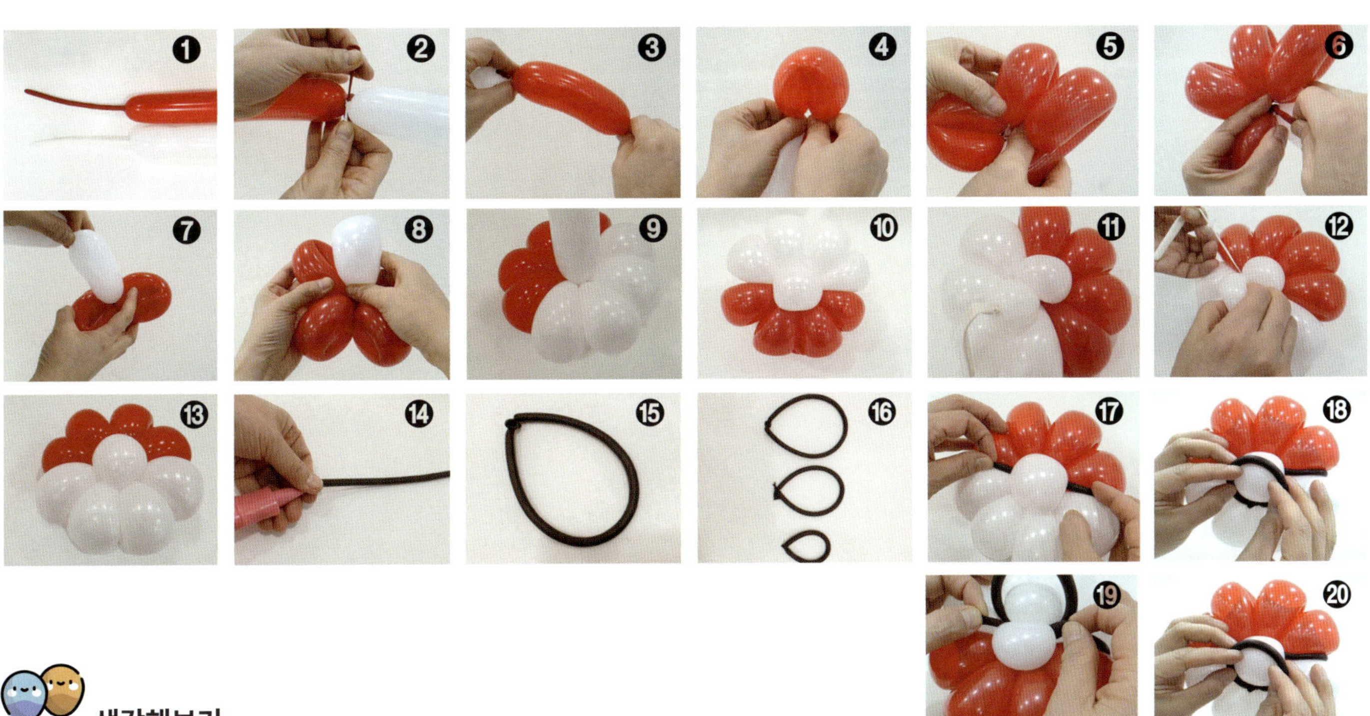

생각해보기

Balloon Art Master

10.
꽃으로 말하는 풍선 꽃 이야기 (고급)

1. 라벤더 꽃 다발

10. 꽃으로 말하는 풍선 꽃 이야기 (고급)

준비할 재료

260 라일락 & 라벤더 1개
260 그린 1개

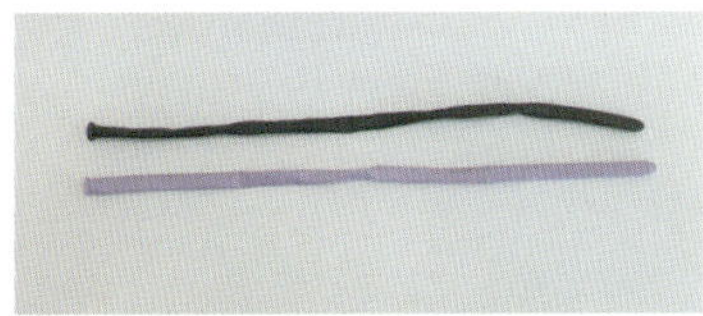

만드는방법

① 260 라벤더 요술풍선 15cm 남기고 풍선을 공기를 넣어준다.
②③ 3cm 방울 1개 만들어서 겹꼬기 해 준다.
④ 3cm 방울 2개 만들어서 겹꼬기 해 준다.
⑤ 3cm 방울 1개 4cm 방울 2개 겹꼬기 해 주고, 3cm 방울 1개 5cm 방울 2개 겹꼬기 해 주고, 3cm 방울 1개 7cm 방울 2개 겹꼬기 해 준다.
⑥ 3cm 방울을 만들어 묶어준다. (큰 라벤더 꽃을 만드려면 방울을 조금식 크게 만들면 된다.)

▶꽃대만들기

⑦ 260 그린풍선 으로 7cm 방울 접어꼬기 3개 만들어 주면 잎사귀가 만들어진다.
⑧⑨ 라벤더 꽃을 꽃대에 합체해 준다.

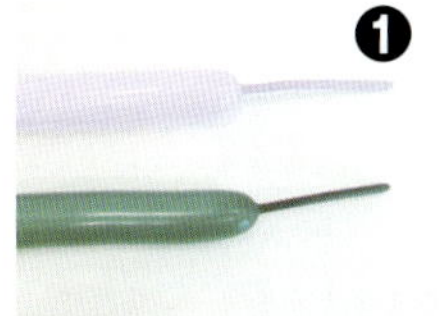
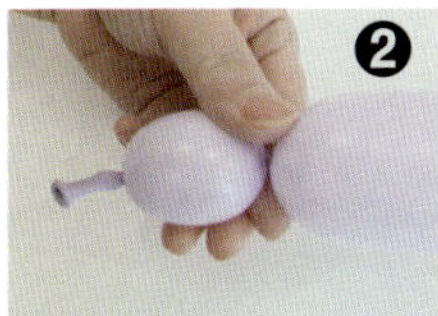
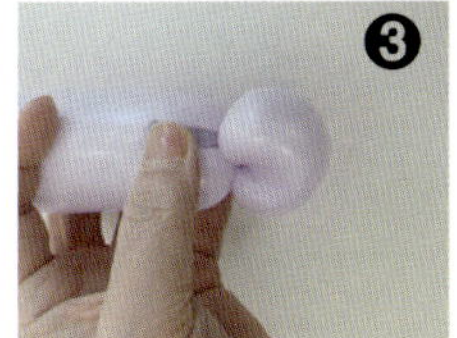
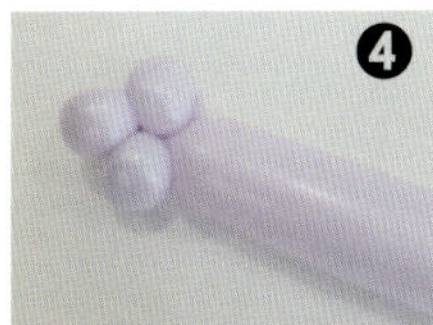
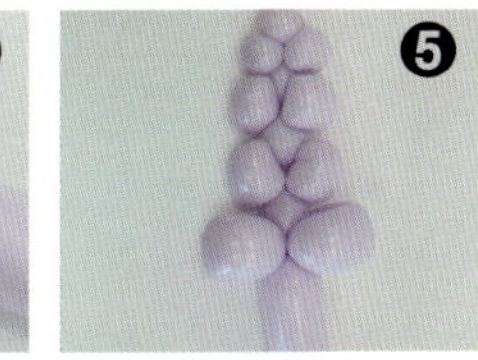
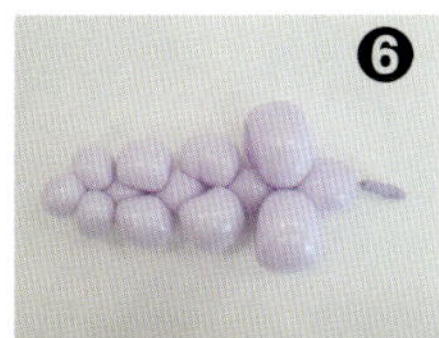

생각해보기

◎ 라벤더 향을 맡으면 어떤 기분이 들까요?

◎ 꽃 만들 때 사용한 풍선 기법 두가지?

2. 라벤더 호접란

 **준비할 재료**

160퍼플, 160라벤더, 160 그린

 **만드는방법**

①② 160퍼플 10cm 남기고 풍선에 공기를 넣어준다.
③④ 손가락을 이용해서 튜울립 꼬기를 해 준다.
⑤⑥ 10cm 방울 2개를 만들어 잠 그기 해 준다.
⑦⑧ 10cm 방울 1개를 만들어 3번 풍선 사이에 넣어준다.
⑨⑩⑪⑫⑬ 7cm 방울을 만들어 튜울립 꼬기에 접어 꼬기 해 준다. (3개)
160라벤더 20cm 남기고 풍선에 공기를 넣어 ⑫번에 연결해 준다.
⑭⑮⑯⑰⑱⑲⑳ 접어꼬기 한 꽃 바깥쪽으로 돌려서 잠그기 해 준다. (3개 꽃잎)

▶**줄기 꽃받침**
㉑ 160 라임그린 10cm 남기고 풍선에 공기를 넣어준다.
㉒㉓㉔ 15cm 방울 3개를 만들어 접어꼬기 해 준다.
㉕㉖ 꽃잎을 꽃받침에 연결해 준다.

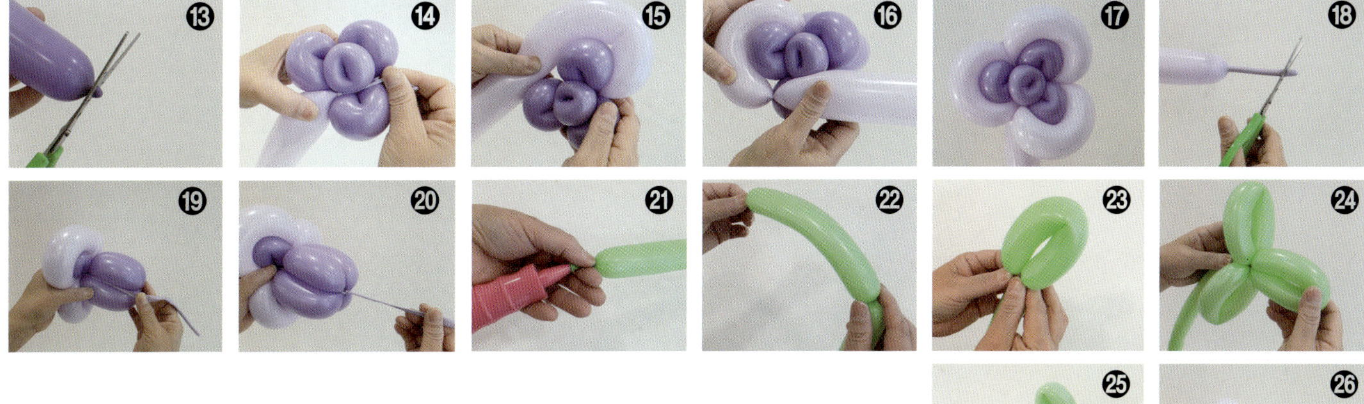

 **생각해보기**

◎ 호접란은 왜 나비처럼 보일까요?

◎ 꽃 만들 때 사용한 풍선 기법 두가지?

3. 은방울 꽃

 **준비할 재료**

13cm 화이트 풍선 3개 , 260 화이트- 3개
260엠버-2개, 라임그린 -2개

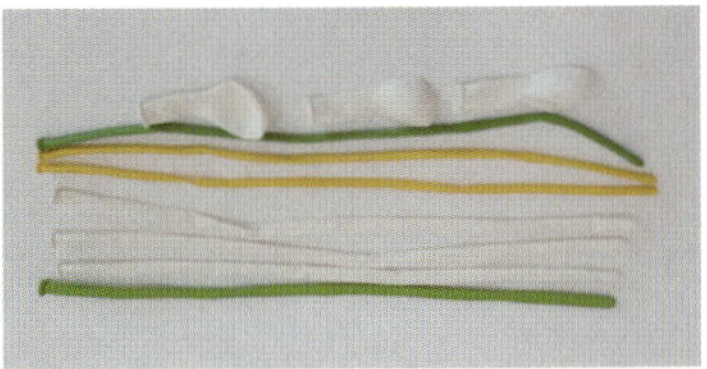

 **만드는방법**

① 수술을 만들기 : 풍선 2/1로 잘라서 공기를 4cm 넣고 오른쪽과 왼쪽에 공기가 들어가도록 만든다.
② 260 화이트풍선을 15cm 공기넣고 묶어준다.
③ 3cm 방울 8개 만들어서 묶어놓는다. X 3개
④ 수술과 꽃대를 사진과 같이 만들어 놓는다.
⑤⑥⑦ 13cm 풍선에 꽃 수술을 넣고 튜울립꼬기 기법으로 꽃대를 이용해 묶어준다.
⑧③만들어 놓은 8개방울을 꽃 수술과 함께 튜울립한 풍선에 유글루로 붙여준다.
⑨ 풍선 꽃 기둥에 은방울 꽃을 달아줄 수 있도록 겹꼬기 2개를 만들어 놓는다.
⑩ 만들어놓은 ⑥을 꽃 기둥에 겹꼬기 되어 있는 위치에 고정해 준다.

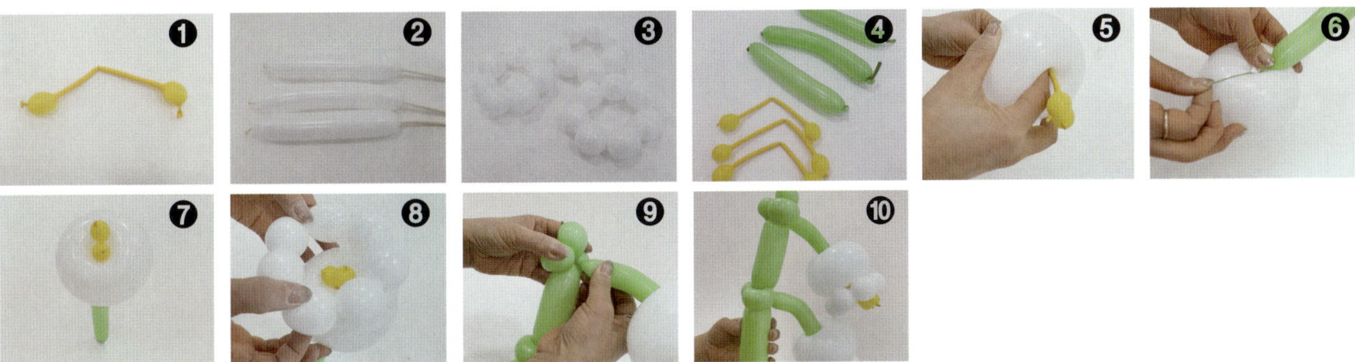

 **생각해보기**

◎은방울꽃의 꽃말은 "행복이 찾아온다"예요

◎은방울 꽃을 받으면 어떤 기분일까?

◎행복을 전해주고 싶은 사람은 누구일까?

4. 엠버 나리 꽃

 **준비할 재료**

260 엠버 , 옐로우 , 그린&라임그린

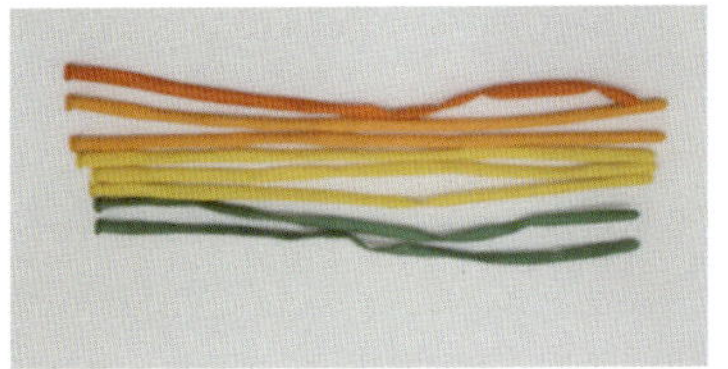

 **만드는방법**

①②③④⑤ 튤립꼬기를 한 후 겹꼬기를 적당한 크기가 나올 때까지 꽃씨를 만들어 놓는다.

⑥⑦⑧ 3cm 방울을 만든후 10cm, 3cm, 10cm 방울을 만들어 첫 번째 3cm 방울에 엮어준다.

⑨⑩⑪⑫ 같은 방법으로 6개 꽃잎을 만들어준다.

⑬ ⑫의 풍선 3cm 방울에 새로운 풍선을 엮은 후 3cm 방울, 13cm 방울방울을 만든다.

⑭ 3cm 방울을 만들어 미리 완성된 첫 번째 꽃잎 ⑫의 3cm 방울에 함께 엮어준 후 13cm 방울을 만들어 꽃잎을 만들어 간다.

⑮⑯⑰⑱⑲⑳ 같은 방법으로 하나가 되게 역으며 6개 잎의 꽃잎을 만들어준다.

㉑㉒ 꽃잎을 잘 정돈되게 앞 뒤 간격을 맞추어 자리를 잡아준다.

⑤ 미리 만들어 놓은 속씨를 ㉑ 풍선꽃 가운데 넣고 고정 시킨후 260 풍선 줄기를 만들어 주면 완성

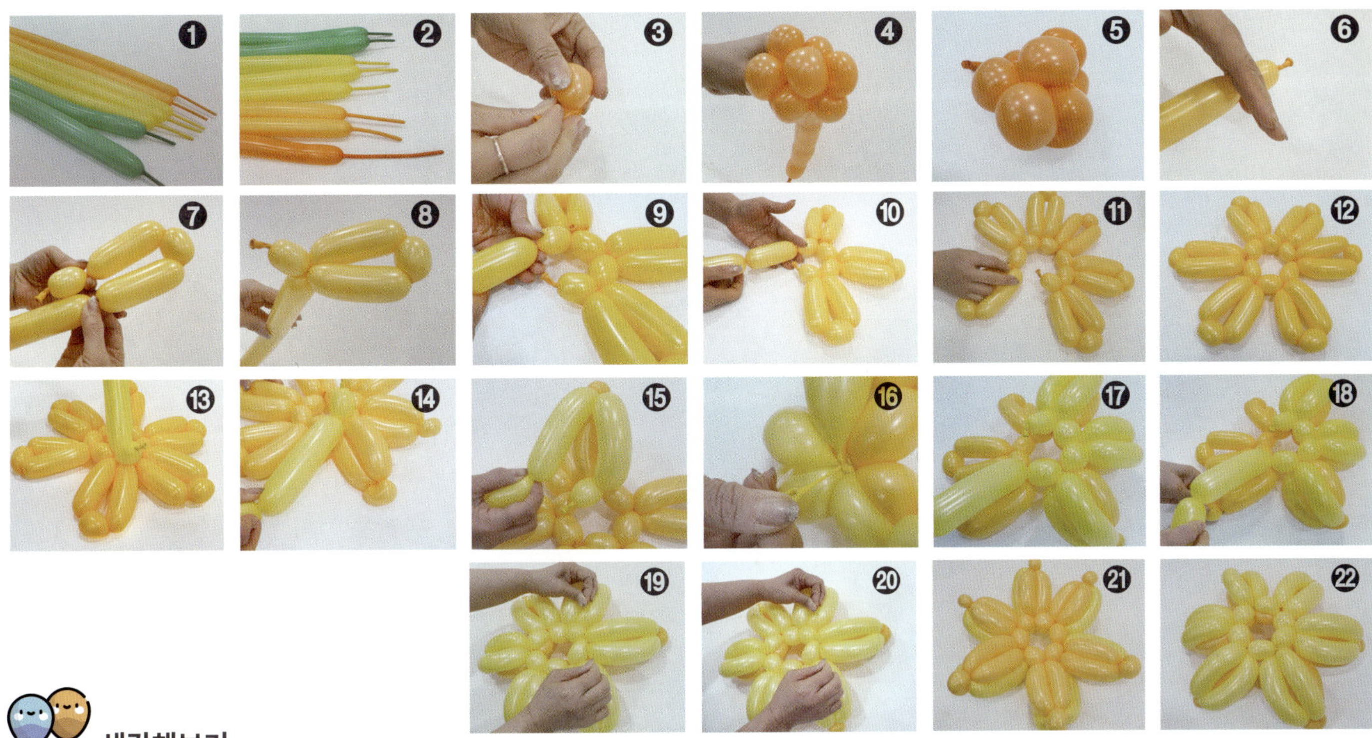

 **생각해보기**

◎ 나리 꽃은 왜 이렇게 당당하게 피어 있을까요?

◎ 꽃 만들 때 사용한 풍선 기법 두가지?

5. 퀸 핑크 빅 플라워

 준비할 재료

260 퀸핑크 , 라임그린, 그린

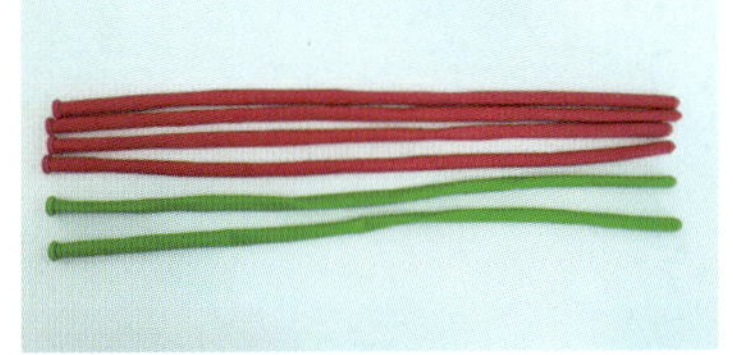

 만드는방법

①~③ 줄기 풍선과 꽃잎 풍선을 불어 놓는다.

④~⑦ 4개의 꽃잎 풍선을 이등분하여 엮어준다.

⑧~⑩ 8개의 꽃잎을 크기를 위 꽃잎보다 아래 꽃잎이 크게 이등분 하여 만들어 준다.

⑪ 속씨를 만들 풍선을 튤립 꼬기를 한다.

⑫~⑯ 3cm 방울 3개를 만든 후 엮어준다. 3번 반복하여 꽃씨를 만들

어 준다.

⑰~⑲ ⑯을 ⑩에 넣고 새로운 줄기 풍선과 엮어준다.

⑳ 3cm 방울 3개를 각각 겹꼬기 한 후 7cm 방울을 만든다.

㉑~㉔ 20cm 방울 접어꼬기 3개를 만들어 줄기 표현을 해주면 완성

 생각해보기

◎ 이 꽃은 왜 크게 피어 있을까요?

◎ 지금 만든 꽃의 색상은?

6. 수국부케

준비할 재료

260 퀸 핑크 –7개 / 260 파스텔 그린 – 7개

만드는방법

■수국 꽃 만들기
① 260 요술풍선 15cm 남기고 불기
②③④⑤⑥ 7cm 방울을 접어꼬기 6개의 꽃잎을 만들어준다. (총 7개)

■꽃대만들기 :
⑦⑧⑨ 260 요술풍선 3개를 일정한 길이로 불어주고 한개당 꽃잎 2개를 사진과 같이주입구 부분 작은 방울을 꼬아 꽃 가운데 끼워 봉우리를 만들어 주고 줄기 부분 10cm(5마디) 접고 10cm(5마디) 맞춰 나머지 꽃잎에 끼워 작은 방울 하나 만들어 꽃 봉리 완성 시킨다. (반복 3개) ⑩⑪ 260 요술풍선 하나 불어서 작은 방울을 꽃 가운데 끼워 봉우리 만들고 줄기 5cm(3마디)로 묶어준다. ⑫ 완성된 꽃대들 ⑬⑭⑮ ⑫사진과 같이 꽃들울 끼워준다. ⑯⑰ 260 요술풍선을 동일한 길이로 불어 큰 고

리를 만든다. (3개) ⑱ 3개의 요술풍선을 사진과 동일하게 반을 가르고 8자모양을 만들어준다. (3개) ⑲⑳㉑ 8자모양 3개를 가운데 연결시킨후 고리부분을 위아래로 엮어 연결시켜 부케 모양을 만들어준다. (빅 장미기법)
㉒ 수국 꽃을 담을 부케 받침 모습 ㉓㉔㉕ 불지않은 요술풍선으로 꽃사이 사이로 연결시켜 고정하여 준다. ㉖ 꽃모양 완성된 모습

■부케손잡이 : 요술풍선을 참외모양으로 만들어준다.
㉗㉘㉙ 사진과 같이 20cm 방울 4개를 만들어 부케 손잡이를 만든다.
㉚㉛ 30)~31) 완성된 꽃과 가운데 부케를 연결 시키고 부케 손잡이를 연결시킨다.

* 손잡이 부분에 예쁜 리본으로 꾸며주면 더 화사한 느낌이 난다.

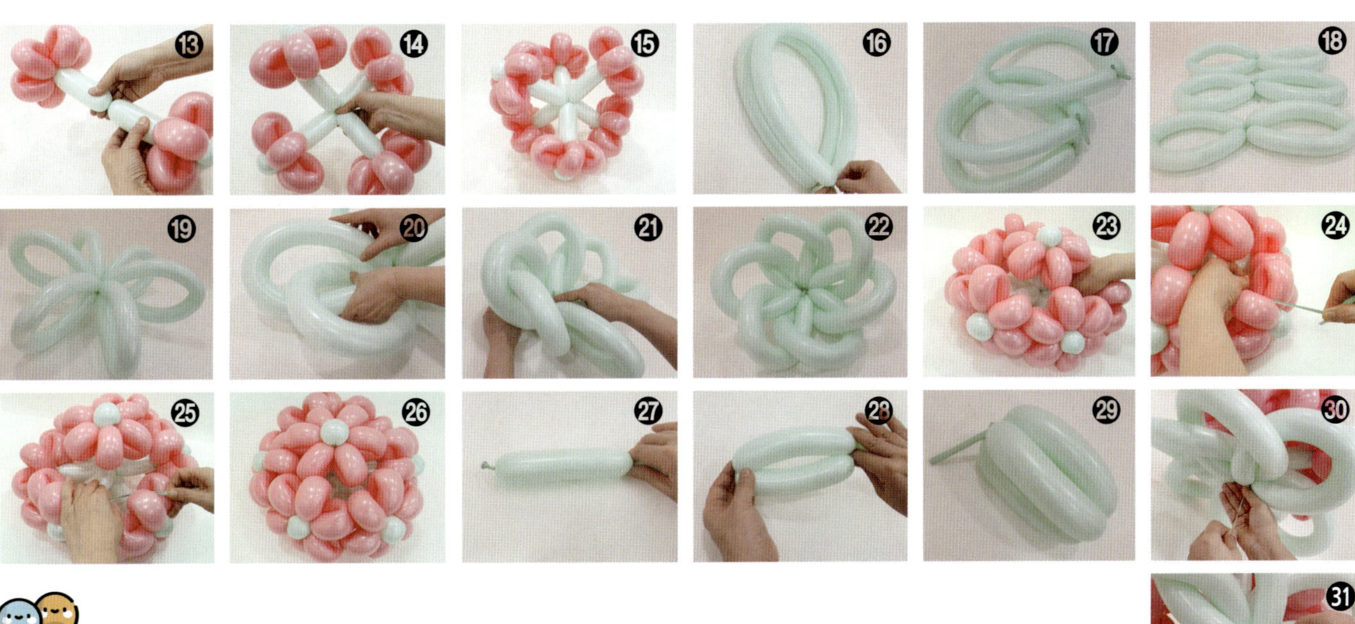

생각해보기

◎이 부케를 선물한다면 누구에게 주고 싶나요?

◎이 작품에서 가장 중요한 구조 포인트는 무엇인가요?

7. 260 빅 장미 한 송이

 준비할 재료

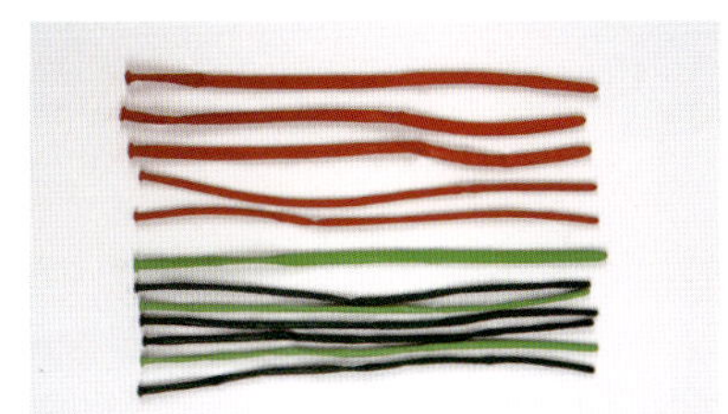

260 레드 3개
260 라임그린 1개
160 레드 2개
160 그린계열 6개

 만드는방법

①② 260 풍선을 1cm만 남기고 공기를 살짝 뺀 후 묶어 준 고리 풍선을 3개 만들어 놓는다. ③④⑤ 3개의 고리 풍선을 두 방울로 만들어 놓은 후 3개 모두 클러스터 해 놓는다. ⑥⑦⑧⑨⑩ 260 풍선 2개씩 나누어진 고리 6개 중 1개를 정해 아래(밑)로 뉘어준 뒤 사진과 같이 순서대로 끼워 마무리 해준다. (* 위에 풍선 잡은 손 위치가 내려주고 잡아주듯이 반복 해준다. (조금 헷갈리는 부분임) ⑪ 160 풍선을 3cm만 남기고 같은 길이로 각각 묶어 놓는다. ⑫⑬⑭⑮⑯ 160 풍선을 3등분의 길이를 측정한 후 고리를 만든 후 다른 160 풍선을 연결시켜 3개씩 2개의 풍선을 만들어 놓는다.
⑰⑱ 160 풍선으로 만든 6개의 고리를 260 풍선 ⑦과 같은 방법으로 엮어준다. ⑲ 260 고리 엮기와 160 고리 엮은 것을 살짝 대본다.
⑳㉑㉒㉓㉔ 260 라임그린을 30cm를 불어서 12cm 접어 꼬기 1개, 15cm 접어 꼬기를 만든 후 그 안에 12cm를 넣어주고, 160 풍선 고리 엮은 꽃잎에 넣

은 후 수술을 끼워 준다.
㉕㉖㉗㉘ 장미꽃을 꽃대에 연결 고정시켜 깔끔하게 마무리한다.

꽃대 만들기
①② 160 그린 계열 풍선을 5~7cm만 남기고 6개를 모두 불어준 후 듀플릿해 놓는다. ③④ 160 풍선 2개를 나란히 같이 놓고 사진 ②위에서 아래로 감싸준 후 2~3바퀴 돌려준다. ⑤⑥⑦ 나란히 160 그린 계열 중 맨 위쪽에 있는 2개의 풍선을 오른쪽 160 풍선은 오른쪽 앞쪽 밑으로 내려주고, 왼쪽 160 풍선은 뒤쪽 밑으로 내려준 뒤 2~3바퀴 돌려준다. 같은 방법을 반복해서 20cm 길이만큼 만든다. ⑧⑨ 나머지 풍선은 고리형태로 끝부분을 깨끗하게 돌려 마무리한다. ⑩⑪⑫ 고리 안에 검지 손가락을 이용하여 라인을 잡아주어 멋스럽게 잎사귀를 연출한다.

♣ 꽃대 만들기는 다른 꽃 만들기를 할 때 응용할 수 있다.

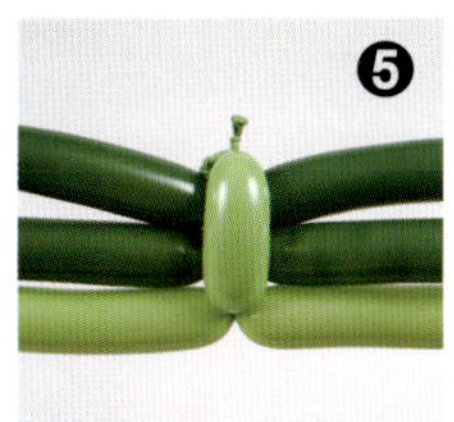

 생각해보기

◎ 이 꽃을 누구에게 전해주고 싶나요?

◎ 꽃 만들 때 사용한 풍선 기법 두 가지?

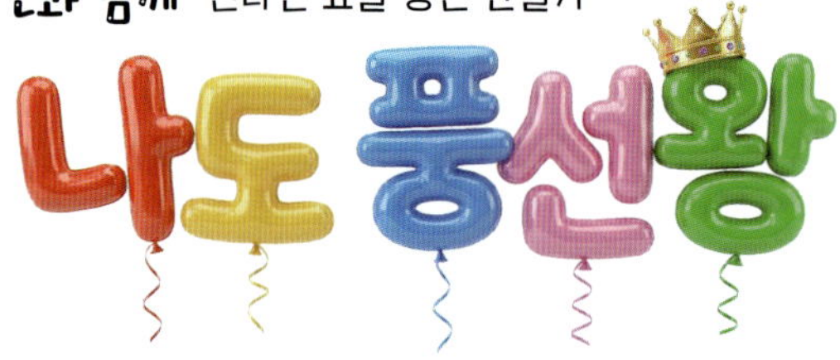

2 장
기법을 완성하는 풍선아트

1. 과일 바구니 (위빙기법)

 **준비할 재료**

260 미러핑크-10개

 **만드는방법**

① 10cm 남기고 공기를 주입한다.

②③④ 2개씩 묶어 3조가 (6개 풍선)되게 하여 풀리지 않게 자리바꿈 해준다.

⑤⑥⑦ 풍선 1개를 선택해서 겹꼬기하고 다른 하나를 잡아서 또 겹꼬기 하여 위, 아래 모두 겹꼬기 해준다.

⑧⑨⑩⑪ 260 다른풍선을 묶어 6개의 풍선 넓이 방울에 맞추어 한바퀴 돌려준다.

⑫⑬⑭ 6개의 풍선이 오므라들지 않게 되었다면 각 풍선 기둥마다 4cm 겹꼬기를 해준다.

⑮⑯⑰⑱ 각이 진 기둥에 높이 3cm 방울을 만들고 넓이 방울은 10cm로 시작해서 같은 방법으로 한바퀴 돌고 처음시작한 3cm 방울과 묶어준다.

⑲⑳㉑ 같은 방법으로 넓이 사이즈 조금 더 크게 같은 방법으로 3~4단 1줄씩 더 올라가고 원하는 바구니가 만들어 졌다면 겹꼬기로 마무리 해준다.

생각해보기

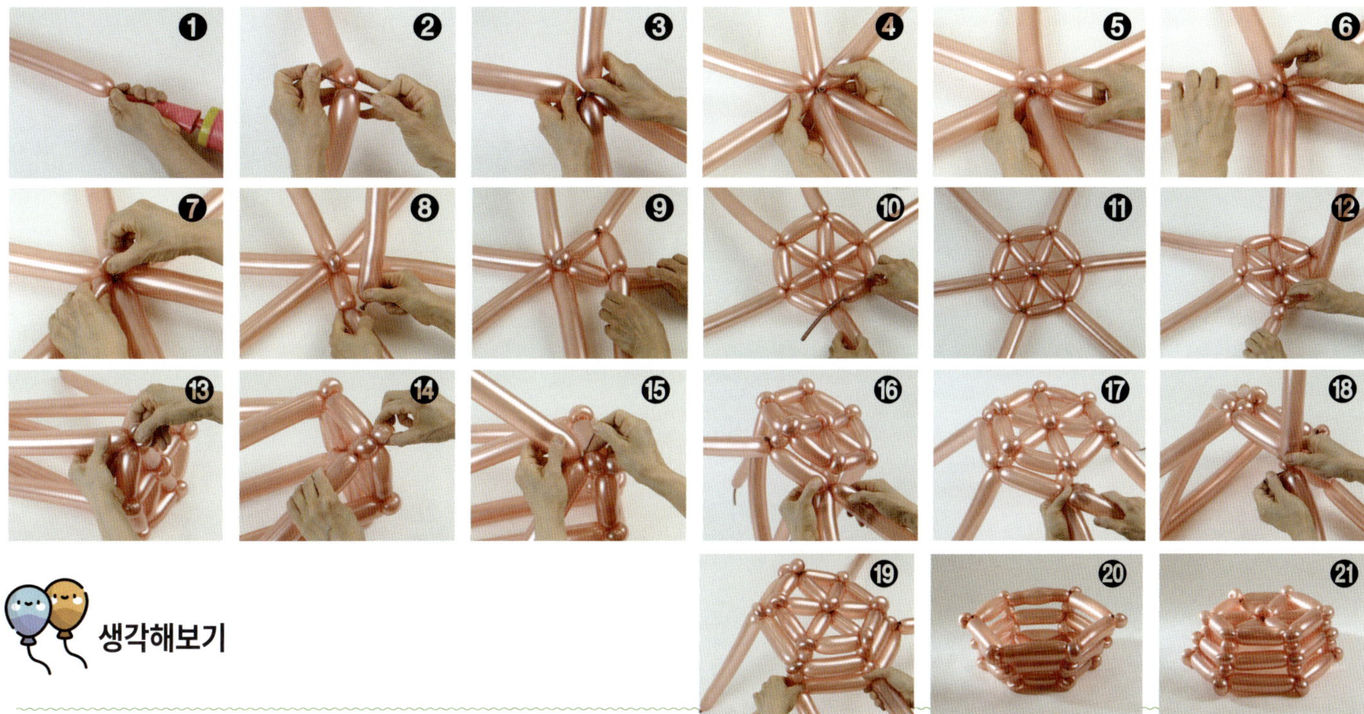

2. 신사모자 & 엘레강스모자

준비할 재료

260 풍선 미러블루 –6개, 미러핑크-7개

만드는방법

①②③④ 12cm 남기고 공기를 모두 주입한다. (풍선 미러블루 6개 , 미러핑크 7개)
⑤⑥⑦ 2개씩 묶어 3조가 (6개 풍선)되게 하여 풀리지 않게 자리바꿈 해준다.
⑧⑨ 풍선 1개를 선택해서 4cm 겹꼬기하고 다른 하나를 잡아서 또 4cm 겹꼬기
하여 위, 아래 틀어지지 않도록 고정한다.
⑬⑭⑮ ⑩3cm 방울 ⑪⑫5cm 방울을 만들고 옆 풍선 3cm 만들어 두 바퀴 돌려준
후 계속해서 끝까지 만든 다음 나머지를 자르고 잘 묶어준다.
⑰ ⑩3cm 방울 ⑯7cm 방울을 만들고 옆 풍선 3cm 만들어 두 바퀴 돌려준 후 계속
해서 끝까지 만든 다음 나머지를 자르고 잘 묶어준다.
⑱⑲⑳㉑ 6개의 풍선을 모두 겹꼬기해 주고 풍선을 밑으로 내려 같은 넓이 7cm
방울로 같은 방법으로 한 바퀴 돌리고 마무리하고 다시 3cm 방울 만들고 넓이 7cm
방울을 계속해서 한 바퀴 돌고 묶어준다.
원하는 모자 길이에 따라 반복해서 높이를 정하면 된다.

풍선모자 챙만들기

7cm 방울에서 조금 많이 넓은 풍선 방울을 정해 챙이 나오도록 한다.
㉒ 미러블루 3cm 방울 미러핑크 12cm 방울로 정해 한 바퀴 돌려주면 챙이 만들어
진다.
㉓㉔㉕ 미러블루 3cm 방울 미러핑크 15cm 방울로 정해 또 한 바퀴 돌려준다.
㉖㉗㉘㉙㉚ 원하는 풍선 모자 챙 길이가 만들어지면 4cm 겹꼬기해주고 풍선 공기
를 모두 빼고 겹꼬기 한 곳에 한번더 묶어주면 공기가 잘 빠지지 않는다.

▶소품 악세서리 꽃 만들기

㉛㉜㉝ 3cm, 7cm 방울로 방울싸이즈로 만들어주면 또 다른 꽃 팔지겸 모자 악세
서리가 만들어진다.

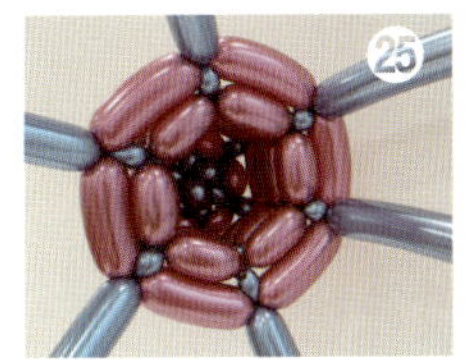
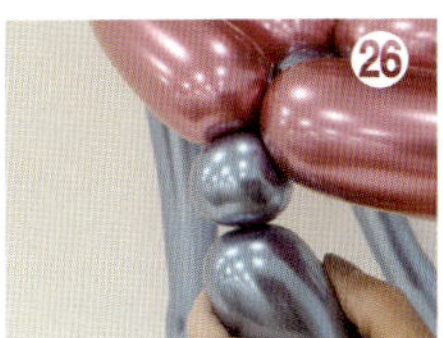

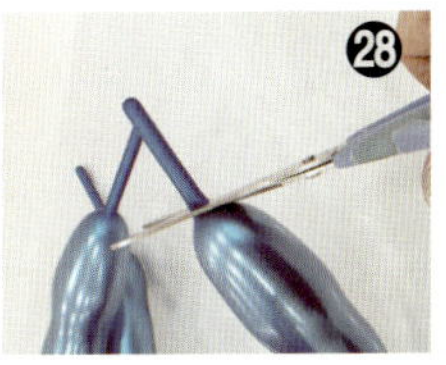

소품 악세서리 꽃 만들기▶

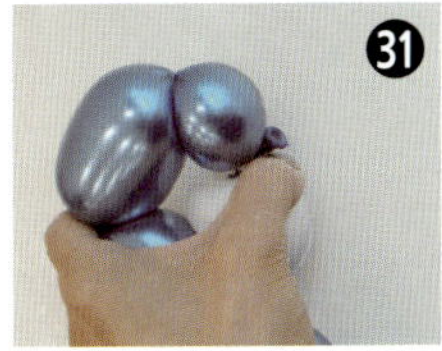
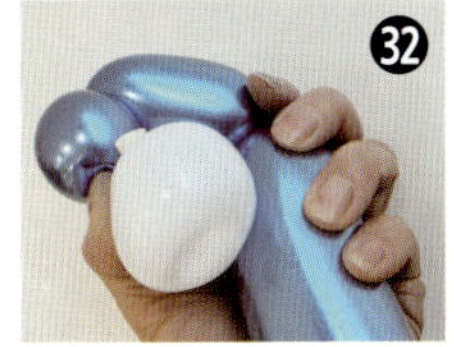

생각해보기

◎ 이 모자는 어떤 사람에게 어울릴까요?

◎ 같은 방법으로 만들었는데 왜 느낌이 다를까요?

◎ 같은 기법으로 또 어떤 소품을 만들 수 있을까요?

3. 260 빅 장미 한 송이

 **준비할 재료**

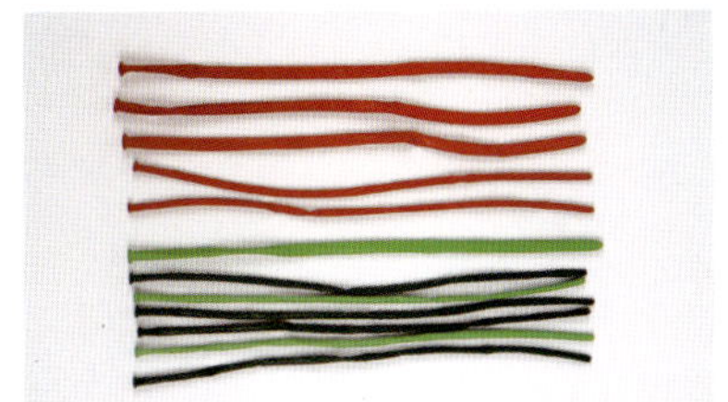

260 레드 3개
260 라임그린 1개
160 레드 2개
160 그린게열 6개

 **만드는방법**

①② 260 풍선을 1cm만 남기고 공기를 살짝 뺀 후 묶어 준 고리 풍선을 3개 만들어 놓는다. ③④⑤ 3개의 고리 풍선을 두 방울로 만들어 놓은 후 3개 모두 클러스터 해 놓는다. ⑥⑦⑧⑨⑩ 260 풍선 2개씩 나누어진 고리 6개 중 1개를 정해 아래(밑)로 뉘어준 뒤 사진과 같이 순서대로 끼워 마무리 해준다. (*위에 풍선 잡은 손 위치와 밑에 있는 손 위치가 내려주고 잡아주듯이 반복 해준다. (조금 헛갈리는 부분임) ⑪ 160 풍선을 3cm만 남기고 같은 길이로 각각 묶어 놓는다. ⑫⑬⑭⑮⑯ 160 풍선을 3등분의 길이를 측정한 후 고리를 만든 후 다른 160 풍선을 연결시켜 3개씩 2개의 풍선을 만들어 놓는다.

⑰⑱ 160 풍선으로 만든 6개의 고리를 260 풍선 ⑦과 같은 방법으로 엮어준다. ⑲ 260 고리 엮기와 160 고리 엮은 것을 살짝 대본다.

⑳㉑㉒㉓㉔ 260 라임그린을 30cm를 불어서 12cm 접어 꼬기 1개, 15cm 접어 꼬기를 만든 후 그 안에 12cm를 넣어주고, 160 풍선 고리 엮은 꽃잎에 넣은 후 수술을 끼워 준다.

㉕㉖㉗㉘ 장미꽃을 꽃대에 연결 고정시켜 깔끔하게 마무리한다.

꽃대 만들기

①② 160 그린 계열 풍선을 5~7cm만 남기고 6개를 모두 불어준 후 듀플릿해 놓는다. ③④ 160 풍선 2개를 나란히 같이 놓고 사진 ②위에서 아래로 감싸준 후 2~3바퀴 돌려준다. ⑤⑥⑦ 나란히 160 그린 계열 중 맨 위쪽에 있는 2개의 풍선을 오른쪽 160 풍선은 오른쪽 앞쪽 밑으로 내려주고, 왼쪽 160 풍선은 뒤쪽 밑으로 내려준 뒤 2~3바퀴 돌려준다. 같은 방법을 반복해서 20cm 길이만큼 만든다. ⑧⑨ 나머지 풍선은 고리형태로 끝부분을 깨끗하게 돌려 마무리한다. ⑩⑪⑫ 고리 안에 검지 손가락을 이용하여 라인을 잡아주어 멋스럽게 잎사귀를 연출한다.

♣ 꽃대 만들기는 다른 꽃 만들기를 할 때 응용할 수 있다.

    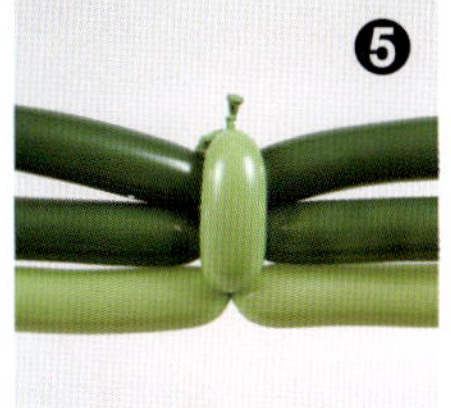 

 **생각해보기**

4. 꽃을 든 신사

 ### 준비할 재료

5인치(13cm) 스마일 얼굴 1개
260 블랙 1개, 실버 1개 / - 160 화이트 1개
6인치(15cm) 하트 2개 / - 12인치(30cm) 풍선
신사모자 1개 / - 우드락

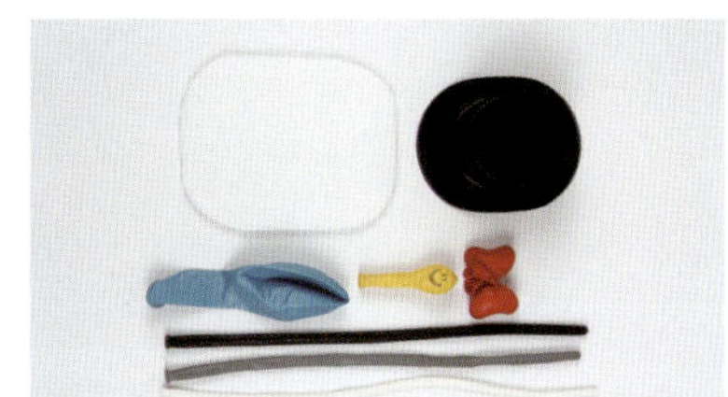

 ### 만드는방법

다리 ① 260풍선 끝부분을 1cm만 남기고 공기를 넣은 후 주 입구와 끝부분을 같이 묶는다. ②③ 2방울을 만든 후 2/3 되는 부분을 사진과 같이 1/3안에 넣어준다.

신발 ④⑤ 20cm 접어꼬기 2개 3cm방울 겹꼬기 2개 만든다. ⑥ 만들어진 몸통에 신발을 연결 고정시켜 준다.

얼굴 ⑦⑧ 5인치 풍선을 공기를 넣고 묶어준 후 주입구를 사 진과 같이 다리(뒷면)사이에 끼운다.

턱시도 ⑨⑩⑪ 160풍선을 30cm 불어준 후 2cm겹꼬기 2개/2cm 방울 1개 /

2cm겹꼬기 2개 / 2cm 방울 1개 / 2cm겹꼬기 2개 / 2cm 방울 1개 해준 후 신사 목둘레를 감아서 묶는다.

나비넥타이 ⑫⑬ 6인치 하트풍선에 공기를 넣고 묶어 준 후 나비 넥타이를 연결시킨다. ⑭⑮ 160풍선 끝부분을 이용해 코 방울을 만들어 글루건으로 코 부위에 붙인다.

받침대 ⑯⑰⑱ 12인치 풍선을 10인치만큼 불어 놓은 후 우드락을 풍선 위에 올려 놓은 후 눌러 공기를 빼주면 우드락을 풍선이 감싸준다. ⑲⑳ 주입구를 잘라준 후 넓은 스카치테이프로 붙여준다.

 ### 생각해보기

5. 미키/미니 모빌

준비할 재료

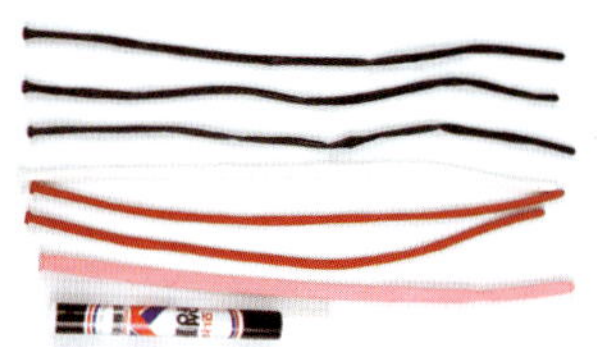

160 블랙 3개
160 블루 1개
160 화이트 1개
160 레드 1개
260 핑크 1개

만드는방법

얼굴 : ①②③④⑤⑥⑦ 160블랙 풍선을 50cm불어 준 후 10cm 방울을 2개 만들어 접어꼬기 2개 / 3cm 겹꼬기 1개 / 3cm 방울 / 8cm 접어꼬기 2개 / 3cm 방울 1개 만든 후 묶어준다.

코 : ⑧⑨⑩⑪ 160 블랙 끝부분과 260 핑크 4cm 방울을 만든 후 묶어준다. 두 개의 방울 묶은 것을 같이 튜울립 꼬기를 한 후 다른 풍선으로 묶어준다. ⑫ 만들어진 ⑦에 ⑪을 달아 얼굴을 만든다

눈 : ⑬⑭⑮ 160 화이트풍선을 5cm 울을 만든 후 두 방울을 만들어 얼굴 3cm 방울에 눈을 묶어 연결한 뒤 와 같이 고정시킨다.

치마 : 1⑯⑰⑱⑲⑳ 60레드풍선을 10cm 남기고 불어준 후 2cm 방울꼬기 3개 / 7cm방울 3개 - 2개 만들어 준 후 나머지 1개는 밀어넣기 해주면 몸통이 만들어진다. ㉑㉒㉓ 나머지 남은 풍선으로 8cm 접어꼬기 5개를 만들어주면 치마가 만들어진다.

바지 : 1㉔㉕60 블루풍선을 20cm 남기고 불어준 후 2cm방울 겹꼬기 3개를 만들어준다. ㉖㉗㉘ 나머지 남은 풍선으로 15cm 접어꼬기와 20cm접어꼬기를 만들어 감싸준다.

손 : ㉙㉚㉛㉜160 화이트풍선을 20cm만 불어서 3cm겹꼬기 2개 / 5cm접어꼬기 1개를 만든다.

신발 : ㉝㉞㉟손과 같은 순서로 색을 다르게 하여 만든다.

팔/다리 : ㊱ 160블랙 풍선을 공기만 살짝넣어 묶는다. ㊲㊳㊴㊵㊶ 만들어진 팔, 다리에 손과 신발을 끼운다. ㊷㊸㊹ 만들어진 몸통부위에 팔과 다리를 끼워준 후 예쁜 눈을 그린다. (리본만들기는 4cm방울 2개만들어서 접어꼬기 한 후 2cm 겹꼬기한다.)

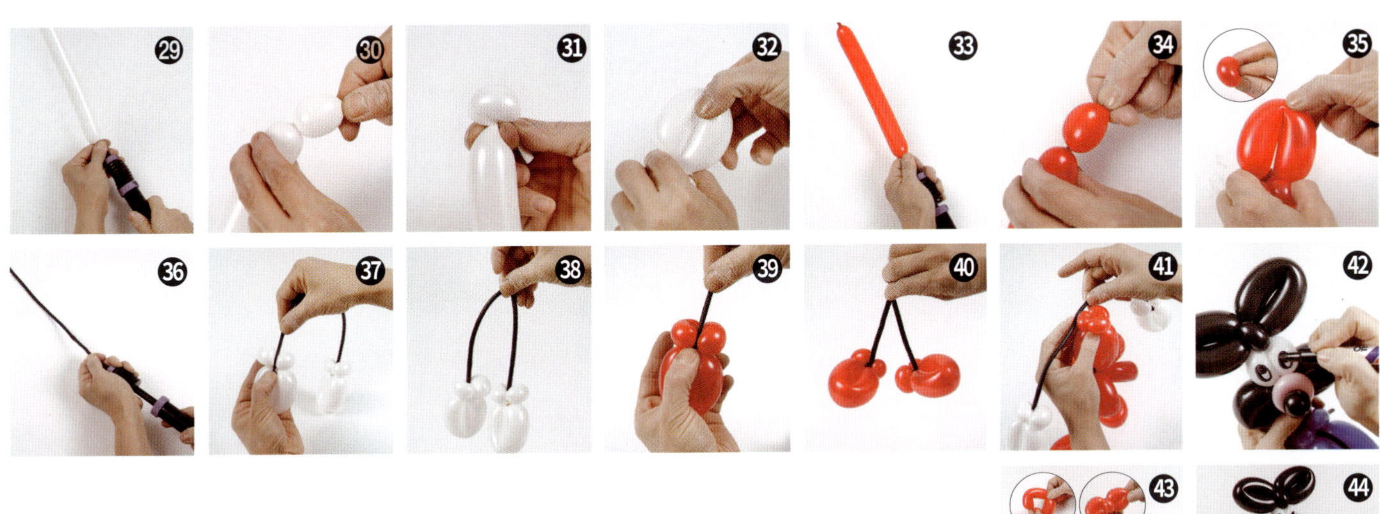

생각해보기

6. 2단 벌룬꽃

 **준비할 재료**

5인치 로즈 5개
5인치 옐로우 2개

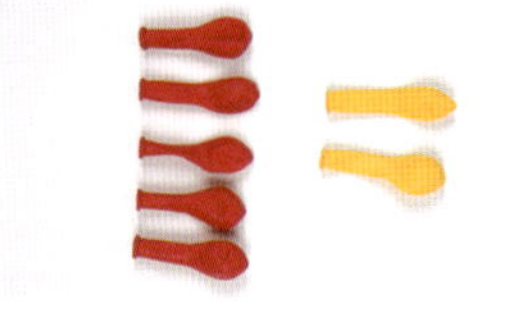

 **만드는방법**

①②③④ 5인치 풍선을 4.5인치로 불어서 3개, 2개씩 묶어 클러스터 한다.
⑤⑥ 5인치 풍선 1개는 4인치, 또 1개는 1.5~2인치(작게)를 붙여서 두 개를 같이 묶는다.
⑦⑧⑨⑩⑪⑫ 2단 벌룬꽃 만들기 위해 풍선을 묶어 놓은 것을 같이 클러스터 해준 후 가운데 중심으로 2~3바퀴 돌려 벌룬꽃을 만든다. (뒷받침 작은 풍선 방울로 인해 틀어 짐을 막아준다.)

 **생각해보기**

7. 3단 벌룬꽃

 준비할 재료

12인치(30cm) 로즈 5개
6인치(15cm) 링커룬펄화이트 5개
5인치(13cm) 라임그린 1개

 만드는방법

①②③④ 12인치 풍선을 8.5인치로 불어서 3개, 2개를 묶어 같이 클러스터 해 놓는다. 6인치 링커룬 화이트 풍선을 5인치, 5인치 라임그린 풍선을 4인치로 불어 2개씩 묶어준 후 6개를 모두 클러스트 해 놓는다.
⑤⑥⑦ 바닥에 놓은 후 밑단 1단 5개(로즈)와 2단 화이트 풍선을 위, 아래 주입구끼리 한 바퀴 돌려 주어 틀어짐 없이 꽃 모양을 만든다.

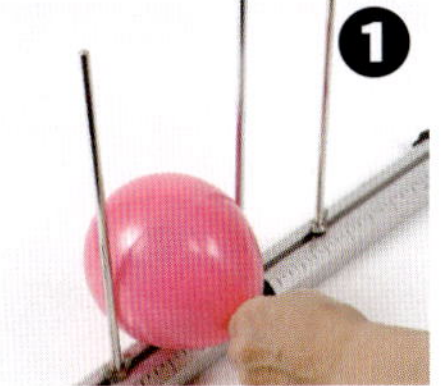

 생각해보기

8. 3단 곰돌이풍선

 ## 준비할 재료

13cm 레온풍선 , 화이트 5개
코- 13cm 피치색& 핑크 , 버건디. 스티커
260풍선 1개

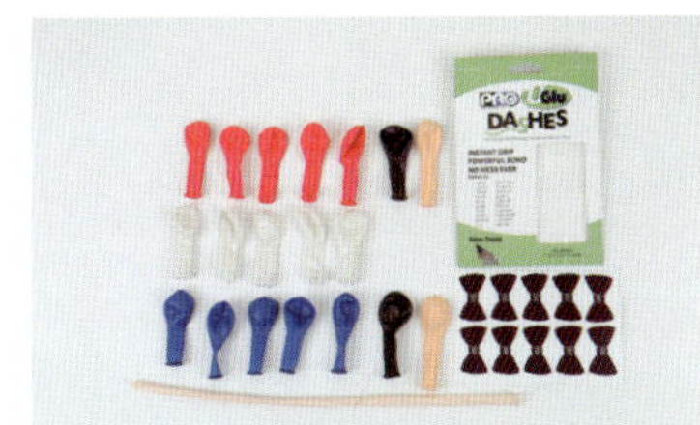

 ## 만드는방법

①②③ 13cm 풍선을 4.5" 풍선을 불어 2개, 3개 묶어준다.
④⑤⑥ 13cm 풍선을 3.5" 풍선을 불어 2개, 3개 묶어준다.
⑦⑧ 4.5" 아랫단 5개 풍선과 3.5" 윗단 5개를 주입구를 이용해 고정한다.

귀/코 만들기

⑨⑩⑪⑫ 귀 : 풍선 260 풍선을 4cm만 공기를 넣고 주입구와 함께 묶어준다.
얼굴 : 피치색 풍선을 3.5" 공기를 넣고 주입구 쪽으로 묶어준다.

코 : 버건디풍선을 공기를 살짝 넣고 주입구를 바짝 묶어준다.
⑬⑭ 피치색 풍선주입구와 버건디풍선주입구를 함께 피치색풍선쪽으로 밀어넣어
애플링크 사과꼬기한다. (짜투리 풍선으로 묶어준다.)
⑮ ▶ 코 완성
⑯ 2단 풍선꽃 위헤 만들어놓은 코를 2~3바퀴 돌려 고정해준다.
⑰ 눈 스티커와 넥타이 스티커를 붙여주면 귀여운 곰돌이 풍선꽃이 만들어진다.

 ## 생각해보기

◎ 곰돌이의 이름을 붙여준다면 뭐라고 할까요?

◎ 곰돌이 꽃을 누구에게 선물하고 싶나요?

9. 풍선케이크 1. 풍선케이크 2.

 준비할 재료

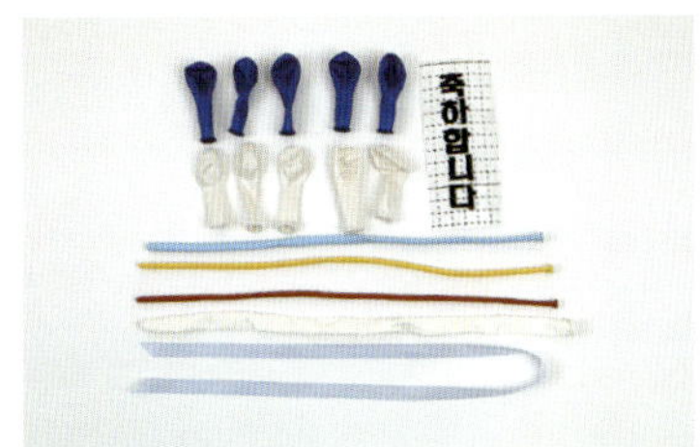

13cm 레온블루 풍선5 펄화이트 -5개 ,
초 만들기 1. 350 흰색풍선-1개 , 260 빨강 –1개
초 만들기 2. 350 흰색풍선-1개, 160 노랑-1개, 빨강-1개,
260–베이비블루(레이스)

 만드는방법

①②③④ 13cm 풍선을 4.25“ 풍선을 불어 2개, 3개 묶어준다.
⑤ 13cm 풍선을 3.25” 풍선을 불어 2개, 3개 묶어준다. ⑤ 4.25“ 아랫단 5개 풍선과 3.25” 윗단 5개를 주입구를 이용해 고정한다.

초 만들기 1.

㉜㉝ 빨강 풍선 260풍선 끝 만 살짝 불어 묶어준다.
㉞ 260 빨강풍선 주입구를 350 흰색 풍선 15cm에 묶어준다.
㉟㊱㊲ 튜울립꼬기해준 뒤 나머지 12cm 풍선끝을 묶어준다.
풍선 2단에 연결 고정해준다.

초 만들기 2.

⑦ 160 노랑풍선 7cm 방울 작은 접어꼬기 해준다. ⑧ 160 빨강풍선 12cm 방울 만들어 ⑦끼워준다. ⑨⑩ 160 빨강풍선을 노랑풍선 사이즈 보다 조금 크게 두방울 꼬기 2개 해준다. ⑪⑫ 두방울 꼬기 2개를 십자로 크로스 해주고 160 노랑풍선을 160 빨강풍선 크로스 한 사이에 끼워준다.

⑬⑭ ⑦160 빨강풍선 12cm 방울과 길게 남아있는 풍선을 크로스한 곳에 끼워 묶어주면 불꽃이 만들어진다. ⑮ 350 흰색 풍선 20cm 주입구와 만들어 놓은 초 불꽃을 묶어준다. ⑯⑰⑱⑲ 검지손가락을 이용해 애플링크 튜울립 꼬기 해서 리본으로 묶어준다. ⑳㉑ 2단 풍선 케이크 에 만든 풍선 촛대를 2~3세 바퀴 돌려 단단하게 고정한다. ㉒㉓㉔ 축하메세지 스티커를 보조시트지를 이용해 풍선에 붙인다. ㉟㊱㊲ 튜울립꼬기해준 뒤 나머지 12cm 풍선끝을 묶어준다. 풍선 2단에 연결 고정해준다.

▶풍선케이크 레이스만들기

㉕ 260 마카롱 베이비블루 풍선을 15cm 남기고 공기를 주입하고 묶어준다. ㉖㉗㉘ 3cm 방울꼬기를 일정한 크기로 예쁘게 만들어 케이크 둘레만큼 돌려 묶어준다.

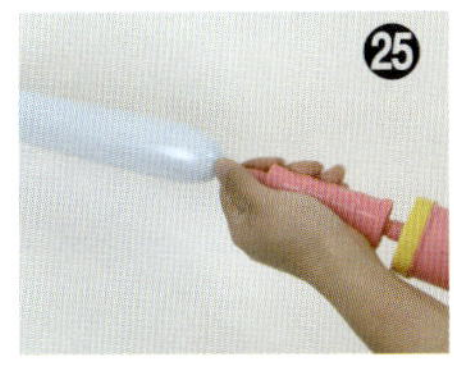
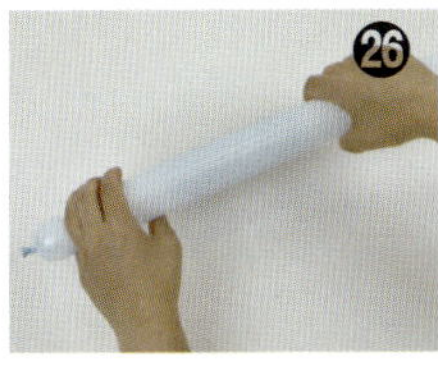

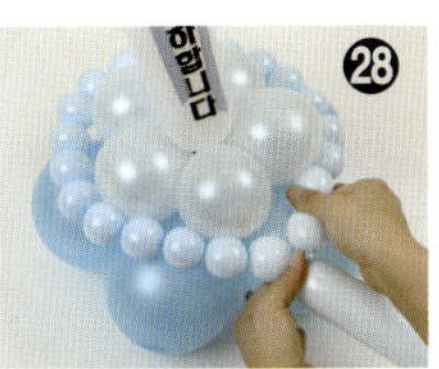

초대1 만들기▶

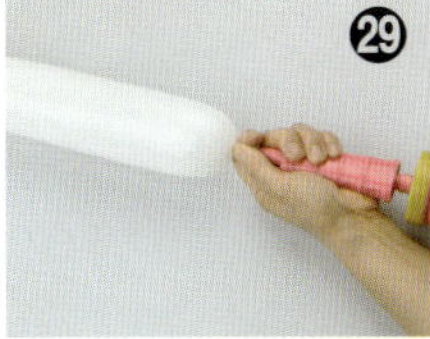
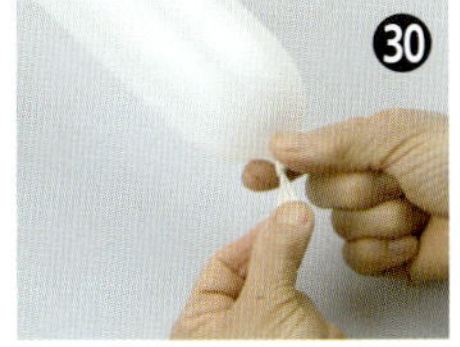

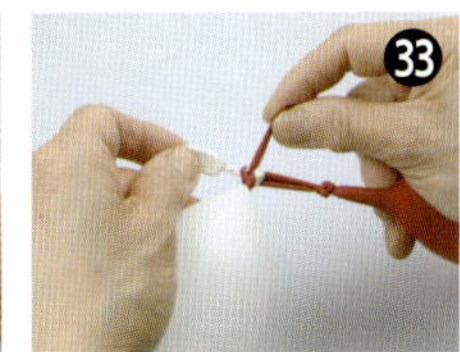

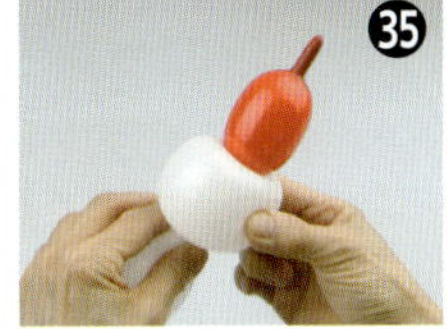
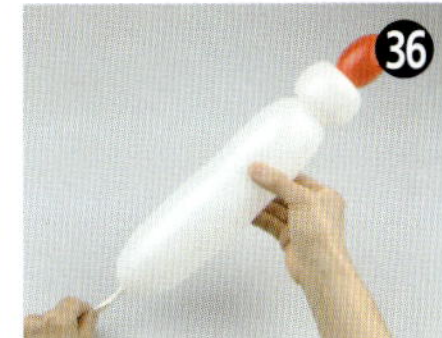

생각해보기

◎ 1번 케이크는 어떤 날을 축하하는 케이크일까요?

◎ 2번 케이크는 어떤 날에 축하하는 케이크일까요?

◎ 같은 기법으로 또 어떤 소품을 만들 수 있을까요?

10. 나비

 **준비할 재료**

5인치(13cm) 옐로우 2개
로즈 2개
260 1개

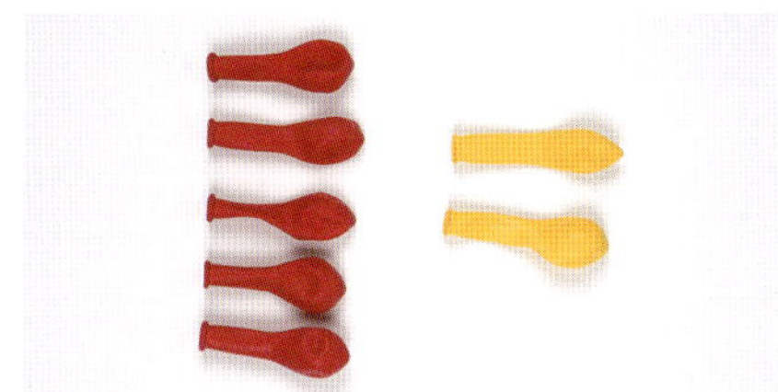

 **만드는방법**

①② 옐로우 5인치를 4.5인치로, 로즈 5인치를 3인치로 각각 듀플릿 해 놓는다.

③ 만들어 놓은 두 개의 풍선을 같이 클러스터 해준다.

④⑤ 260풍선을 10cm를 남기고 불어 준 후 반대 쪽인 주입구 부분 도 10cm를 같이 공기를 빼준 후 같은 길이로 만든다.

⑥⑦ 5인치 4개의 풍선을 위, 아래를 정한 후 사진과 같이 260풍선을 가운데 중심을 감싸듯이 2~3바퀴 돌려준다.

⑧⑨⑩⑪⑫ 2~3cm 각각 겹꼬기 해주고 밀어 올리기하여 새워진 더듬이를 연출한다.

 **생각해보기**

11. 퍼프볼 꽃다발

 **준비할 재료**

펄 라벤더 12개
스틱 4개 / - 리본, 구슬
컬링리본 / - 조화

 **만드는방법**

① 5인치 풍선을 4, 3.5인치를 불어 두 개씩 듀플릿 해 놓는다.

② 먼저 듀플릿 된 6개의 풍선을 가운데 중심으로 같이 클러스터해 가면 퍼프 볼이 만들어진다. 앞, 뒤, 위, 아래가 모두 벌룬꽃 모양이 나오는지 확인한다.

③④ 꽃대 : 스틱 4개를 글루건을 이용해 붙인다.

⑤⑥ 리본을 이용해 스틱을 감싸듯이 예쁘게 포장해 둔다.

⑦⑧ 만들어 놓은 기둥에 글루건으로 퍼프볼을 끼워 고정 시킨다. 밑 하단에 방울을 만들어 악세사리로 연출한다

⑨⑩ 만들어진 리본을 퍼프볼에 끼워 여성스러운 멋을 더해준다.

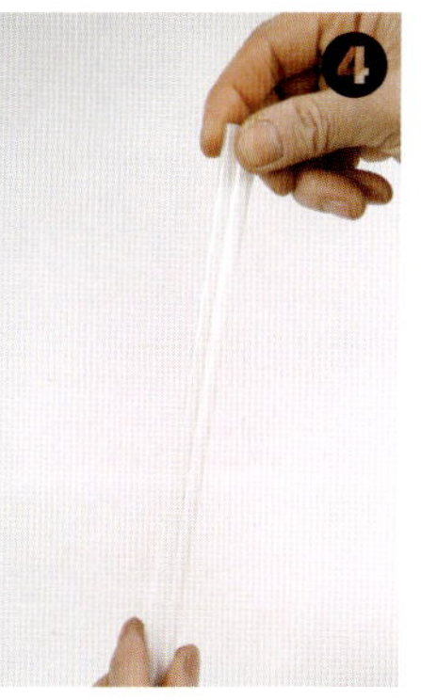
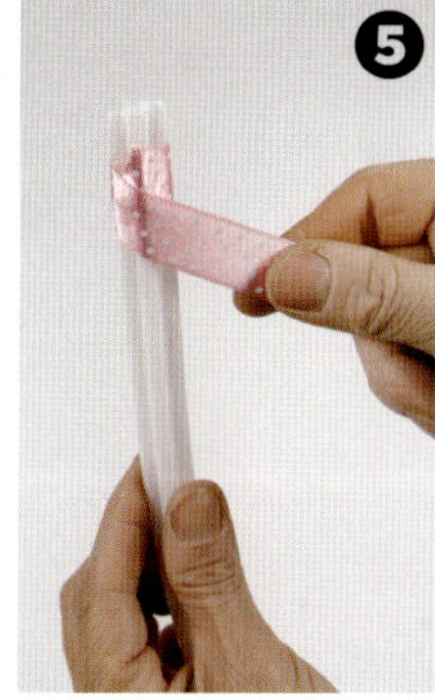

리본 만들기

 **생각해보기**

12. 미니천사만들기

 **준비할 재료**

5인치 천사 2도, 천사풍선 1개
5인치 펄 화이트 15개
160 2개

 **만드는방법**

몸통 만들기 : ①②③ 5-5인치(13cm) / 5-3.5인치 / 5-2.5인치를 불어 놓는다.
④⑤ 5인치를 5인치로 불어 치마, 5인치를 3.5인치로 불어 몸통, 5인치를 2.5인치로 불어 목을 만들어 준 후 밑단부터 긴 요술풍선으로 1단씩 순서대로 엮어나간다. 하트풍선으로 벌룬꽃 2개를 만들어 놓은 후 사진과 같이 각 풍선 주입구끼리 묶어준다. ⑥ 천사얼굴을 불어 묶어준다.

날개 만들기 : ⑦⑧⑨⑩⑪⑫ 160 풍선을 불어서 날개와 화관을 만들고 몸통에 날개를 달고 머리에는 화관을 만들어 준다.

생각해보기

12.
작은무대, 큰 감동
- 미니데코

1. 듀플릿 미니정원

준비할 재료

13cm 유칼립투스, 코랄
260 유칼립투스, 레드, 베이비핑크

작품 포인트

이 작품은 기본 풍선 묶기 구조를 활용해 꽃. 줄기. 베이스를 각각 완성한 후 조화롭게 연결하는 구성형 풍선 작품입니다.

꽃의 크기와 높이를 달리해 입체적인 정원 느낌을 살린 것이 특징입니다.

1. 베이스: 동일 크기 풍선을 여러개 묶어 안정감 있게 구성

2. 줄기: 길이 풍선을 사용해 높이 조절

3. 꽃: 크기 차이를 두어 리듬감 표현

"기본 묶기만 익혀도 이렇게 풍성한 작품을 만들 수 있어
수업에서 반응이 특히 좋았던 작품입니다."

생각해보기

2. 듀플릿 무지개

 **준비할 재료**

13cm 흰색풍선 16개~20개, 낚시줄 10호
260풍선 (5가지색상 : 빨강, 주황, 라임그린, 블루, 라벤더)
유글루

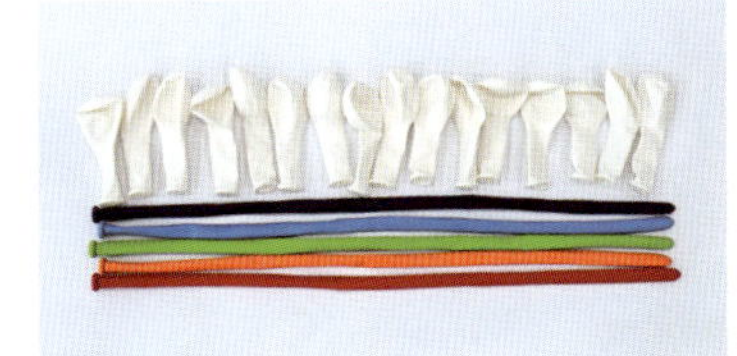

 **만드는방법**

처음 시작하는 260 풍선
라벤더 색상은 너무 크게 불지 않는 것이 예쁘고 앙증맞은 무지개나 만들어
진답니다.

① 15cm~20cm 공기만 넣어주고 묶는다.

② 반대편 쪽도 풍선안에 공기가 빠져나가지 않도록 묶어준다.

③ 남아있는 풍선은 반듯한 고리가 되도록 사진과 같이 묶어준다.

1. 25cm ▶ 30cm ▶35cm ▶40cm (약 5cm 정도 길이만 조금씩 길게 공
기를
주입하기)

④⑤ 사이즈 마다 다르게 공기를 넣어 둔 풍선들을 유글루를 이용해 붙여
준다.

⑥ 무지개 풍선을 붙일 때 주입구가 있는 쪽 다음 붙일 때는 풍선 마감하고

남은 풍선 긴것을 번갈아 가며 붙여준다. (※무지개 고정할 때 쉽게 고정됨)

⑦ 요술풍선 무지개 완성!!

⑧ 13cm 흰색 풍선을 10cm 크기로 공기를 넣고 2개씩 묶어준다.

⑨ 구름 만들 풍선을 모두 2개씩 묶어 놓는다.

⑩ 구름 연출은 듀플릿기법으로 만들어보았다.

⑪⑫ 완성된 듀플릿 구름에 무지개를 끼우기.

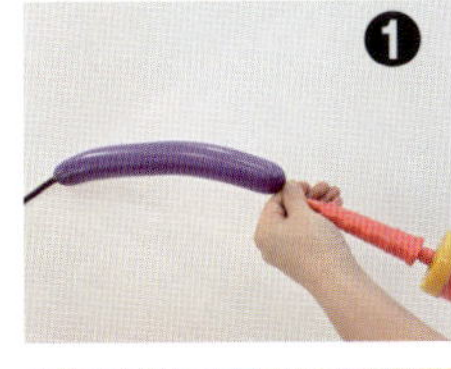

 **생각해보기**

3. 350 야자수

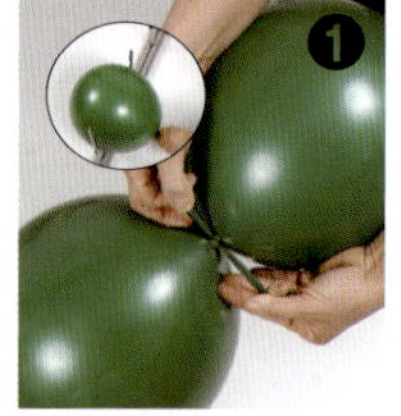

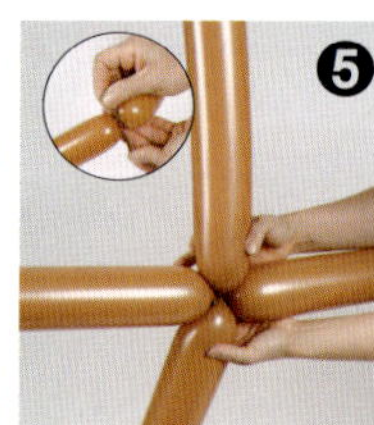

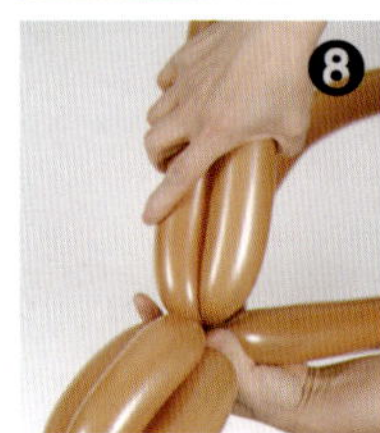

준비할 재료

350 야자수 :

350(또는 260) 모카브라운 8개 / 12인치(30cm) 그린 4개
10인치(25cm) 라임그린 4개 / 260, 160 여러 가지색
5인치(13cm) 골든로드 2개 / 알류미늄로드 5mm(150cm)

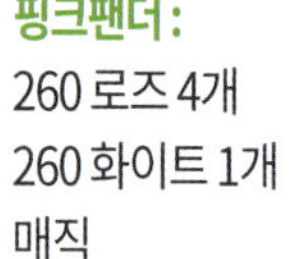

핑크팬더 :

260 로즈 4개
260 화이트 1개
매직

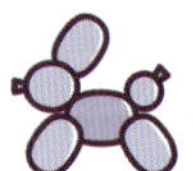

만드는방법

350 야자수 : ①②③ 120인치 그린을 8.5인치, 10인치 라임그린을 7인치로 불어 놓고 삼각기둥에 순서대로 끼워 놓는다. ④⑤ 350 풍선을 12cm를 남겨 놓고 불어 2개씩 묶어준 후 4개를 클러스터 해준다. ⑥ 2방울을 정해 3바퀴씩 돌려가며 옆에 있는 방울도 마져 번갈아 가며 돌려준다. ⑦⑧ 계속해서 방울을 만들어 두 개의 방울을 다른 1개의 풍선을 돌아가며 같은 방법으로 계속해서

3바퀴씩 돌려가며 350 풍선 기둥을 만들어 놓는다.⑨ 350 소세지 꼬기 기둥이 만들어지면 사진 ⑩⑪ 로드 사이에 끼운다.⑫⑬ 만들어진 야자나무에 160, 260 풍선의 여러 가지 색을 불어서 가운데 중심을 잡고 로드의 꼭대기 부분에 연결시켜 야자수 줄기를 만든다. ⑭ 야자열매도 만들어 멋스러운 작품을 연출할 수 있다. ♣♣♣ 350 야자수를 260 야자수로 응용할 수 있다.

만드는방법

핑크팬더 : ① 260 풍선을 10cm를 남겨 놓고 묶어준다. ②③ 8-3-8-3-8 방울을 만들어 고정한 후 3cm 방울마다 겹꼬기한다. ④⑤ **얼굴 :** 12cm 접어꼬기 / 12cm 접어꼬기 / 20cm 접어꼬기를 한다. ⑥ **코 :** 만들고 남은 풍선을 3cm 두방울 꼬기로 마무리하여 코를 만든다. ⑦⑧⑨ **목 :** 260 풍선을 7cm를 남겨 놓고 묶어준다. 뒷면에 주입구를 연결시킨 후 3cm방울겹꼬기로 고정시킨 후 12cm 방울을 만들어 목을 만든다. ⑩⑪⑫⑬ **몸통과 꼬리 :** 15cm 2방울을 만들어 잠가준 후 다시 다른 15cm을 만든 후 두 방울 사이에 넣어주면 몸통이 만들어지고 나머지 부분을 꼬리로 처리해 준다. ⑭⑮⑯⑰⑱⑲⑳㉑㉒ **팔 다리 :** 5cm 방울을 2개를 만든 후 다른 5cm 방울을 밀어넣기 해주고 다른쪽도 같은 방법을 만들어 주면 팔, 다리가 만들어진다(㉑). 만들어진 팔다리를 몸통에 끼워 교차시켜 고정 해 준다.(다리는 가운데 겹꼬기가 없음) ㉓㉔㉕㉖ **눈 :** 260 풍선을 10cm만 불어 두방울을 만들어 삼각면 안에 고정시켜준 후 눈을 그린다.

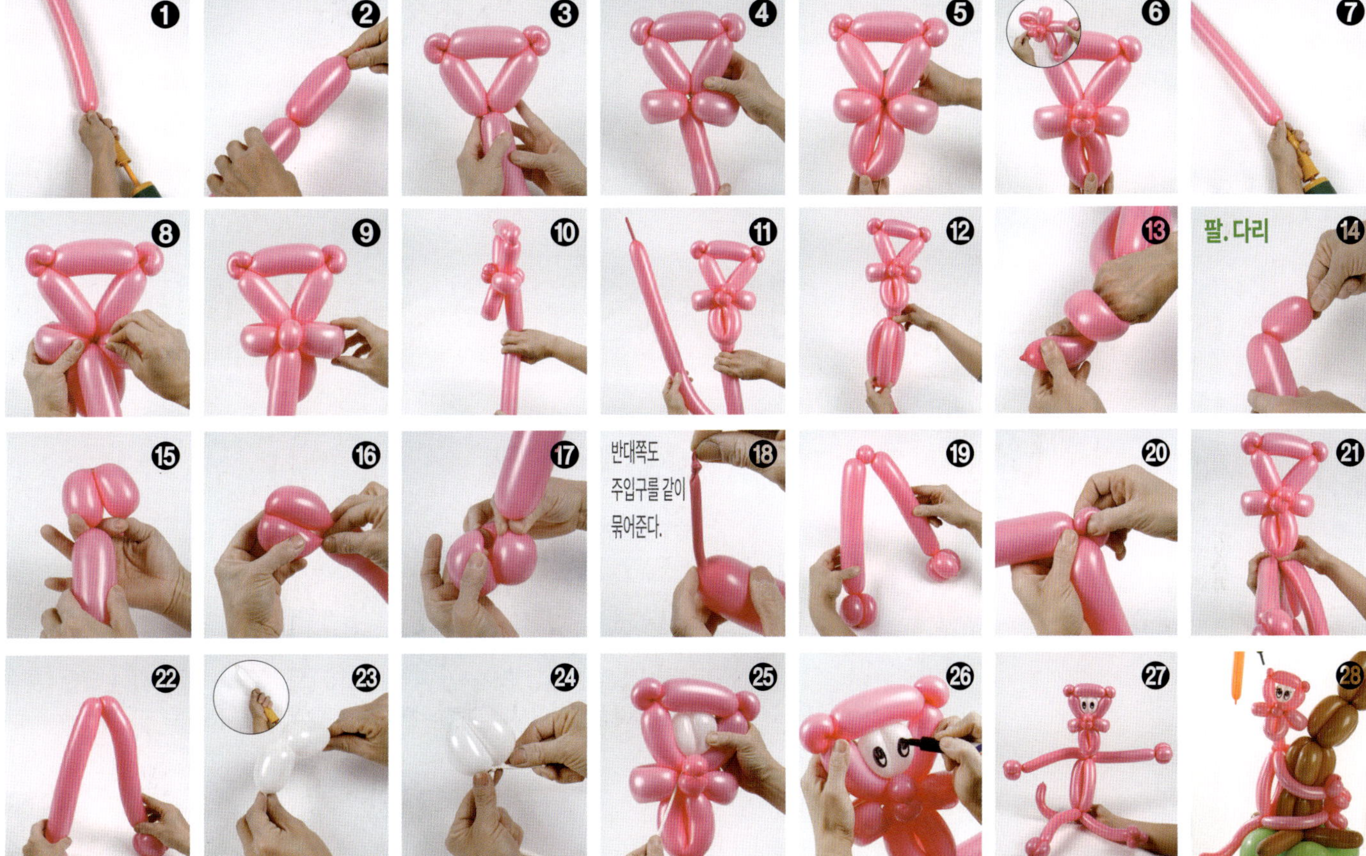

생각해보기

4. 작은 꽃기둥

준비할 재료

5인치 옐로우 10개, 레드 2개
260 그린 5개 / - 5인치 라임그린 4개
160 그린계열, 여러 가지색(꽃)
알루미늄 4.5mm 로드

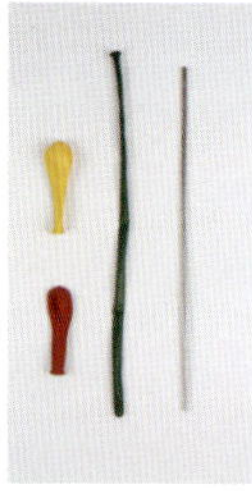

만드는방법

꽃송이 만들기 : ①②③④⑤5인치 풍선을 4.5인치 크기로 2개의 벌룬꽃을 만들어 놓는다. ⑥ 벌룬꽃 2개의 풍선을 주입구끼리 묶어준다. ⑦⑧ 260 그린풍선을 반으로 자른 뒤 20cm 길이로 불어서 묶어준 후 다섯 개를 모두 클러스터 한다. ⑨⑩ 벌룬꽃 두 개 사이(⑥)에 (⑧)의 260 풍선 다섯개를 끼워 넣어 준다. **꽃기둥 만들기 :** ⑪ 5인치 라임그린 풍선을 4.75인치, 5인치 그린풍선을 3.5인치로 4개의 풍선을 불어 만들어진 로드기둥 사이에 2단 기둥을 만들어 꽃밭 처리 해준다. ⑫ 만든 꽃밭기둥에 벌룬꽃을 끼워 미니 꽃 기둥을 만든다.

생각해보기

5. 하트 꽃기둥

 **준비할 재료**

6인치 루비레드 하트 10개
옐로우 5인치 2개 / - 260 라임그린 5개
5인치 그린 4개 , 라임그린 4개
160 그린계열, 60 여러 가지색(꽃)
알류미늄 4.5mm 로드

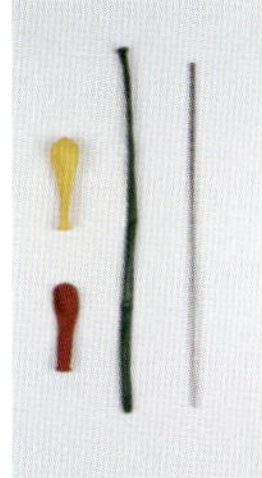

 **만드는방법**

①②③ 6인치(15cm) 하트풍선과 5인치(13cm) 풍선을 듀플릿한 후 여섯 개의 풍선을 클러스터 해놓는다. ④⑤ 6인치 하트풍선으로 벌룬꽃 2개를 만들어 놓은 후 사진과 같이 각 풍선 주입구끼리 묶어준다. ⑥⑦ 260 라임그린 풍선의 반을 자른 후 사진과 같이(20cm)로 불어서 묶어준 뒤 모두 클러스트 해놓는다. **꽃밭만들기 :** ⑧⑨⑩ 5인치 풍선을 4.75인치로 5인치 풍선을 3.5인치로 4개의 풍선을 불어 만든 로드기둥 사이에 2단 기둥을 만든 뒤 꽃밭처리 한다. ⑪ 묶여진 하트꽃 두 개 사이에 만들어진 260 풍선 ⑦을 끼운다. ⑫ 만들어진 꽃밭기둥에 만들어진 하트 벌룬꽃을 끼워 예쁜 미니하트 꽃기둥을 만든다.

 **생각해보기**

6. 작은 이중 퍼프볼

 **준비할 재료**

6인치(15cm) 화이트 하트 2개
5인치(13cm) 클리어 16개、12cm) 핑크 16개
260 화이트 2개 / - 알루미늄 로드 4.5미리 (130~140cm)
조화, 리본

 **만드는방법**

① 5인치 클리어 풍선 안에 5인치 핑크색 풍선을 끼워 놓는다 (16개 모두) 끼워 놓은 풍선 겉풍선(클리어)을 먼저 3인치를 공기를 넣고 다시 안에 있는 풍선(핑크)과 같이 공기를 4.5인치를 불어 한 개씩 묶어 놓는다. (모두 12개)
② 한 개씩 묶어 놓은 풍선을 두 개씩 묶어 모두 듀플릿 해 놓는다.
③④ 6개의 듀플릿을 사진과 같이 돌려가며 한 묶음씩 가운데 중심으로 클러스트 해준다. 앞, 뒤, 위, 아래를 봐도 벌룬꽃 모양이 나오는지 확인한다.
⑤ 6인치 하트 두개도 불어서 듀플릿 해 놓는다. ⑥ 밑 받침의 싸이즈 : 끼워

놓은 풍선 겉풍선(클리어)에 먼저 3.5인치 공기를 넣고 다시 안에 있는 풍선(핑크)과 같이 5인치를 불어준다. ⑦⑧⑨ 만들어진 삼각기둥 로드에 사진과 같이 순서대로 끼워 고정시켜 준다. 만든 퍼프볼 기둥에 리본도 달고 조화까지 붙여주면 작품이 우수해진다.
삼각기둥 만들기 : ⑩ 알루미늄 로드를 15~20cm 꺽어서 삼각기둥을 만들어 중심을 잡는다. ⑪⑫ 260풍선을 7cm방울을 불어서 로드기둥에 풍선테이핑 한다.

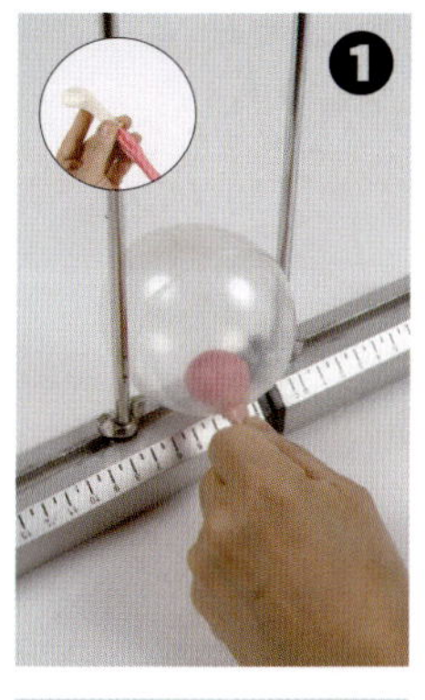 ❶
 ❷
 ❸
 ❹
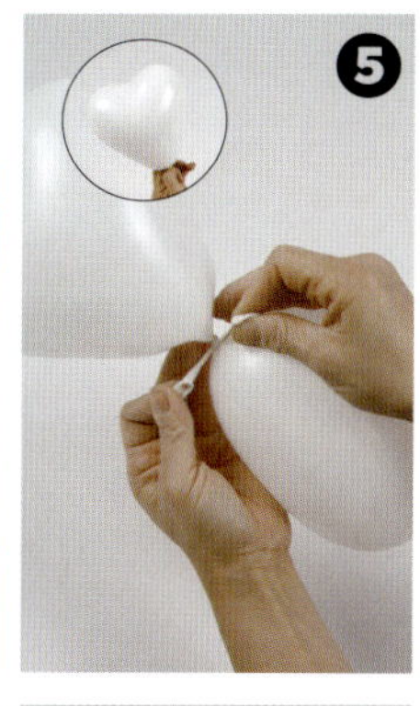 ❺
 ❻

 ❼
 ❽
 ❾
 **삼각기둥 만들기** ❿
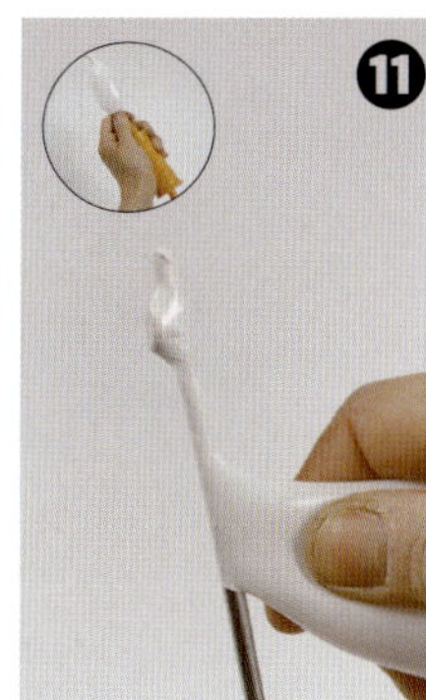 ⓫
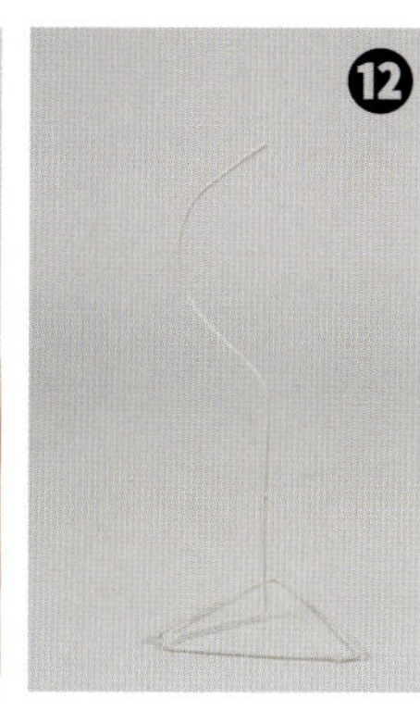 ⓬

 **생각해보기**

7. I Love you 3단 하트기둥

준비할 재료

5인치(13cm) 화이트 15개
6인치(15cm) I Love you 레드 하트 2개
조화, 리본

만드는방법

①②③④ 5인치-5인치/5인치-4.5인치로 불어서 3개, 2개로 묶어준 후 5개를 같이 클러스트 해 놓는다. ⑤⑥⑦ 밑단 5인치 - 4.5인치 - 3인치 - 순서대로 묶어간다. ⑧⑨ 6인치 하트 풍선을 불어 듀플릿 해 놓은 후 만들어진 3단 기둥 위에 고정시켜 묶는다. ⑩⑪⑫ 다 만든 하트 기둥에 리본을 달고 조화를 붙여주어 귀엽고 세련된 장식을 연출한다.

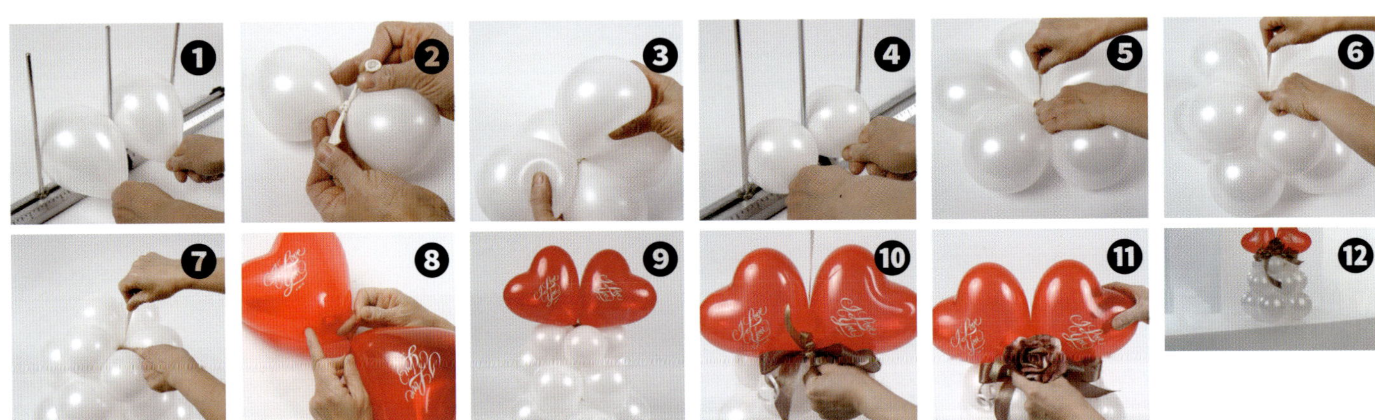

생각해보기

8. 테이블 안내보드

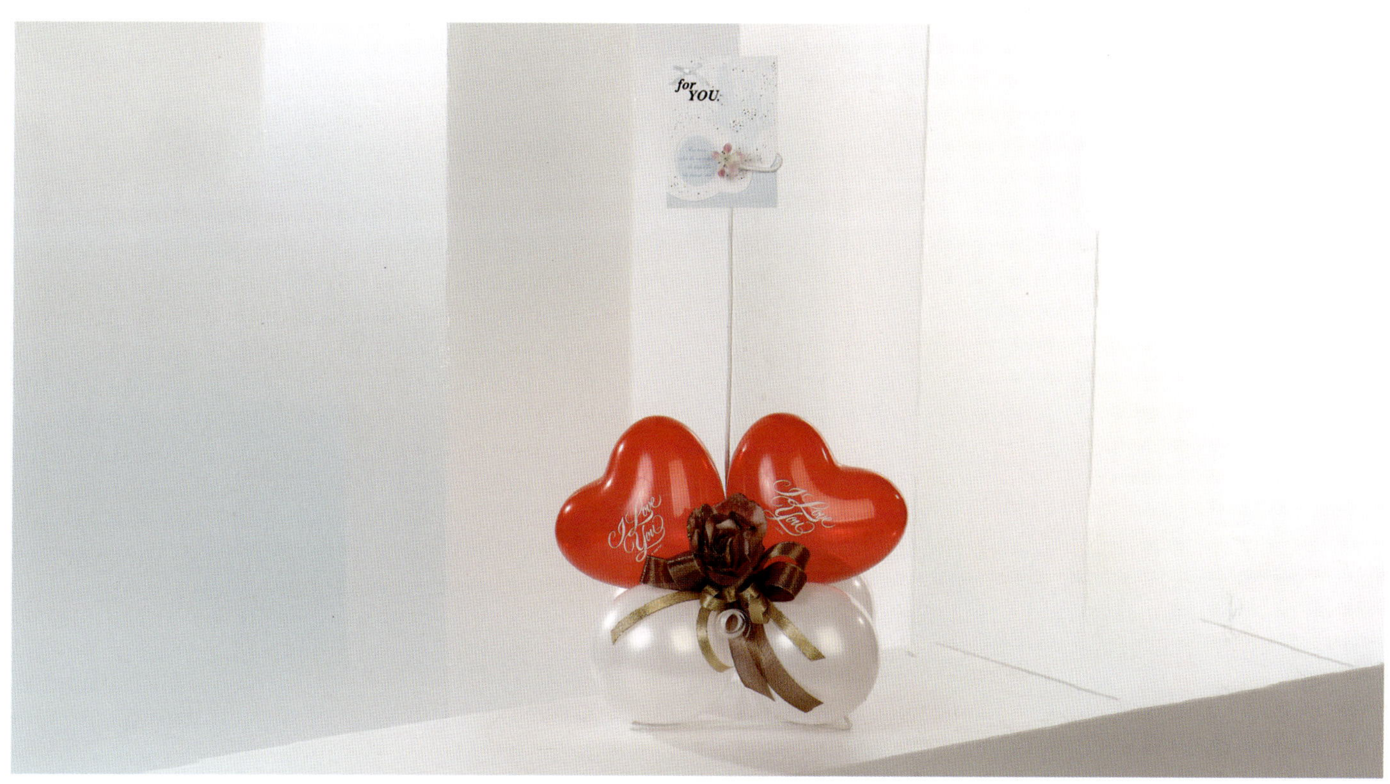

준비할 재료

5인치(13cm) 펄화이트 4개
6인치(15cm) I Love 레드 2개
260 화이트
리본, 조화
알류미늄 로드 4.5mm 130cm

만드는방법

로드 기둥 만들기 : ①②③ 약 15cm 길이로 삼각형을 만든 후 삼각형 안에서 고정시켜 삼각 로드 기둥을 만든다. ④⑤ 260풍선 화이트를 7cm만 불어서 삼각 로드 기둥에 풍선으로 테이핑 해준다. **하트 기둥 만들기 :** ⑥⑦ 5인치 풍선을 4.5인치로 듀플릿 한 후 4개를 클러스터 해준다. ⑧⑨ 6인치 I Love를 듀플릿한 후 만들어진 삼각 로드 기둥에 사진과 같이 끼운다. ⑩⑪⑫ 만들어진 하트 기둥에 조화를 붙인 후 세워진 끝부분을 삼각 모양을 만든다.

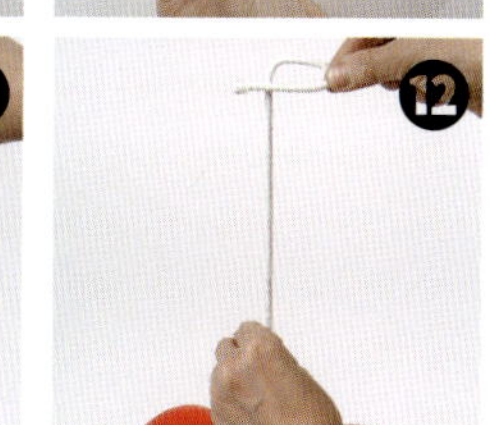

생각해보기

9. 작은 핑크돼지

 **준비할 재료**

16인치 핑크 1개 / 12인치 핑크 2개
5인치 핑크 4개 / 6인치 하트 레드 2개
160 핑크 1개, 레드 1개 / 350 핑크 1개
24호 와이어 2개

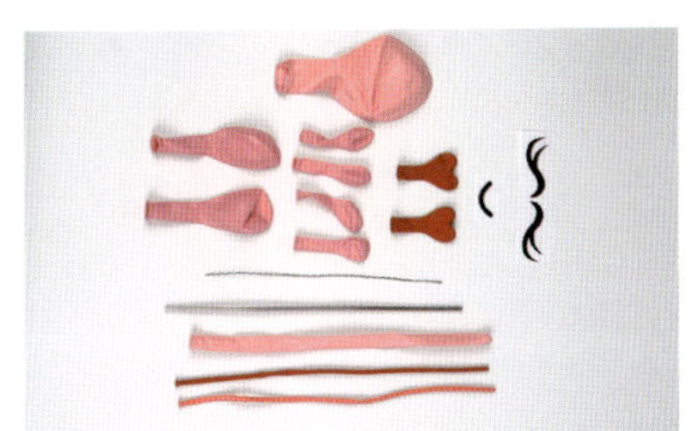

 **만드는방법**

얼굴 : ① 조각 풍선을 묶은 후에 16인치 풍선 안에 넣고 풍선에 공기를 넣은 후 16인치 풍 선을 12인치로 불어서 묶는다. ②③ 조각풍선을 코 위치를 잡아 160풍선으로 사진과 같이 묶어 고정시켜 준다.

코 : ④⑤⑥ 350풍선을 사진과 같이 싸이저를 7cm 크기만큼 불어서 튜울립 꼬기를 2개 만들어 놓고 사진④와 같이 묶어준 뒤 사진③에 코위치에 연결시킨다.

귀 : ⑦⑧ 12인치 풍선의 주입구를 자른 후 24호 와이어를 넣어준 후 후로랄 테이프로 고정시켜 준다. (철사가 보이지 않도록 잘라준다) ⑨⑩ 160풍선의

끝부분을 이용해서 돼지꼬리를 연출해서 쿨 글루건으로 붙여준다. ⑪ 돼지 얼굴에 만들어진 귀를 쿨 글루건으로 붙여주고, 시트지로 만들어진 눈과 입을 모두 붙여준다.

다리 : ⑫ 5인치를 4.5인치로 4개의 풍선을 클러스트해 놓는다.

나비넥타이 : ⑬⑭ 6인치 하트 풍선으로 공기를 살짝 넣어 묶어준다.

⑮⑯ 꽃밭을 만들어 핑크 돼지를 로드 기둥에 연출한다. (참조: 작은 꽃기둥 23p)

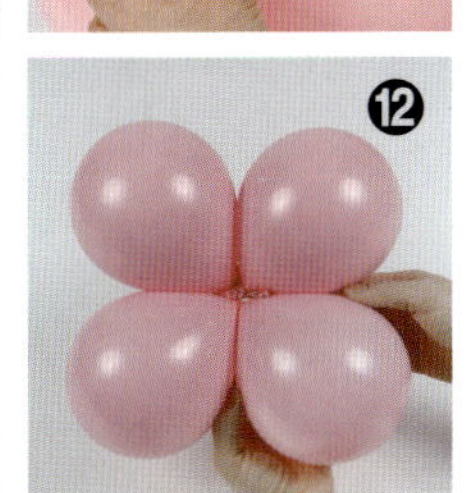
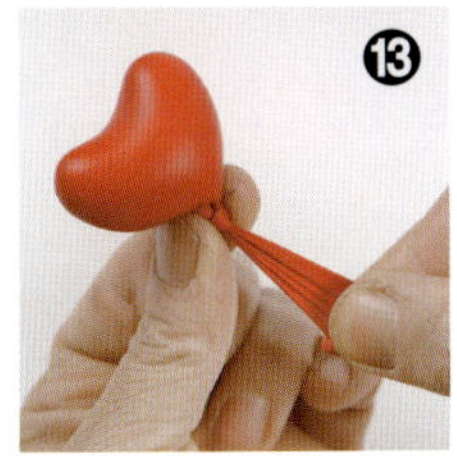
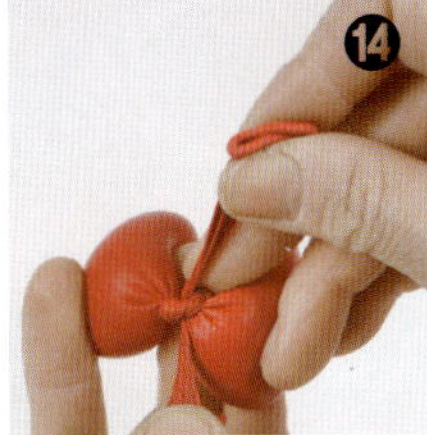

 **생각해보기**

10. 아기병아리

 **준비할 재료**

9인치 옐로우 12개
6인치 하트 레드 3개
260 레드 1개
눈 2개(1쌍)

 **만드는방법**

몸통만들기 : ①②③ 9인치를 8인치(볼) 2개, 9인치를 6인치(전체 얼굴) 8개, 9인치를 4인치로 불어(코와 밑부분 고정) 불어서 클러스터 해놓는다.

꽃밭 만들기 : ④⑤⑥ 참조 : 작은꽃기둥 (23p) ⑦ 만들어진 로드 꽃밭에 몸통을 고정시킨다.

입술만들기 : ⑧⑨ 260 풍선을 주입구을 사진과 같이 중심으로 엄지와 검지를 잡고 260풍선 3cm방울을 만들어 위로 올려 약지로 중 심을 잡고 다른 손으로 몇바퀴 돌려주면 겹꼬기가 예쁘게 나온다. ⑩ 꼬리날개 : 6인치 하트를 하트 라인을 살려 만든 후 풍선에 고리 로 끼워준다. ⑪⑫ 눈과 만들어진 악세사리를 붙여서 병아리의 귀 여운 모습을 연출해 보자.

 **생각해보기**

11. I Love 팔콘리스

 **준비할 재료**

260 화이트
12인치(30cm) 펄 화이트
12인치 인쇄클리어
6인치(15cm) I Love 레드하트

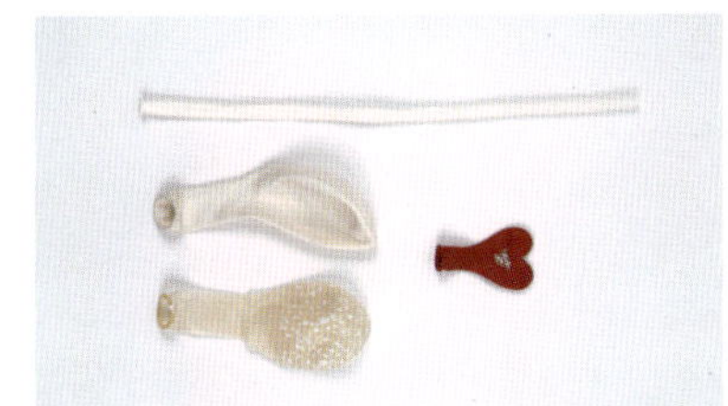

 **만드는방법**

①② 260 화이트 풍선을 1cm만 남기고 주입구와 같이 묶어 준다.
③과 같은 고리 모양으로 많이 만들어 놓는다.
④⑤⑥ 만들어진 고리 모양을 두 방울을 만든 후 8자 모양으로 만든 뒤 풀어지지 않게 반 고리 안에 1~2바퀴 돌려 놓는다.
⑦⑧⑨ 8자 모양의 260 풍선을 왼손에 1개, 오른손에 1개를 잡은 뒤 8자 윗부분을 사진⑦과 같이 위에서 아래로 끼워 주고 8자 아랫 부분을 사진⑧과 같이 밑에서 위로 끼워주면 2개의 8자 가운데 중심 부분이 각이 만들어진다.

⑩⑪⑫ 같은 방법으로 왼쪽의 고리에 맞추어 끼워준 후 아래쪽 고리를 밑에서 위로 올려주는 방법으로 계속 연결 시켜주면 팔콘체인 모양이 만들어진다.
⑬⑭ 만들어진 팔콘 체인이 만들어진 곳에 6인치 I Love 하트를 1바퀴씩 돌려가며 끼워준 후 반대쪽 방향에 라운드 풍선을 끼워 나간다.
⑮⑯ 팔콘리스(원)을 마무리 때는 반쪽 고리를 2개를 만들어 오른쪽 1개, 왼쪽 1개를 끼워 나머지 풍선으로 묶어준다.
⑰⑱⑲⑳ 사진의 빈 곳을 I Love 하트로 마무리하여 동그란 리스를 만든다.

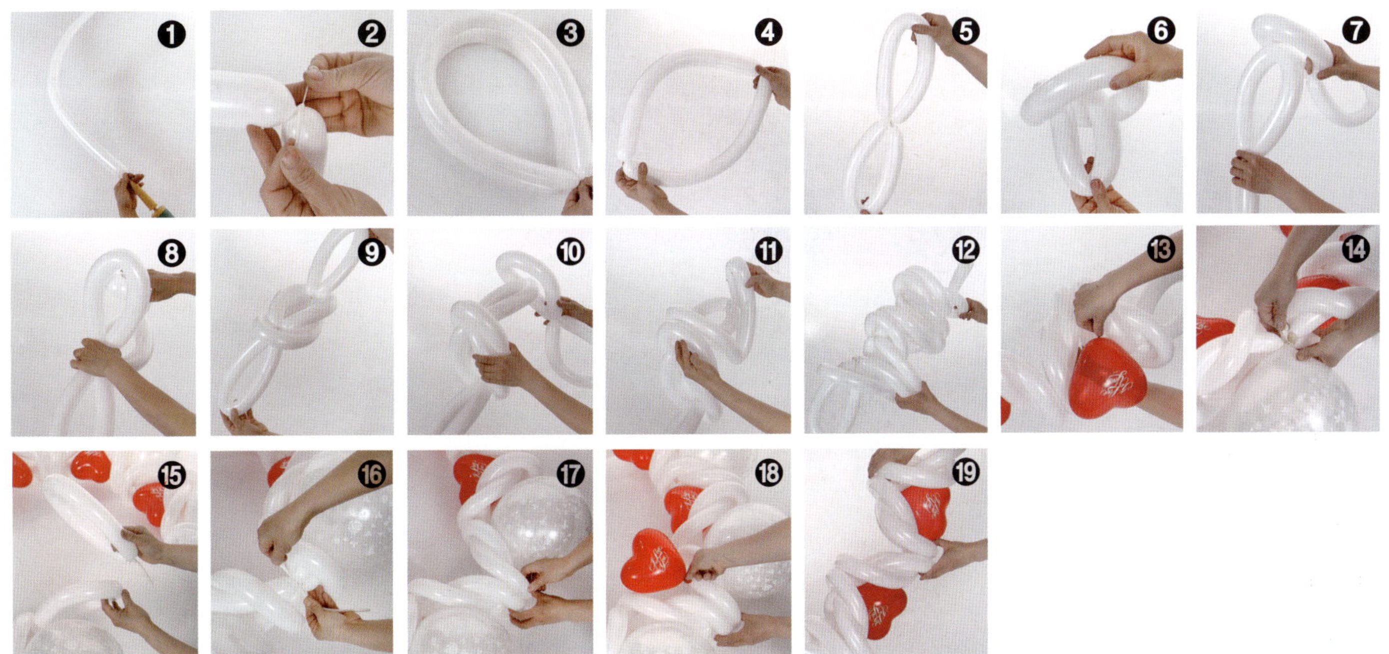

 **생각해보기**

12. 포도송이

 **준비할 재료**

5인치(13cm) 퍼플 약 50개
260 그린계열 여러개
10호 낚시줄

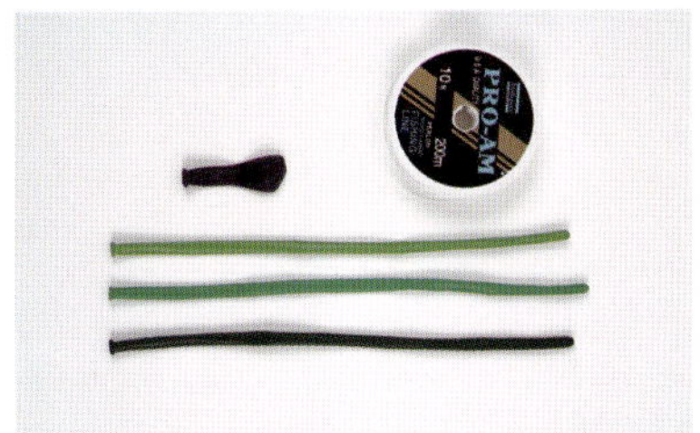

 **만드는방법**

포도송이 : ①② 10호 낚시줄을 1.3m 정도씩 3개를 잘라놓은 뒤 사진과 같이 낚시줄 사이에 풍선이 움직일 수 있도록 1개씩 묶어 준다. (포도송이 10~15개) ③④ 4클러스트 되어있는 풍선을 사진② 위에 끼워주고 고정시켜 놓는다.(낚시줄 3개 모두) ⑤⑥⑦⑧ 낚시줄에 주렁주렁 걸려 있는 3개의 포도송이 줄기를 한 덩어리가 되도록 풍선 1개씩 위치를 잡아 고정해 나간다. ⑨ 포도송이 모양이 틀어지지 않도록 낚시줄로 고정시킨다.

포도줄기 : ⑩ 260그린풍선을 공기를 1번 빼주고 260 펌프기에 3~4바퀴 감아 준 뒤 공기를 넣어주면 사진과 같이 스파이럴이 만들어진다. (여러개 만들어 놓기) ⑪⑫⑬⑭ 사진과 같이 주입구와 끝부분에 3cm 방울을 만들어 같이 돌려주어 멋스럽게 입사귀를 연출한다. ⑮ 만들어진 포도송이 ⑨와 줄기와 잎사귀를 연결시킨다.

 **생각해보기**

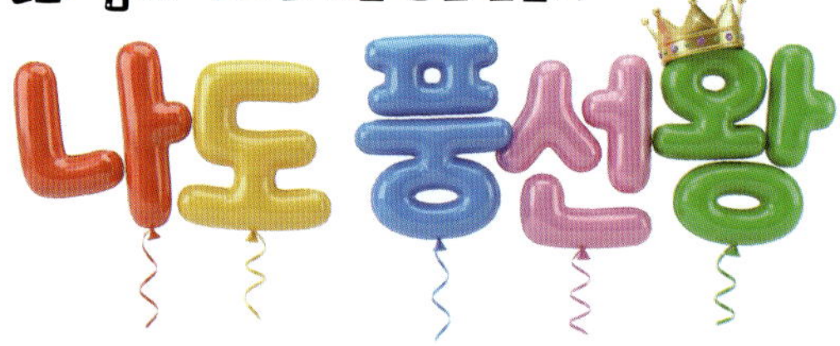

2 장
기법을 완성하는 풍선아트

13.
공간을 채우는 풍선구조물

-링커룬을 이용한 작품

1. 링커룬 바구니

2. 링커룬 하트

3. 링커룬 벽장식

4. 링커룬 곰돌이 핑크 & 블루

1. 링커룬 바구니

13. 공간을 채우는 풍선구조물 -링커룬을 이용한 작품

 **준비할 재료**

6인치(15cm) 링커룬 라임그린 28개
160 화이트 5개
160 로즈(푸치샤) 2개
160 그린계열(줄기) 여러개
160 여러 가지색(꽃)

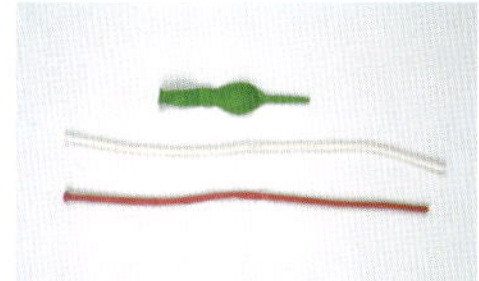

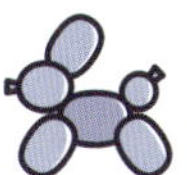 **만드는방법**

①② 6인치(6인치를 4인치) 링커룬 풍선 한개에 먼저 공기를 넣어 묶은 후 계속 한 개씩 불어서 연결시켜 8개 풍선을 동그랗게 만들어 묶어 준다. (2개) ③ 링커룬 풍선을 같은 크기로 4개를 클러스터 한 후 동그랗게 만들어진 8개의 풍선 안에 넣은 후 2개 사이에 하나씩 묶어나간다. ④⑤⑥ 링커룬 풍선을 4인치 크기로 사진② 8개의 풍선에 낱개로 만들어 놓은 풍선을 사이마다 하나씩 묶는다. 만들어진 두개의 링커룬을 같이 묶어 연결 시킨다. ⑦ 손잡이를 만들어 쉽게 들고갈 수 있는 센스! ⑧⑨⑩ 만들어진 바구니에 160 꽃팔찌를 만들어 준다. (튜울립 꼬기 다른 풍선으로 두 방울 꼬기를 5개를 만든다.) ⑪⑫ 악세사리로 만든 여러개의 꽃팔찌를 바구니의 빈 공간사이에 끼워주고 160 다알리아 꽃을 만들어 움직이지 않게 고정 시킨다.

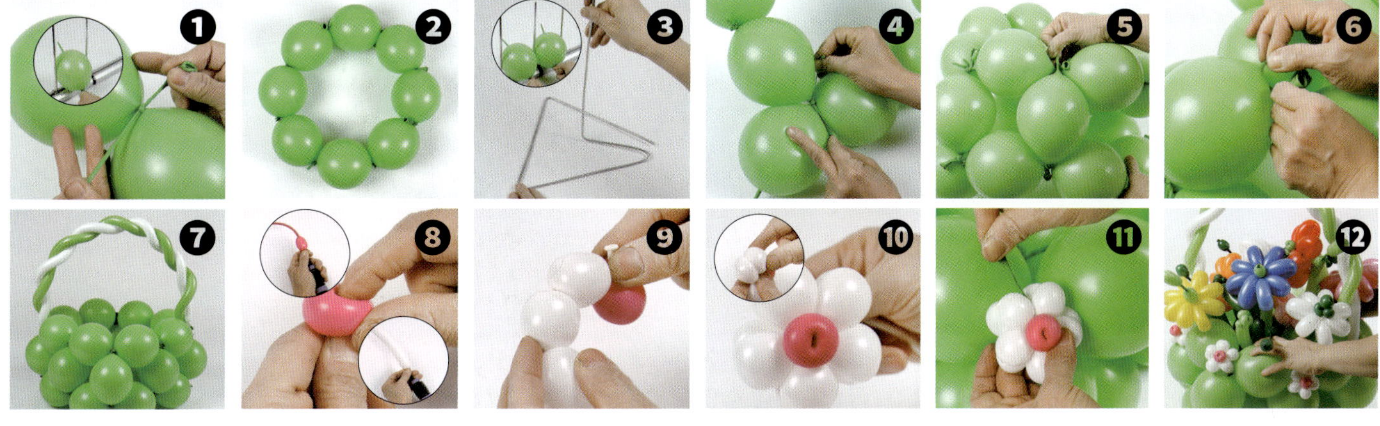

 **생각해보기**

2. 링커룬 하트

 **준비할 재료**

6인치(15cm) 링커룬 로즈 16개
6인치 링커룬 펄화이트 12개
5인치(13cm) 핑크 20개

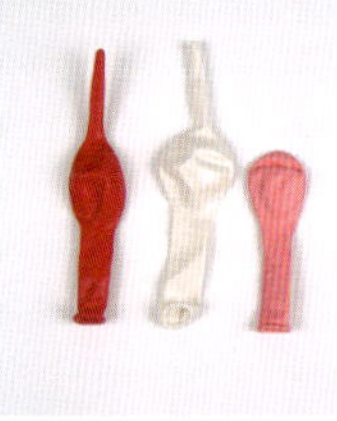

 **만드는방법**

①② 로즈 6인치 풍선을 4.5인치 싸이즈로 맞추어 묶어가며 16개 를 만들어 놓는다.
③ 화이트 6인치 풍선 12개를 만들어 놓는다.
로즈 : 12223222 ／ 화이트 : 211212111
④⑤⑥⑦⑧ 위, 아래 적어둔 순서대로 풍선 갯수에 맞추어 두 세바퀴 돌려가며 하트모양을 만
든다. 마무리하여 묶어 준다. ⑨⑩ 5인치 풍선 2개를 각각 3.5인치, 2인치로 잰 후 듀플릿 해준다.
⑪⑫ 완성된 하트에 만들어진 듀플릿을 고정 시켜준다.

 **생각해보기**

3. 링커룬 벽장식

준비할 재료

6인치 링커룬 라임그린 64개, 링커룬 펄 화이트 36개
5인치 로즈 16개, 화이트 9개
뒷면처리용 5인치 25개

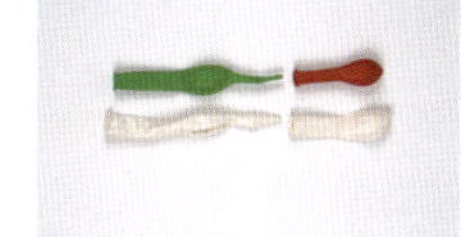

만드는방법

① ② ③ 6인치 링커룬풍선을 4.5인치로 싸이즈로 맞추어 듀플릿한 후 4개씩 클러스트 해놓는다. (라임그린 16개, 펄 화이트 9개를 만든다.) ④ 클러스트 한 것을 겉부분 라임그린색부터 묶어서 연결시킨다. ⑤ 만들어진 링커룬 풍선을 사진과 같이 마무리한 후 묶는다. ⑥ ⑦ ⑧ 풍선 벽을 만든 후 고정할 수 있는 5인치 풍선을 크고 (3.5인치) 작게(2인치) 만들어 놓는다. ⑨ ⑩ 만들어진 링커룬 풍선벽에 하나씩 끼워주면 된다. ⑪ 160풍선 여러색으로 다아리아꽃을 만들어 풍선벽의 꼭지부분에 연결 고정시켜준다. ⑫ 무지개로 악세사리 처리하면 더 세련된 장식이 된다.

생각해보기

4. 링커룬 곰돌이 핑크 & 블루

준비할 재료

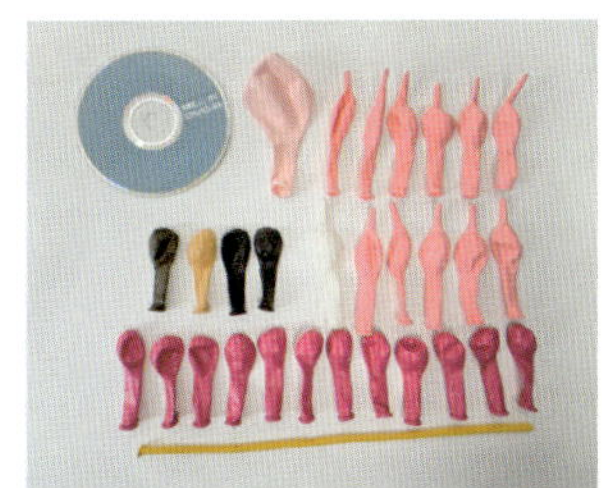

15cm꼭지풍선 핑크- 11개 , 꼭지풍선 흰색 1개
13cm풍선 로즈 -12개
160 풍선 – 노랑색 , 30cm풍선 핑크 – 1개
13cm검정 –2개(눈), 피치색 –1개 , 브라운-1개 (코)

만드는방법

포도줄기

① 링커룬 핑크풍선을 10cm 사이즈로 1개를 묶는다.
②③④ 사진에 있는 색상 순서와 사이즈데로 사진과 같이 계속 묶어준다.
⑤ 만들어 놓은 코를 4인치 풍선에 묶어준다.
⑥ 4인치 방울, 3.5인 치방울, 5인치 방울, 2.5인치 방울, 4인치 방울 잠그기 해준다.
⑦⑧⑨ 3.25인치 방울을 1개 겹꼬기 해주고 코를 사이에 넣어주고 나머지 3.25인치 방울도 겹꼬기 한다.⑩⑪ 4인치 방울 4개를 목에서 감아 묶어준다.
⑫⑬⑭ 흰색 5인치 풍선(배) 과 핑크색 5인치 풍선(등)은 꼭지 풍선으로 단단히 잘 묶어준다.
⑮ 매듭 부분을 가리기 위해 만들어 놓은 듀플릿 리본을 목과 귀에 끼워준다.
⑯⑰ 눈도 코를 중심해서 끼워준다.
⑱ 곰돌이 받침대에 고정해준다.

소품만들기 ⑲⑳㉑㉒㉓ 코(13cm 풍선을 9cm 불어서 애플링크 기법으로 고정해서 묶는다.)

1. 눈(작고 반짝거리게 한 개씩 묶어놓고 주입구끼리 묶어놓는다.)
㉔㉕㉖㉗ 목 고정 리본 6cm(2.5") 13cm 풍선을 2.5인치로 공기를 넣어서 듀플릿으로 만들어 놓는다.
2. CD 받침대 :
㉘㉙㉚㉛ 30cm 핑크 풍선을 30cm만큼 불어서 CD에 가운데 끼워주고 풍선 안에 있는 공기를 빼주면 CD를 감싸준다.

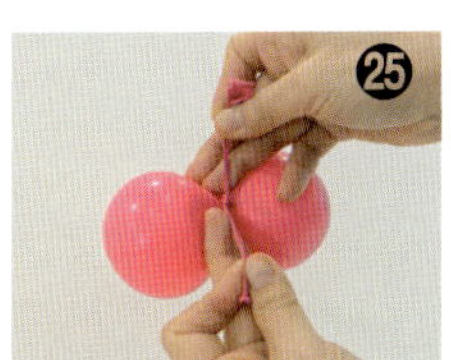

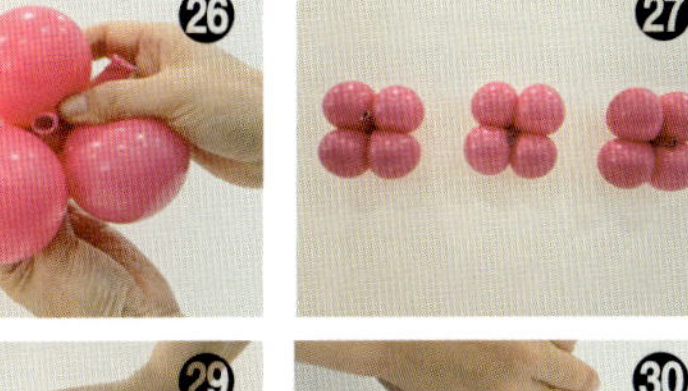
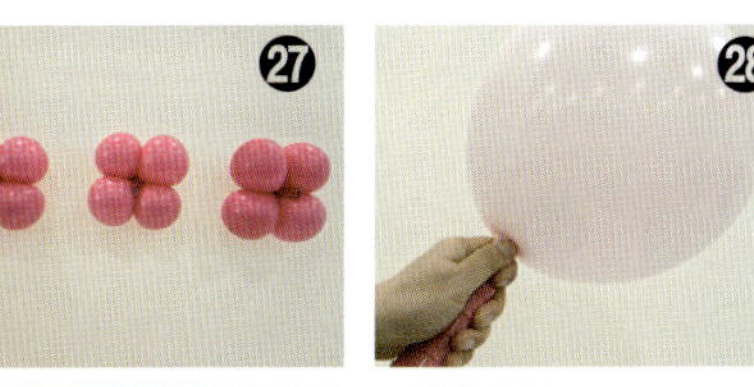

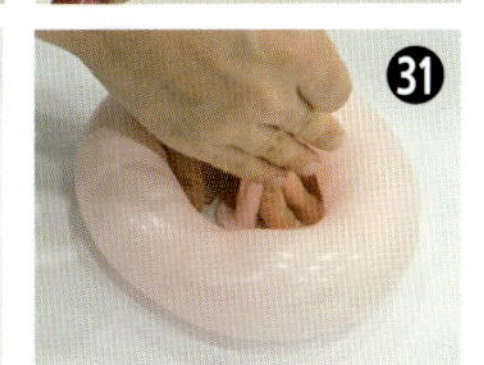

생각해보기

14.
기법을 넘다

- 디스토션 플라워 1. 2

풍선 안에 또 다른 "풍선"을 넣고, 내부 풍선을 이용해 비강 풍선의 형태를 강제로 변형시키는 기법
260 풍선 또는 이지홀을 이용해 바깥 풍선을 하트 또는 잎 외 특수 곡선 등으로 조형하는 방식

풍선 꽃 만들기 1 "디스토션 입체 플라워"

풍선 꽃 만들기2 "이지 디스토션 플라워"

꽃 풍선 - 버블 풍선안에 "꽃"

풍선 꽃 만들기 1 "디스토션 입체 플라워"

 **준비할 재료**

30cm 퀸핑크 5개 / 260 풍선 5개(30cm 풍선 색상과 같은)
13cm 스마일풍선 1개
미니기둥재료 : 30cm 그린 4개 / 260 그린 / 260 소품 꽃 재료

 **만드는방법**

①② 30cm 풍선을 한번 불었다가 공기를 빼고 30cm 풍선안에 260 풍선을 스틱을 이용해 풍선 안에 넣는다. ③ 밖에 있는 30cm 풍선을 손펌프 & 인플레이터를 이용해 공기를 넣는다.
④ 30cm 공기를 넣은 것 만큼 260 풍선이 불어지기 때문에 풍선 꽃의 크기가
정해지면 안에 있는 260 풍선을 묶어준다. ⑤ 묶어주고 남은 260 풍선은 가위로 잘라준다.
⑥⑦ 안에서 묶어준 260 풍선 주입구는 30cm 주입구로 내려오도록 하고 30cm 풍선 주입구는 뒤편 3/2 정도에 머물게 한다. ⑧ 같은 방법으로 꽃잎을 5개 만든다.(기본 5개잎)
⑨⑩⑪⑫ 꽃잎 5개가 만들어지면 유글루로 붙여준다. ⑬ 뒷면이 보이는 주입구는 1cm 남기고 모두 자른다. ⑭⑮⑯⑰⑱ 꽃심을 정해 꽃잎 구멍에 넣고 만들어놓은 풍선 잎사귀 기둥에 고정 해준다. (간단한 미니 기둥 만들기-완성)

 **생각해보기**

◎ 일반 꽃풍선과 어떤 점이 다르게 느껴지나요?

◎ 이 기법으로 어떤 새로운 꽃을 만들어 볼 수 있을까요?

풍선 꽃 만들기2 "이지 디스토션 플라워"

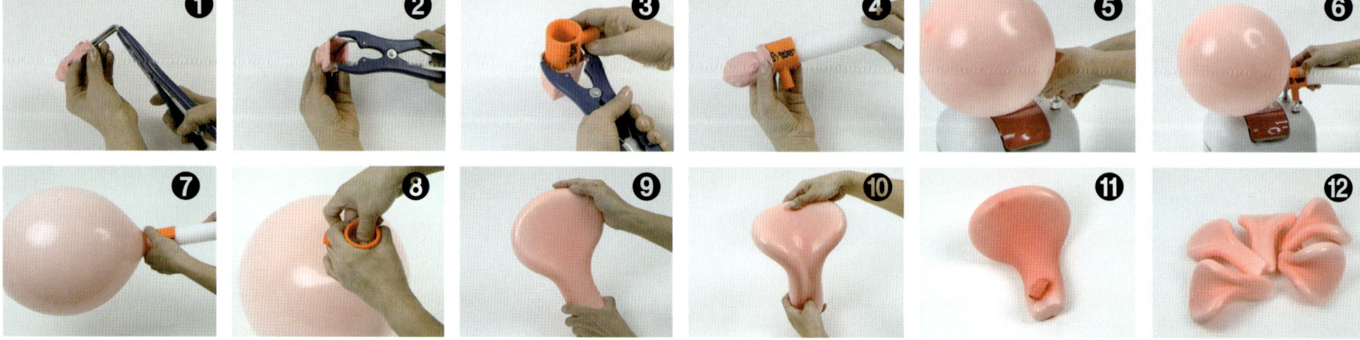

 **준비할 재료**

12인치 라운드풍선(핑크, 그린. 옐로우)
260 화이트, 옐로우
그린/백업재스펀지 /이지홀

 **만드는방법**

1. ①②③④ 12인치 핑크라운드 풍선을 불었다 공기를 빼준뒤 풍선 확장기를 이용해 이지홀 한쪽 구멍에 주입구를 끼운다.
2. ⑤⑥⑦ 백업재를 이지홀 다른쪽 구멍에 넣어준 뒤 이지홀 작은 구멍을 인플레이터를 이용해 적당량의 공기를 넣으면 12인치 라운드풍선이 적당히 부풀면 백업재를 풍선쪽으로 완전히 밀어넣는다.
3. 이지홀을 제거한다
4. ⑧⑨⑩⑪ 백업제가 들어간 12인치 라운드풍선에 공기를 다시 넣어 백업재의 위치를 바로 잡아 꽃잎모양을 만든뒤 공기를 빼낸다(이때 주입구는 뒤쪽 중간 쯤이나 3분의 2정도에 위치하면 적당함)

5. ⑫⑬⑭⑮⑯⑰ 디스토션기법을 이용한 꽃잎을 5장 만든 뒤 풍선글루나 쿨굴루로 꽃잎끼리 붙여준 뒤 수술을 만들어 꽃을 완성한다.
6. 만들어진 꽃을 다른 풍선들을 이용해 데코레이션하여 예쁘게 구성할 수 있다.

▶**이지홀을 활용한 하트 만들기**
①②③④ 30cm 핑크라운드 풍선을 불었다 공기를 빼준뒤 풍선 확장기를 이용해 이지홀 한쪽 구멍에 주입구를 끼운다. ⑱⑲⑳㉑ 30cm 풍선에서 이지홀을 빼고 공기를 뺄 때 납작한 모양이 나오도록 한다.
납작한 상태에서 하트 모양을 잡아주면 예쁜 하트가 만들어진다.

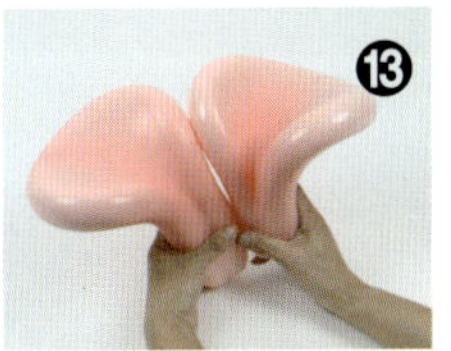
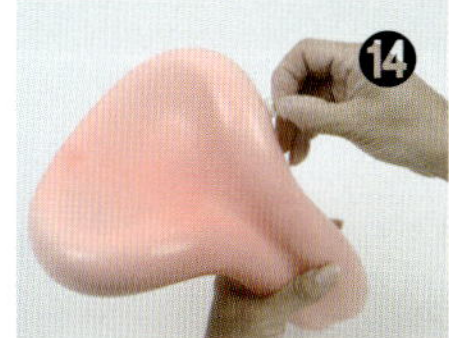
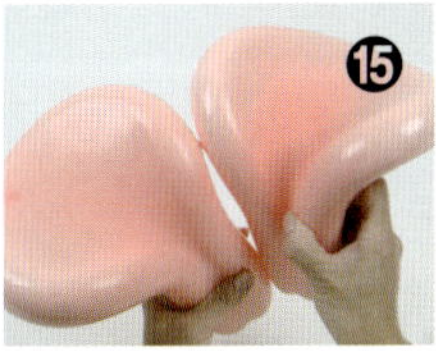
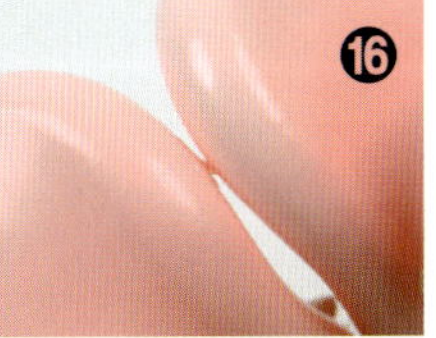
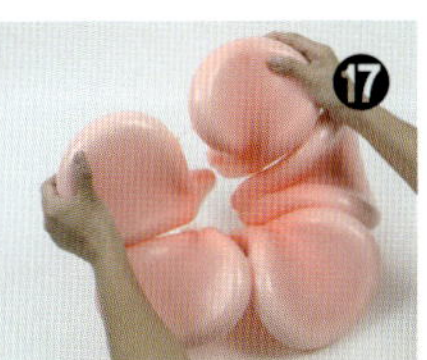

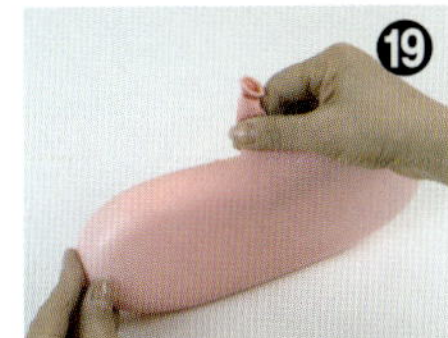
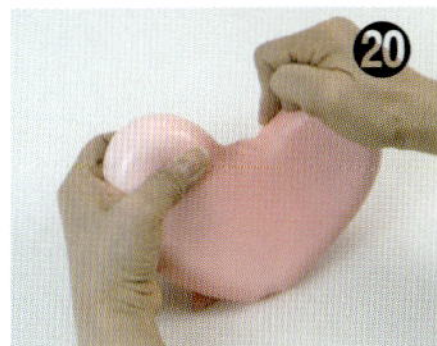
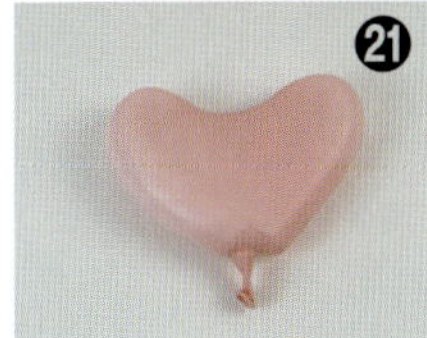

응용하기 - 빅플라워 한송이 포장

 **생각해보기**

◎ 디스토션 기법이 입체감을 주는 이유는 무엇일까요?

◎ 전시용 작품으로 만들 때 어떤 점을 더 고려하면 좋을까요?

꽃 풍선 – 버블 풍선안에 "꽃"

- 투명 버블풍선 안에 **꽃**을 배치해 입체감을 살린 작품
- 내부 장식이 흔들리지 않도록 중심 고정 구조가 중요
- 스틱형 구조로 제작해 테이블 . 공간 연출에 적합

 **준비할 재료**

45cm & 60cm 버블풍선
꽃- 실크플라워 묶음, 착한손잡이
260풍선, 전기테이프, 가위
스티커, 실링기

 **만드는방법**

1. 버블 풍선안에 들어갈 꽃다발을 만들어 놓는다.

① 꽃이 들어갈 만큼 가로로 잘라 입구를 만들 어준다.

② 만들어 놓은 꽃다발을 줄기 아래 부분 부터 집어 넣어준다.

③ 만들어 놓은 꽃다발을 모두 잘 넣는다.

④ 원하는 꽃다발이 되었는지 꽃 위치를 잘 정리해준다.

⑤⑥ 가위로 잘라준 부분을 실링기를 4~5에 넣고 눌러주면 실링된다.(버블풍선 두께에 따라 조금 다를 수 있다.)

⑦⑧⑨ 공기주입기를 이용해 원하는 풍선크기에 마추어 공기를 넣고 묶어준다.

⑩⑪⑫ 꽃다발 아랫부분을 꼭 잡은 뒤 260풍선을 이용해 꽉 묶어주고 전기테이프로 한번 더 감아주면 공기가 잘 빠져나가지 않는다.

⑬⑭ 사진과 같이 주입구를 최대한 늘려서 묶어준 뒤 아래쪽으로 한번 더 묶어준다. (사진과 같이 2번 묶어준다.)

⑮⑯ 착한손잡이 안에 넣고 2개의 홈에 걸어준다.

 (⑰⑱ 받침대에 매듭부분을 먼저넣고 시계방향으로 돌리면서 삽입한다.)

⑲⑳㉑㉒ 마음을 담은 스티커 문구를 보조시트지를 이용해 붙여주고 꾸며준다.

  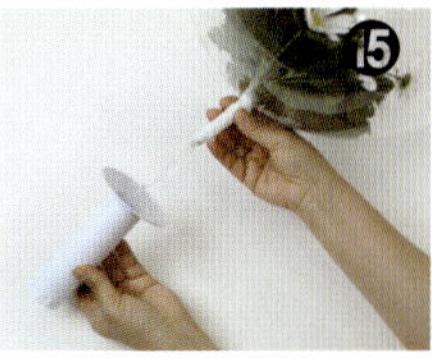   

 **생각해보기**

◎ 꽃의 색을 바꾸면 어떤 분위기가 될까요?

◎ 내부 장식을 바꿔 또 다른 작품으로 응용할 수 있을까요?

3장
테마가 있는
풍선아트

나도 풍선왕

3장
테마가 있는 풍선아트

15.
할로윈 DAY
파티소품

1. 호박 요술봉

2. 고스트 요술봉

3. 거미

4. 고스트 모자

Balloon Art Master

1. 호박 요술봉

 **준비할 재료**

260 오랜지 –1개, 그린 –1개

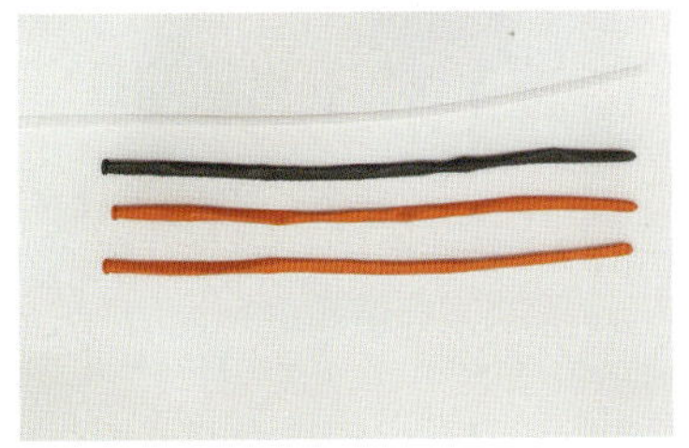

 **만드는방법**

① 12cm 남기고 풍선을 불어준다.

③④⑤->②③④ 10cm 방울 2개- 10cm 방울 1개를 만들어 말아 넣기 한 뒤에 같은 ⑥⑦->⑤⑥ 10cm 방울을 같은 방법으로 모두 6개를 만들어준 후 공기를 빼준다..

⑧⑨->⑦⑧ 두 손을 이용해 살짝 눌러준 뒤에 공기를 뺀 나머지 풍선으로 위, 아래를 돌려 조금 납작하게 만들어 호박 모양이 되도록 한다.

▶**잎사귀 만들기**

⑨ 그린 260 풍선을 15cm 불어준다.

⑩ 4cm 방울 ⑪⑫⑬ 3cm 겹꼬기 3개 만든 후에 ⑭⑮ 오렌지 호박 풍선에 잎사귀를 끼워 고정한다. ⑯⑰ 오렌지 260 풍선을 풍선스틱에 넣고 살짝 잡아당겨 7cm 남기고 묶어준다. ⑱⑲ 묶여진 스틱 주입구를 잡아당겨 오렌지 호박에 단단하게 2~3바퀴 돌려주면 호박 요술봉이 만들어진다.

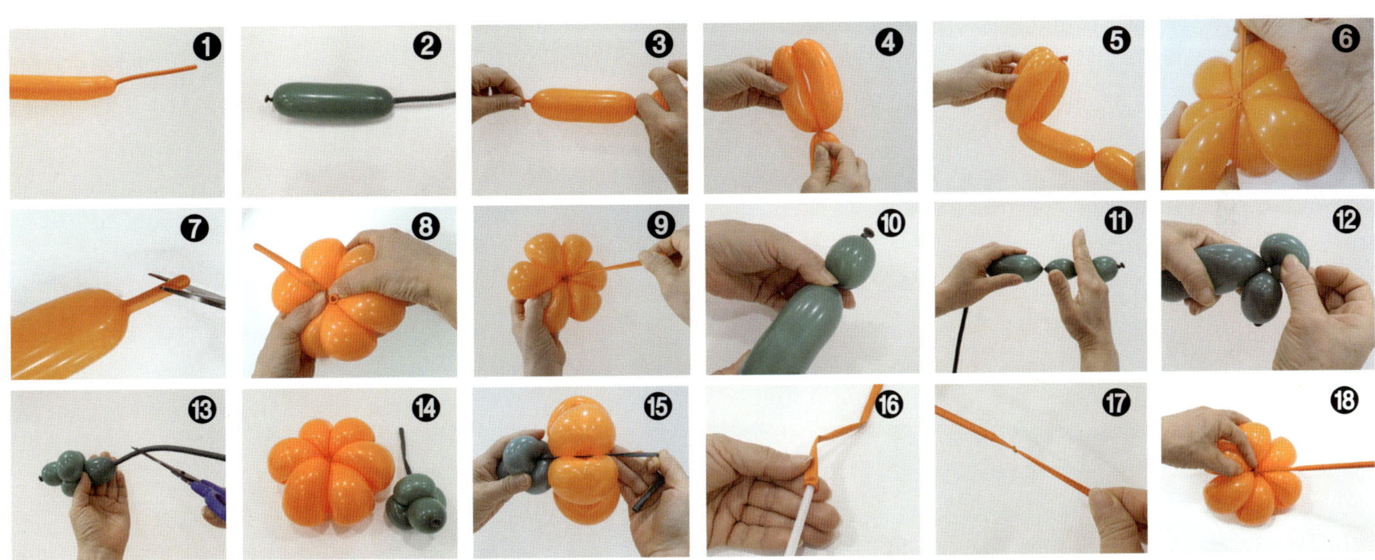

 **생각해보기**

◎이 작품은 할로윈의 어떤 분위를 표현했나요?

◎색이나 표정을 바꾸면 느낌은 어떻게 달라질까요?

2. 고스트 요술봉

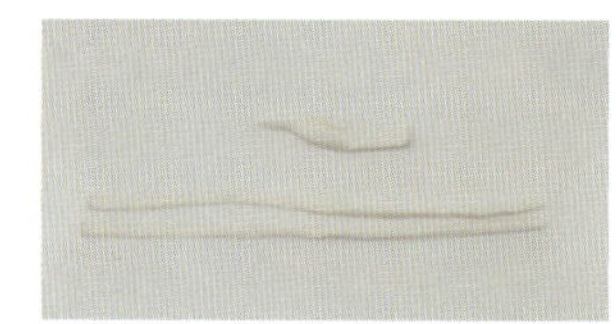

준비할 재료

260 흰색풍선 –2개 , 15cm 흰색 꼭지풍선- 1개

만드는방법

① 15cm 꼭지풍선에 공기를 14cm넣고 주입구를 살짝 묶어준다. ②③ 풍
선을 호루병같이 힘을 주어 뽈록하게 나오도록 만들어준다. ④⑤ 260 흰
색 풍선을 5cm만 남기고 공기를 주입해준다. ⑥⑦⑧⑨⑩ ④풍선을 반
을 접어 한 손으로 두가닥으로 벌려 아래쪽부분을 돌려가며 꽈베기한 후
두개의 방울 고정 해준다.

▶팔 만들기

⑪ 20cm 남겨두고 공기를 넣어준다. ⑫ 3cm 방울–7cm접어꼬기에 3cm
방울 안에 넣어주고 ⑬ 15cm 방울–5cm겹꼬기 2개–15cm 방울–7cm 접
어꼬기- 3cm 방울 고스트 팔이 완성되면 고스트 얼굴과 요술봉을 합체 후
팔도 끼워준다. ⑭ 눈 스티커를 붙이거나 매직으로 눈을 그려준다.

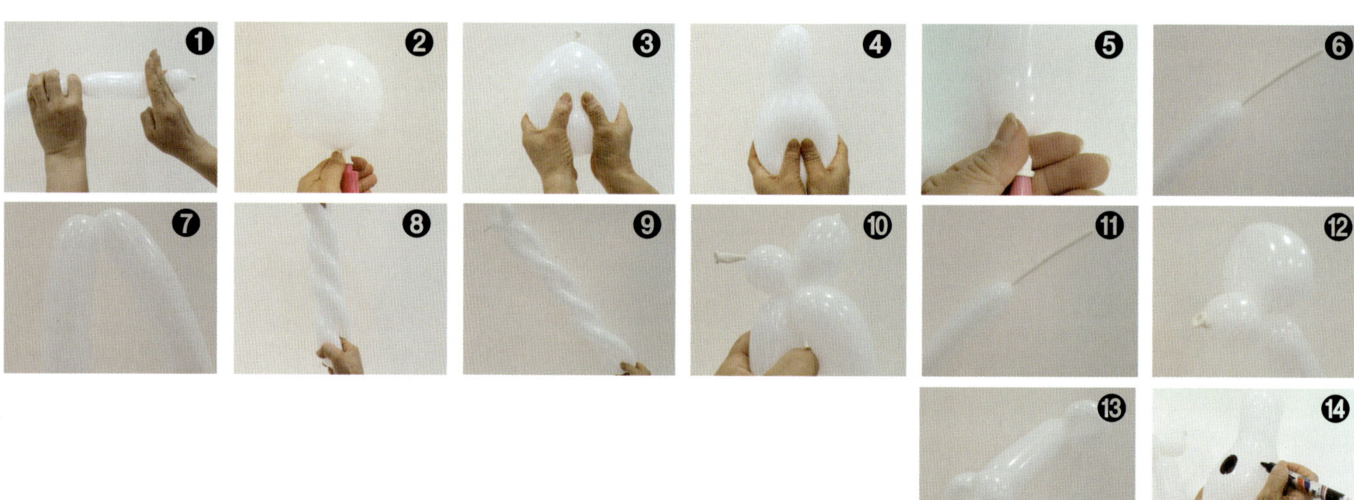

생각해보기

◎이 친구는 무섭나요? 귀엽나요?

◎귀엽게 만들까요? 살짝 무섭게 만들까요?

3. 거미

 **준비할 재료**

30cm 검정 –2개
260 검정 풍선 – 4개
눈 스티커 & 매직

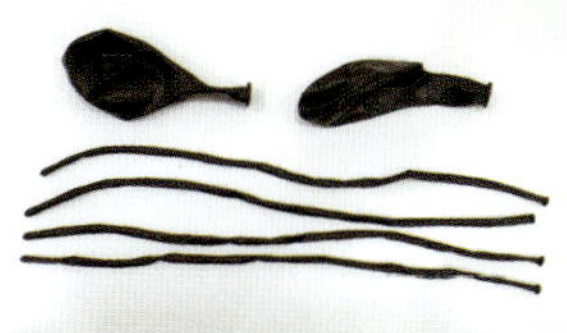

 **만드는방법**

① 30cm 풍선 30cm 만큼 불어준다.

② 30cm 풍선을 20cm 만큼 불어준다.

③ 풍선 2개를 묶어준다.

④⑤⑥ 260풍선 4개를 모두 공기를 넣고 가운데 중심 잡아 함께 크로스 해준다.

⑦⑧ 260풍선 4개 중 1개씩 정해 5cm 겹꼬기(2개-목 고정)를 해준다.

⑨⑩ 2개 겹꼬기 한 260 검정색 다리를 풍선 거미 목에 감아준다.

⑪⑫ 다리 꺽이는 부분을 3:2로 정해서 겹꼬기를 해준다.

⑬ 눈 시트지 또는 흰색마카로 그려준다.

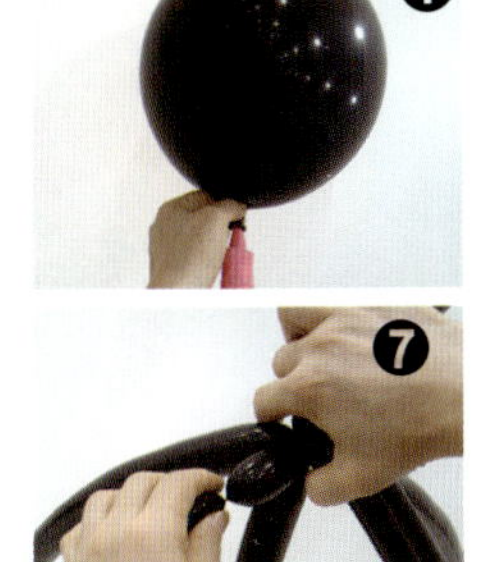

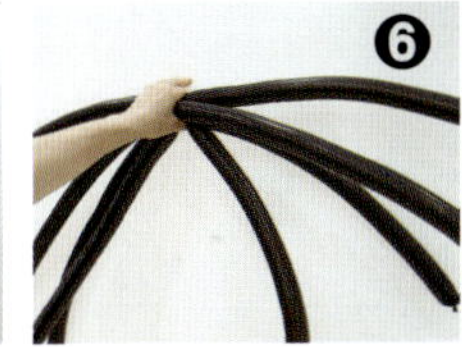

 **생각해보기**

◎할로윈 색은 왜 주황색과 검정일까요?

◎무섭게 만들기 & 귀엽게 만들기, 어떤 게 더 좋나요?

4. 고스트 모자

 **준비할 재료**

260 흰색풍선 –2개 , 15cm 흰색 꼭지풍선- 1개
13cm 흰색풍선/ 눈 스티커

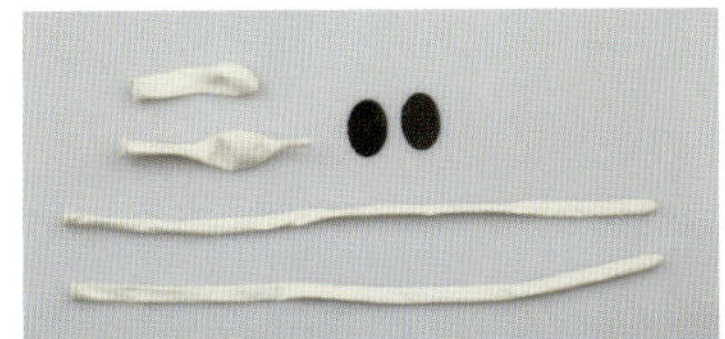

 **만드는방법**

① 13cm 풍선에 공기를 13cm 넣고 주입구를 살짝 묶어준다.
②③④ 15cm 풍선을 호루병같이 힘을 주어 뽈록하게 나오도록 만들어 준다.
⑤①④풍선을 묶어준다. ⑥ 260풍선 25cm 공기를 넣어준다.
⑦⑧ 3cm방울꼬기 1개 만들고 3cm방울꼬기 3개를 만들어 잠그기 한다.
⑨⑩⑪⑫⑬⑭ 15cm방울 5cm 겹꼬기 2개 15cm방울 3cm방울 4개 만들어
3개 잠궈주면 고스트 팔과 손이 만들어진다. ⑮⑯ ⑭을 얼굴과 몸통에 겹꼬기
2개를 이용해 함께 교차해서 고정시킨다.

고스트 화관 만들기

⑰ 260 흰색 풍선 50cm 공기를 주입하고 묶어준다.
⑱⑲⑳㉑㉒㉓ 4cm 방울을 만들고 머리둘레만큼 고리를 만든 뒤 4cm 방울
에 한바퀴 돌려 주고 나머지 남은 풍선으로 5cm 겹꼬기 2개 만든다. (고스트
몸체 고정) ㉔ 눈 스티커를 붙여준다.

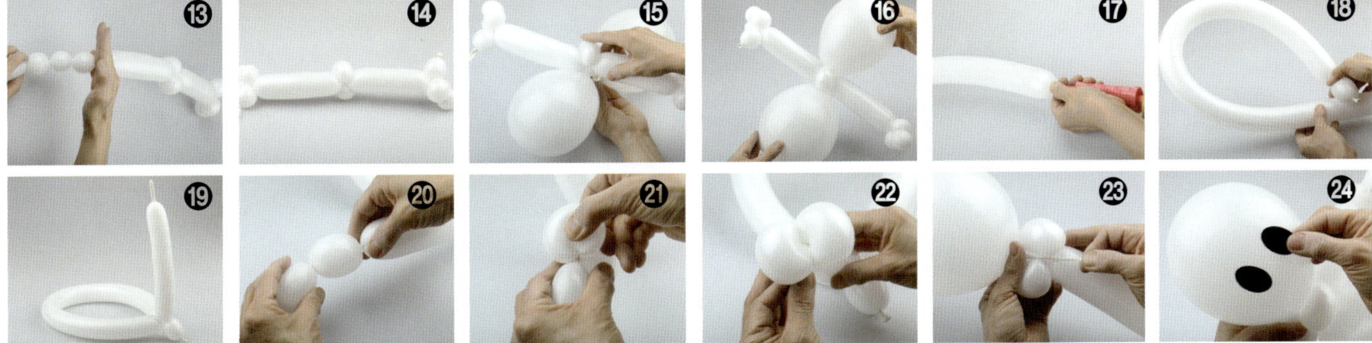

 **생각해보기**

◎ 이 작품은 할로윈의 어떤 분위를 표현했나요?

◎ 이 소품을 들고 어디에 가고 싶나요?

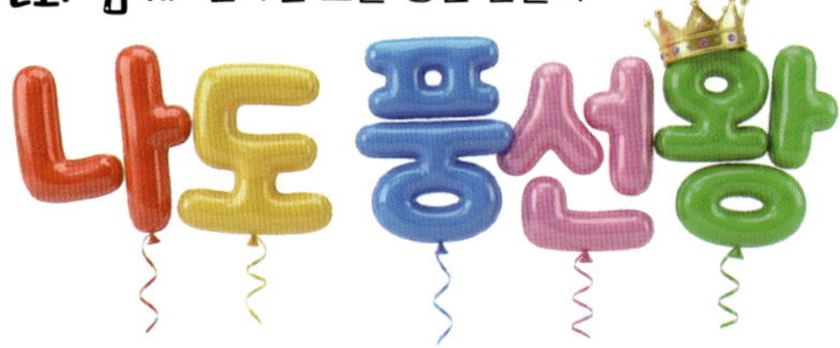

16.
크리스마스테마

1. 미니 크리스마스트리

2. 루돌프사슴코

3. 미니 눈사람

4. RMS 산타할아버지

5. 버블 『 뚱뚱산타 』

1. 미니 크리스마스트리

준비할 재료

1. 17cm 크롬 골드 &
   30cm 골드 – 4개
2. 13cm 그린풍선20개~25개
3. 13cm 모카브라운 & 쵸코
4. 13cm 여러 가지색상 –10개
5. 리본 7개 / 이니셜 / 글루건
   아크릴원형 set /4" & 9" 호일 별
6. 260 풍선
7. LED 10P 전구

만드는방법

1. 풍선 트리 4단 사이즈
   4단 7cm
   3단 9cm
   2단 11.5cm
   1단 13cm
2. 나무기둥:
   2단: 듀플릿 4클러스트 13cm ▶ 7cm (6개) =3단
   1단: 4클러스트　　　　　17cm ▶14cm (4개) =1단

■ **4" 별 호일 실링 후 묶어서 트리에 달기**

■ **풍선 전구 만들기:**
　13cm 풍선을 동그랗게 자기 색상이 나오도록 작게 불어서 한 개씩 묶어준다.
　풍선트리에 붙여준다.

■ **LED전구끼우기 / 리본연출하기**

생각해보기

2. 루돌프사슴코

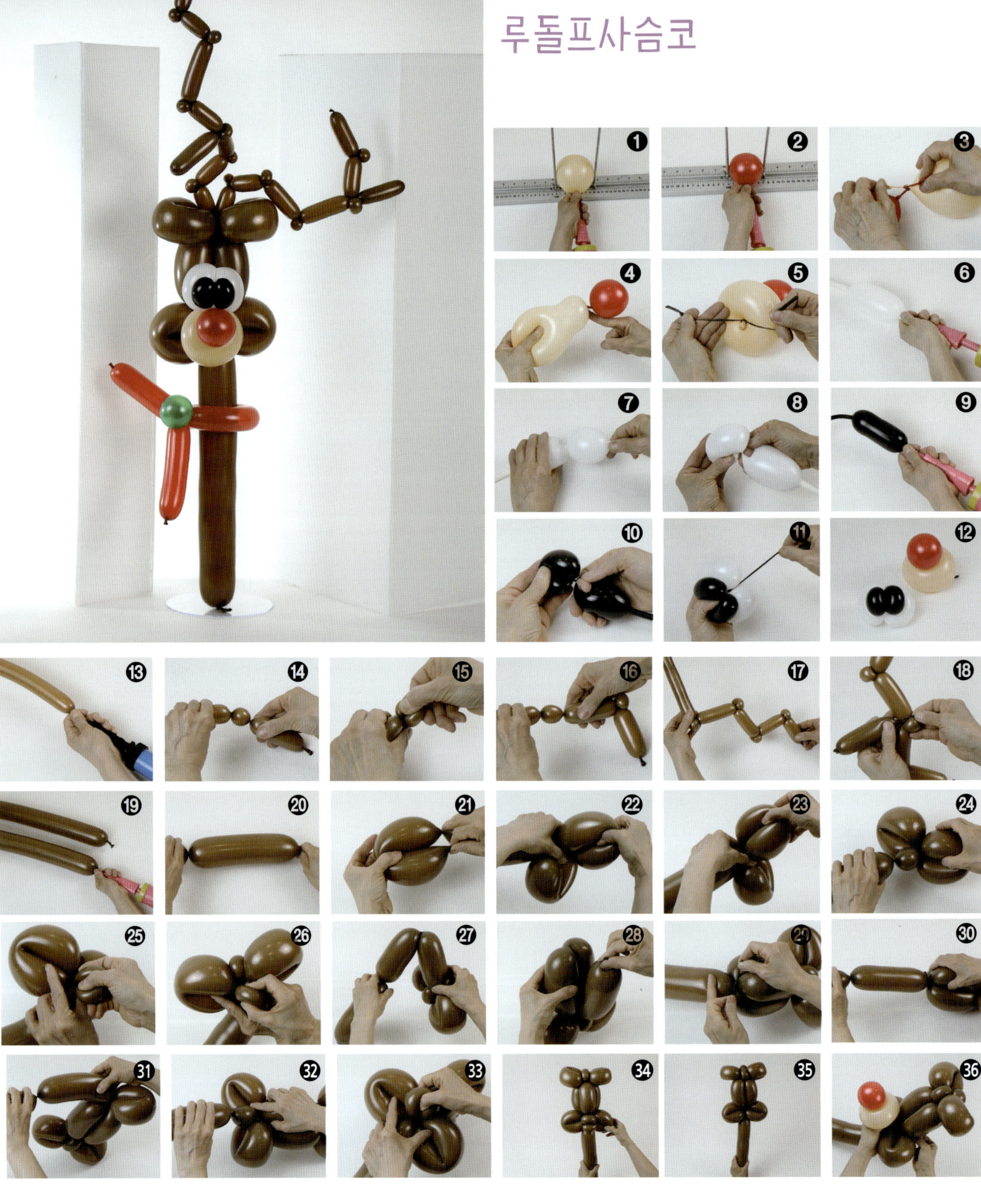

메리크리스마스-
루돌프사슴코

준비할 재료

350 & 360 모카브라운 –2개 / 화이트- 1개
260풍선 블랙 -1개 , 레드-1개
160풍선 –모카브라운 –2개
13cm 피치색 1개 , 펄레드-1개 , 펄그린-1개

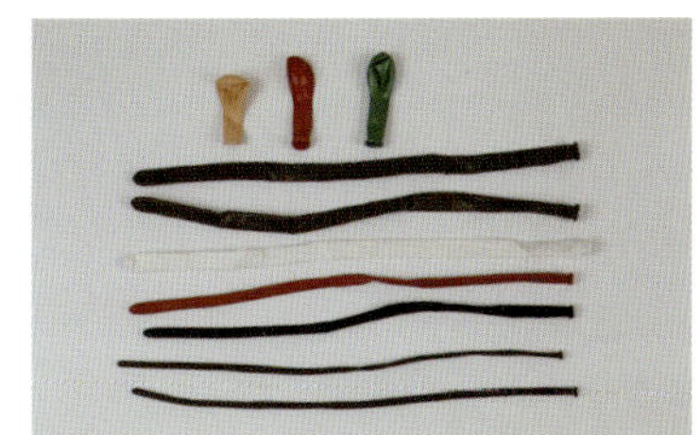

만드는방법

■코만들기

①② 13cm 피치풍선을 3.5“ 불어놓고 레드풍선 3”풍선을 불어놓는다.
③④⑤ 피치풍선 주입구와 3인치풍선 주입구를 함께 묶고 검지손가락을 이용해 튜울립꼬기 한 후 260 풍선으로 묶어준다.

■눈동자 만들기

⑥⑦⑧ 350 화이트풍선에 10cm 공기를 넣고 5cm겹꼬기 2개를 만든다. ⑨⑩⑪ 260 블랙풍선 8cm 공기를 넣고 4cm 겹꼬기 2개를 만들고 흰색풍선 눈과 같이 합체한다. ▶⑫ 코와 눈을 만들어 놓는다.

■⑬⑭⑮⑯⑰⑱ 뿔만들기 : 160풍선을 40cm 불고 주입구를 묶어준다. (2개모두) 1. 7cm 방울- 3cm 겹꼬기-7cm 방울-3cm 겹꼬기-7cm 방울–3cm 겹꼬기1개-7cm 방울 – 2개 만들기 2. 160풍선 남아있는 조각풍선을 이용해 공기 7cm넣고 묶은 뒤 만들어놓은 뿔 겹꼬기에 두바퀴 돌려준다.

■얼굴 만들기

⑲ 350풍선에 공기를 넣고 15cm 남겨두고 주입구를 묶어준다. (2개모두) ⑳㉑㉒㉓㉔㉕㉖ 350풍선 1 : 15cm접어꼬기 2개 – 4cm겹꼬기 2개 (앞.뒤고정) ㉗㉘ 12cm방울 2개 만들어 잠그기하고 12cm 방울 1개 더 만들어 2개의 방울과 함께 묶어준다. ㉙㉚㉛㉜㉝㉞㉟ 350풍선 2 : 주입구를 12cm 3개방울과 연결시킨후 4cm겹꼬기 1개(고정시키는 역할) 15cm접어꼬기 2개(볼) 나머지부분은 목이 된다. ㊱㊲ 코 합체 : 260풍선을 이용해 묶어준 코를 볼사이 끼워 두 세바퀴 돌려 고정시켜준다. ㊳㊴ 눈합체 : ⑪350 12cm 방울 2개 사이에 만들어 놓은 눈을 끼워 고정한다.㊵㊶㊷ 뿔도 합체 만들어놓은 뿔 2개를 길게 묵고 귀 고정한 겹꼬기에 뿔을 달아준다.

■풍선머플러 만들기

㊸㊹㊺ 260레드풍선을 30~40cm 공기를 넣고 묶어준다.
350풍선 목부분에 사진과 같이 감아 2~3바퀴 돌려준다. 포인트 펄그린 13cm 풍선에 공기를 살짝 넣고 묶어준 뒤 2~3바퀴 돌려준다.

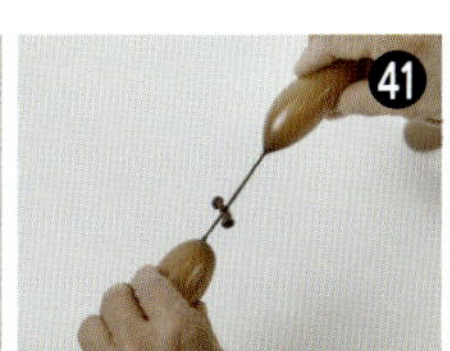

생각해보기

◎루돌프 사슴코의 빨간 코는 왜 특별할까요?

◎루돌프 만들 때 사용한 풍선 종류는?

3. 미니 눈사람

준비할 재료

13cm 흰색 풍선 –1개 , 30cm 흰색풍선-1개

160 1개 ~2개 , 소품모자

시트지 / 일회용 컵

만드는방법

1. 30cm 흰색풍선을 불어서 묶어준다.
2. 묶어준 풍선을 주입구 쪽으로 눌러 호루병 모양을 한 뒤 주입구 부분을 잡아 260 풍선으로 묶어준다.
 (사과 기법으로 토끼 얼굴 모양 만든다. - 위 아래 260풍선이 있어야 함)

▶머리만들기

 13cm 흰색 풍선을 동그랗게 불어서 묶어준다.
 눈사람 몸 합체하기- 몸통과 얼굴을 묶어준다.

▶단추만들기

1. 160 풍선을 4cm 방울 크기로 불어서 묶어준다.
 (튜울립기법을 응용해서 단추를 만든다.)

▶목도리만들기

1. 160풍선을 반을 자른 뒤 공기를 넣고 불어 묶어준다.
2. 목 둘레만큼 감아서 두바퀴 정도 돌려주면 – 목도리 끝

일회용컵을 활용해서 선물포장 꾸미기

생각해보기

4. RMS 산타할아버지

준비할 재료

RMS 하트 벌룬시트 1개, - 13cm흰색 18개 +1개

13cm핑크 13개, 빨강 4개, 검정 2개

3M 77 스프레이 (일지적으로 풍선이 빠지지않게 하는 접착제)

손펌프/ 가위

만드는방법

■벌룬시트 산타 얼굴 만들기

1. 하트모양의 벌룬시트를 펴서 3M을 뿌려준다. (3M의 효과 : 접착력이 있어 풍선
이 일시적으로 잘 빠지지 않게 해준다.)

2. 5인치 풍선을 4~3.75“ 불어서 풍선두개씩 묶어준 뒤 주입구를 1cm만 남기고 가위로 자른다.

3. 만들어 놓은 풍선을 사진을 보면서 2개씩 끼워준다.

4. 눈 : 13cm 검정풍선을 한 개씩 공기를 넣고 묶어준다.

▶ 하트 벌룬시트를 이용해 산타 외 여러 가지 캐릭터를 만들 수 있다.

 (예 : 토기/ 천사/ 물고기 외)

생각해보기

5. 버블 『뚱뚱산타』

 **준비할 재료**

45cm PVC버블풍선-1개 , 13cm 빨강풍선-13개
착한손잡이 –1개, 산타모자
캐릭터시트지: 산타수염.눈.코.입. 벨트.바클.단추손잡이 빨강스티커.. 눈 결정체
유글루 또는 스티키닷, 손펌프기 / 가위 / 스틱

 **만드는방법**

1. 45cm 버블 풍선안에 공기를 넣어 늘려준다.
2. 버블풍선안에 스틱을 이용해 13cm 빨강풍선을 넣고
   손펌프를 이용해 9cm~10cm크기로 불어 묶어준다.- 13개 모두
   (가위를 이용해 1cm 남겨두고 주입구를 잘라준다.)
3. 13개의 풍선을 넣은 PVC 버블풍선을 37cm 정도 공기를넣고 주입구를 묶어 준다. (매듭 1. 매듭2)
4. 착한손잡이를 이용해 주입구를 고정시킨다..
   (묶어준 버블풍선 주입구를 손잡이 안으로 넣은 다음 당겨서 매듭2를
2개의 홈사이에 통과하여 홈에 걸어준다.)
5. 받침대에 매듭부분을 먼저 넣고 시계방향 돌리면서 삽입한다.
6. 사진과 같이 시트지를 산타 사진을 보면서 붙여준다.
   (시트지붙이는 순서: (수염-콧수염-코-입.눈-바클-검정벨트-단추)
7. 착한손잡이에도 스티커작업 (빨강스티커:바지. 검정스티커:신발연출)
8. 산타모자는 유글루를 이용해 붙여준다.

"버블 풍선의 볼륨감을 살려
 산타의 따뜻하고 유쾌한 이미지를 표현한
 창작 작품"

 **생각해보기**

◎ 버블풍선 안에 다른 캐릭터를 만든다면 무엇이 좋을까요?

◎ 색이나 표정을 바꾸면 어떤 산타가 될까요?

4장
풍선으로 공간을
디자인 하다

같은 공간이라도 풍선이 더해지는 순간,
분위기는 완전히 달라집니다.

3장
테마가 있는 풍선아트

17.
풍선 갤러리

1. 버블에 담다 - 착한손잡이 작품모음

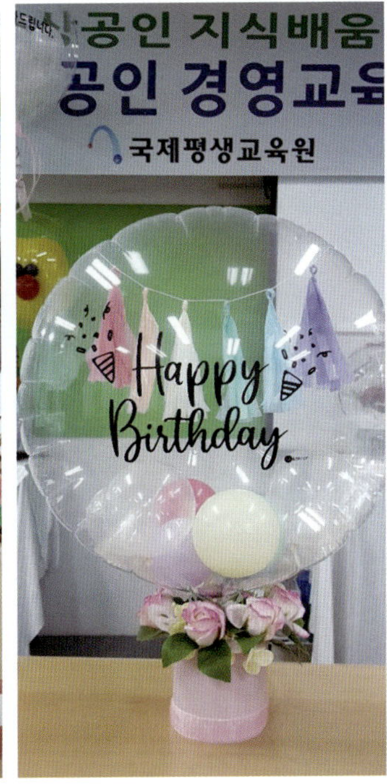

2. 꽃과 풍선 "플라워&Balloon"딜리버리

3. 축하가 필요한 장식 갤러리1- 졸업. 입학. 축하

풍선색상 : 퀸 핑크 / 씨그린 / 더스티로즈 / 와일드베리 / 여덟잎 데이지

4. 축하가 필요한 장식 갤러리2- 졸업. 입학. 축하

5. 축하가 필요한 장식 갤러리3- 졸업. 입학. 축하

JL GROUP

DNV
2024
Year-end
Party

Celebrate
졸업을 축하합니다!
앞으로의
모든날을 행복하길

설레는 첫걸음, 1학년 입학을 진심으로 축하합니다!

5. 축하가 필요한 장식 갤러리3- 졸업. 입학. 축하

ONGRATULATION
토리아리아카데미 졸업식 포토존
멋진 사진 촬영을 통해 여러분의 소중한 추억을 만들어 보세요!
과천시

은총의 50년 희망의 50년
고현교회 설립 50주년

JL GROUP
2024
Year-end
Party

2025년 하반기 한국어교육 수료식

6. 크리스마스 테마 장식

7. 기업행사 풍선 공간장식

8. 공간이 바뀌는 순간 " 대형구조물 "

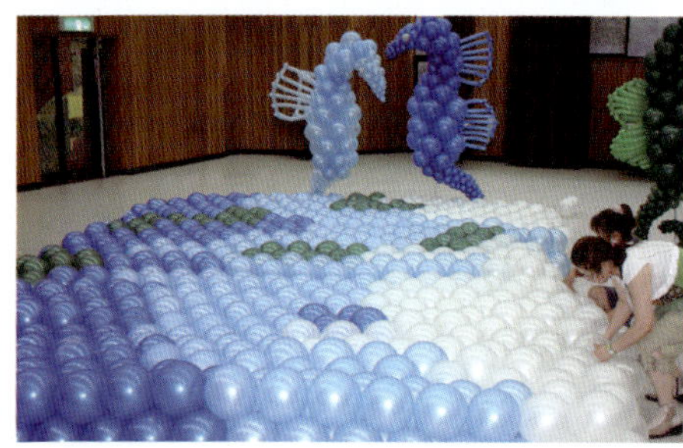

9. 사람이 모이면, 지금이 축제 – 축제. 체험. 이벤트행사

행사문의 : ☎ 031-347-2580 / 010.9426.7853

함께 성장하는 협회 (자격증발급.지역축제.체험부수운영.인력파견)

I 협회소개

국제평생교육연구협회
International Association for Lifelong Education Research

『국제평생교육연구협회』는 함께 성장하는 협회!

풍선아트 하나로 머무르지 않습니다. 현재 전국 60명의 지부장과 함께하며, 30여종의 민간자격증을 발급하는 실무 중심 교육 협회입니다.

이곳은 혼자 가는 길이 아니라 지부장이 함께 만들어가는 조직이며, 자신의 길을 찾고자 하는 이들에게는 방향을, 후배를 키우고 싶은 이들에게는 든든한 기반이 되어주는 협회입니다. 우리는 성장의 기회를 나누고, 현장에서 바로 쓰이는 전문 인력을 함께 길러냅니다.

I 지부장 명단

구분	직책/지부	이름	연락처	구분	직책/지부	이름	연락처
임원	회장/안양	임미숙	010.9426.7853	경기	고양 1 지부장	박후화	010.3321.6195
	부회장/상주 지부장	김복자	010.2541.9392		고양 2 지부장	이순연	010.8729.8404
	부회장/성남 1 지부장	남궁정원	010.9024.2196		과천 1 지부장	박연진	010.6707.1248
	부회장/안양 1 지부장	박수옥	010.6856.2505		과천 2 지부장	임연희	010.7211.3353
	부회장/강남 지부장	김희진	010.7513.9000		광명 지부장	서유신	010.2218.3148
	고문/안산 시화 지부장	최명애	010.7762.1234		광주 지부장	이홍구	010.8946.8585
	고문/천안 서북 지부장	박지혜	010.3701.1782		군포 지부장	옥경자	010.6822.3932
강원	평창 지부장	김태은	010.6621.4945		부천 1 지부장	김경수	010.3313.1297
서울	강서 지부장	최지희	010.5811.7555		부천 2 지부장	박순영	010.4608.5082
	동작 지부장	황인택	010.3207.9869		성남 2 지부장	허정아	010.9369.5706
	성동 지부장	김선회	010.3651.4424		수원 1 지부장	이계숙	010.3017.5240
	송파 지부장	조현옥	010.8493.5873		수원 2 지부장	방계선	010.8928.3939
	양천 지부장	공은례	010.6510.0621		수원 3 지부장	박현주	010.2877.4615
	은평 1 지부장	김미숙	010.5212.4430		안양 2 지부장	우경희	010.2350.1637
	은평 2 지부장	이수형	010.4266.3624		안양 3 지부장	이승희	010.4025.0317
	중구 지부장	정대녀	010.8707.2869		용인 지부장	이은정	010.2378.5864
대전	대전 지부장	장만옥	010.3900.1775		의왕 지부장	유미순	010.3391.3643
부산	사상 북구 지부장	전혜정	010.4569.8921		이천 1 지부장	이명희	010.9906.1828
경남	거제 지부장	권유희	010.9384.4669		이천 2 지부장	김도경	010.4052.9197
	김해 지부장	마복기	010.3133.7797		파주 지부장	기숙경	010.5182.7121
	양산 지부장	윤은실	010.9174.8591		하남 1 지부장	안은정	010.8584.5936
	진주 지부장	신지현	010.2788.9116		하남 2 지부장	조민정	010.2253.7270
	창원 지부장	최은희	010.7150.8956		하남 3 지부장	최영순	010.5381.9217
경북	구미 지부장	민병금	010.2473.1382		화성 1 지부장	신은채	010.5211.6115
	문경 지부장	어선미	010.8854.9539		화성 2 지부장	김숙정	010.2591.4807
	안동 지부장	강수경	010.6670.3059		화성 3 지부장	한예림	010.3718.3409
	영주 지부장	최영순	010.9486.0856	전북	김제 지부장	김은수	010.8894.0718
	예천 지부장	장예진	010.5022.8547	광주	북구 지부장	노여정	010.2827.5235
	칠곡 지부장	전미래	010.5417.7761	제주	서귀포 지부장	우선희	010.9363.3666
충남	계룡 지부장	양애희	010.5066.0248		제주 지부장	고승희	010.3694.5788
	논산 지부장	김지현	010.9025.2242		전국 지부 · 교육 가맹문의 ☎ 031-347-2580		

【전문강사 양성】교육 · 자격증발급/방과후 · 늘봄 · 돌봄 · 복지관 · 문화센터 전문강사/1인 창업 · 부업 · 자원봉사

【체험 · 이벤트】단체 · 기업 · 행사문의/이벤트 · 지역축제 · 체험부스운영 / 외부 파견 / 미술 · 공예 교육지도